ポプラディア情報館
POPLARDIA INFORMATION LIBRARY

THE CONSTITUTION OF JAPAN

日本国憲法

にほんこくけんぽう

監修 角替 晃

ポプラ社

監修のことば

　みなさんは、「憲法」と聞いたときに、どのようなイメージをいだきますか？　おそらく、憲法は大人のもので、自分たちとはかかわりがないと答える人がいるでしょう。また、別の人は、社会問題に関心をもっていて、いま憲法改正が問題になっていると答えるかもしれません。でも、いちばん多いのは、憲法はむずかしくて、よくわからないと答える人たちではないでしょうか。

　憲法は、大人にとっても、むずかしいところがありますから、むりもありません。でも、それだからこそ、憲法は奥が深いものだともいえるのです。

　この本では、まずみなさんに、日本国憲法の内容そのものを、きちんと理解していただくのが、第一と考えました。そこで、それぞれの条文の説明に、もっとも力をいれました。それとともに、憲法が生まれてきた歴史的な背景や、憲法改正などの憲法をめぐるうごきも、すすんでとりあげるようにしました。

この本を手がかりにして、みなさんが、憲法をめぐるさまざまな問題について、自分で調べ、自分の考えを組み立てていってくだされば、こんなにうれしいことはありません。憲法をめぐるさまざまな問題については、ぜひ友だちと話しあってみていただきたいと思います。さらに、お父さんやお母さん、おじいさんやおばあさんなど、お家の方々とも話しあってみてください。自分とちがう感じ方や考え方をもつ人から学ぶことを、ためしていただきたいのです。

　憲法は、人権や平和の問題を解決するために、いくつかの原則を立て、それにもとづいて、さまざまなルールをもうけてきました。そして、感じ方や考え方がまったくちがい、ときには対立することもある人々が、ともに生きていくしくみをつくりだしてきました。それは、さまざまな感じ方や考え方が競争し、共存する社会の実現が、人権や平和を実現するうえで、欠かすことができないものであるということでもあるのです。わたくしは、日本国憲法が、このような課題にこたえていく力をもっているのだと確信しています。みなさんも、憲法を学んでいくうえで、このことをわすれないでいてください。

　憲法を学ぶことは、たいへんおもしろいものです。みなさんも、この本をとおして、憲法についての理解を深め、まわりの人たちと会話をくりひろげて、みなさんらしいものの見方をつくりあげていってください。

●東京学芸大学教授

角替　晃

ポプラディア情報館

日本国憲法
にほんこくけんぽう

目次 TABLE OF CONTENTS

監修(かんしゅう)のことば ……………………………… 2
読者のみなさんへ ………………………………… 8

Ⅰ 憲法(けんぽう)って、なんだろう？ …………… 9
憲法って、どういうものなの？ ………………… 10
憲法は、どのようにして生まれたの？ ………… 12
大日本帝国憲法(だいにっぽんていこくけんぽう)は、どんな憲法？ ……………… 14
日本国憲法ができるまで ………………………… 16
◆憲法ちょうさ室　くらべてみよう！ 大日本帝国憲法と日本国憲法 … 18
■憲法しつもん箱　十七条(じょう)の憲法って、憲法なの？ ……… 20

Ⅱ 日本国憲法って、どんな憲法？ ……… 21
日本国憲法のしくみ ……………………………… 22
前文を読んでみよう①　国民主権(しゅけん) …………… 24
前文を読んでみよう②　基本的人権(きほんてきじんけん)の尊重(そんちょう) … 26
前文を読んでみよう③　平和主義(しゅぎ) ……………… 28
◉憲法たんけん隊　前文を英語で読んでみよう！ … 30
■憲法しつもん箱　日本国憲法は、どんな文体？ … 32

Ⅲ 国民が、国の主人公 ……………………… 33
主権(しゅけん)は国民にある ………………………………… 34
天皇(てんのう)は象徴(しょうちょう) ……………………………………… 36
天皇(てんのう)は政治(せいじ)をおこなわない …………………… 38
■憲法しつもん箱　「君が代」って、なんの歌？ … 40

Ⅳ ぜったいに戦争はしない　　41

戦争はしない　　42
戦力はもたない　　44
　●憲法たんけん隊　たどってみよう！ 第9条の解釈の流れ　　46
平和へのねがい　　48
　◆憲法ちょうさ室　戦争と平和の100年　　50
　■憲法しつもん箱　外国の憲法も、戦争放棄しているの？　　52

Ⅴ みんな、自由で平等　　53

基本的人権って、なに？　　54
人権って、だれのもの？　　56
　◆憲法ちょうさ室　子どもにも、人権がある！　　58
人権には限界がある　　60
幸福追求権って、なに？　　62
精神の自由　　64
信教の自由　　66
学問の自由　　68
表現の自由　　70
表現の自由と知る権利　　72
経済活動の自由　　74
居住・移転の自由　　76
職業選択の自由　　78
財産権の保障　　80
身体の自由　　82
被疑者の人権　　84
被告人の人権　　86

ポプラディア情報館 日本国憲法 にほんこくけんぽう

目次 TABLE OF CONTENTS

人間はみな平等 …………………………………… 88
憲法の禁止する差別 ……………………………… 90
男女は平等 ………………………………………… 92
人間らしい生活をする権利 ……………………… 94
生存権 ……………………………………………… 96
教育をうける権利 ………………………………… 98
はたらく権利 ……………………………………… 100
はたらく人の権利 ………………………………… 102
◆憲法ちょうさ室　人権の思想のあゆみ ……… 104
■憲法とうろん会　これって、人権侵害？ …… 106
国の政治に参加する権利 ………………………… 108
権利をまもる権利 ………………………………… 110
裁判をうける権利 ………………………………… 112
国に賠償や補償をもとめる権利 ………………… 114
国民の3つの義務 ………………………………… 116
◆憲法ちょうさ室　まとめてみよう！基本的人権 … 118
■憲法しつもん箱　死刑は、ゆるされるの？ … 120

VI 民主主義をまもる国のしくみ …… 121

権力の集中をふせぐ ……………………………… 122
⦿憲法たんけん隊　この目でたしかめよう！三権分立 … 124
国会って、なにをするところ？ ………………… 126
国会のしくみ ……………………………………… 128
国民がえらぶ国会議員 …………………………… 130
国会の運営 ………………………………………… 132
⦿憲法たんけん隊　体験してみよう！国会で法案審議 … 134

内閣って、なにをするところ？ …………………………… 136
内閣と行政のしくみ …………………………………………… 138
内閣と国会 ……………………………………………………… 140
◆憲法ちょうさ室　しらべてみよう！ 政党と政治 ………… 142
国の財政って、なに？ ………………………………………… 144
裁判所って、なにをするところ？ …………………………… 146
裁判のしくみ …………………………………………………… 148
裁判所は憲法の番人 …………………………………………… 150
●憲法たんけん隊　参加してみよう！ 裁判傍聴見学 ……… 152
地方自治って、なに？ ………………………………………… 154
地方自治の実現のために ……………………………………… 156
■憲法しつもん箱　中学生も住民投票ができるの？ ………… 158

Ⅶ 世界にほこれる日本国憲法　159

憲法はかえられるの？ ………………………………………… 160
憲法はまもられてきたの？ …………………………………… 162
護憲？ それとも改憲？ ……………………………………… 164
世界にひろがる第9条 ………………………………………… 166
◫憲法とうろん会　これからの憲法について考えよう …… 168
■憲法しつもん箱　憲法をまもるのは、だれ？ …………… 170

Ⅷ 資　料　171

日本国憲法 ……………………………………………………… 172
大日本帝国憲法 ………………………………………………… 182
年表　日本国憲法のあゆみ …………………………………… 186

憲法を学ぶための参考図書／国のおもな機関のホームページ …… 193
さくいん ……………………………………………………………… 195

読者のみなさんへ

■ ■ ■

1　本文に、「第1条」「第2条」「第3条」などとあるのは、日本国憲法や大日本帝国憲法（明治憲法）などの条数です。

2　原典の日本国憲法や大日本帝国憲法は、歴史的かなづかいで、ルビはふられていませんが、むずかしい漢字には、現代かなづかいでルビをふりました。

3　原典の日本国憲法や大日本帝国憲法は、旧字体の漢字を使用していますが、新字体にあらためました。

4　原典の日本国憲法や大日本帝国憲法は、漢数字を使用していますが、算用数字にあらためました。

5　原典の日本国憲法の条文には、項番号がふられていませんが、①②③などと項番号をふりました。

6　大日本帝国憲法は、ふつう「明治憲法」とよばれています。この本でも、とくに必要な場合をのぞいて、「明治憲法」と表記しました。

7　本文についている、小さな赤い（またはオレンジ色の）数字は、 ことばmemo という注の番号です。

8　本文についている、小さな青い（または黒い）数字は、 人物memo という注の番号です。

9　さくいんは、ふつうの「さくいん」のほかに、「条数さくいん」をもうけました。このさくいんにより、憲法の条数からひくことができます。

I 憲法（けんぽう）って、なんだろう？

国会議事堂と前庭のしだれ桜

憲法って、どういうものなの?

国の最高法規

みなさんは、憲法をどのようなものと考えていますか。自分にはかかわりのないことのように思っていませんか。もし、そうだとしたら、たいへん残念なことです。

わたしたちは、法の支配する社会に生きています。もしも法がなかったらどうなるでしょう。政治家も、役人も、そして一般の国民、大人や子どもまでも、みんな自分勝手なことをして、まるで秩序のない、ひどい世の中になってしまうことでしょう。

一言で「法」といいますが、その種類はさまざまです。まず、国会で定める法律[1]があり、命令[2]や規則[3]があり、条例[4]というものもあります。憲法は、これらのさまざまな法のなかで、もっとも大事なもの、最高の地位をしめるものとされています。これを、少しむずかしいことばで、国の最高法規といい、他のどのような法も、憲法に違反することはできないのです。

基本的人権の保障

国の最高法規である憲法には、とても大切なことが、2つ書かれています。

一つは、個人の自由や権利という、人間にとっていちばん大事なものについてです。わたしたちは、生まれながらにして自由かつ平等であり、一人ひとりが個人として尊重される権利をもっています。これを、基本的人権[5]といい、だれも侵すことのできない、永久の権利とされています。

基本的人権は、長いあいだ、国家権力によって侵害されてきたという歴史をもっています。そこで、憲法をつくるときには、まず基本的人権を宣言し、それを、国家権力であっても侵すことのできない権利として、保障する必要があります。

今日の憲法が、かならず、この人権

ことばmemo

1 **法律** →126ページ参照。

2 **命令** 法律を実施するために、内閣や省庁が定める、細かいきまり。内閣が定めるものを政令、省庁が定めるものを省令という。

3 **規則** 国会以外のいろいろな機関が定める法の一種。衆議院規則や最高裁判所規則などがある。

4 **条例** →156ページ参照。

5 **基本的人権** →26、54ページ参照。

I 憲法って、なんだろう？

←東京・渋谷駅前のにぎわい　駅前の交差点をたくさんの人々が行きかう。日本国憲法は、すべての国民の基本的人権を保障している。

宣言をもっているのは、そのためです。わたしたちの日本国憲法も、例外ではないのです。

国の政治のしくみ

もう一つの大切なことは、国の政治のしくみについてです。

どこの国の憲法も、その国の政治の基本的なしくみについて、かならず、はっきりと定めています。だれが国をおさめるのか。法律はだれがつくるのか。裁判はどのようにおこなうのか、などなど。

国の政治のしくみをきめるということは、国家権力の役割をきめるということです。そして国家権力の役割をきめるということは、憲法がきめた役割以外のことをしてはならないと、国家権力に歯止めをかけることになります。

このようにして、憲法は、国家権力の行きすぎをふせいで、国民をまもり、基本的人権の保障と実現という大事な目的をはたしていくのです。

キーワード　[国家と権力]

国家とは、あるきまった領土に、国民が住んでいて、それを権力をもった者が支配するようになった社会のことです。このように、国家が領土と国民と権力の3つからなりたつという考え方を、国家三要素説といい、19〜20世紀のドイツの法学者イエリネックがとなえました。

三要素のうちでも、とくに権力は、強制的に人をしたがわせる力であり、国家の本質をよくあらわすものです。人権は「国家からの自由」の権利であるという場合のように、国家権力のことを、国家とよぶこともあります。

憲法は、どのようにして生まれたの？

市民階級が勝ちとった憲法

今日、わたしたちが手にしているような憲法は、いまから200年あまり前、アメリカやヨーロッパの国々で生まれたものです。

そのころの大きなできごとに、アメリカ独立革命とフランス革命があります。君主が権力をふるっていた絶対主義の時代に、市民階級とよばれる人々が、自由と平等をもとめて戦い、君主の専制をたおして、権力をにぎったのです。これを、市民革命といい、近代市民社会のはじまりとされています。

この市民革命のさなかの1776年、イギリスの植民地アメリカで、アメリカ独立宣言が発表されました。これをうけて、バージニアなどの各植民地で憲法が制定され、1788年のアメリカ合衆国憲法として実をむすぶことになります。アメリカ合衆国憲法は、世界で最初に生まれた、近代国家の憲法でした。

フランスでも、1789年、フランス人権宣言が発表され、1791年にはフランス第一共和制憲法が制定されました。この憲法のはじめには、フランス人権宣言がおかれています。

立憲主義とは

こうして生まれた近代憲法の特徴は、フランス人権宣言のつぎのことばに、よくしめされています。

「権利の保障が確保されず、権力の分立が定められていない社会は、すべて憲法をもつものではない。」

憲法には、権利の保障と権力の分立が定められていなければならず、その規定のない憲法は、憲法ではないといっているのです。

ことばmemo

1 **絶対主義** 君主の権力は、どんな制約もうけないという考え方。
2 **市民階級** 市民革命をすすめ、資本主義という経済のしくみをつくりあげた、都市の中産階級。フランス語でブルジョアジー。
3 **専制** 国をおさめる人が、自分勝手にものごとをおこなうこと。
4 **権力の分立** →122ページ参照。

←バスティーユの襲撃
1789年、パリの民衆がバスティーユ牢獄を襲撃し、フランス革命がはじまった。

↑ロック　1632〜1704年。イギリスの哲学者・政治思想家。『統治二論』などで自然権や社会契約説をとなえ、権力分立の思想はモンテスキューに影響をあたえた。

↑モンテスキュー　1689〜1755年。フランスの政治思想家。『法の精神』をあらわし、三権分立をとなえた。

↑ルソー　1712〜78年。フランスの思想家・小説家。『社会契約論』で人民主権と社会契約説をとなえた。

つまり、人間が生まれながらにあたえられている権利をまもるためには、憲法というかたちで、はっきりと保障したほうがよいということです。また、権利の保障を確実にするためには、憲法で権力をいくつかに分けて、一つのところに集中しないようにするほうがよいということです。

このような考え方を、立憲主義といいます。

自然権と社会契約説

立憲主義の考え方は、イギリスのロックやフランスのモンテスキュー、ルソーらの思想にささえられたものです。

かれらは、人間は、生まれながらにして自由かつ平等であり、そのような権利を、自然の権利（自然権）としてもっているのだと考えました。そして、その自然権をまもるために、個人のあいだで社会契約をむすんで、政府に権力の行使をまかせたのだと主張したのです。ですから、政府が、国民のこのような権利をうばうなら、人々はいつでも政府をたおし、新しい政府をつくることができるというわけです。

時代のうつりかわりとともに、人権の内容や国家のあり方も、ずいぶんかわってきました。しかし、立憲主義の考え方は、その多くが今日の世界の憲法にうけつがれ、りっぱに生かされているのです。

Ⅰ　憲法って、なんだろう？

大日本帝国憲法は、どんな憲法？

はじめての近代憲法

日本ではじめて生まれた近代憲法は、大日本帝国憲法です。明治時代につくられたので、明治憲法ともいいます。

明治政府の指導者たちは、明治維新以来、アメリカやヨーロッパの国々と対等にやっていくためには、まず近代国家のかたちをととのえなければならないと考えていました。そのためには、立憲主義[1]にのっとった、欧米なみの憲法が必要だったのです。

いっぽう、板垣退助[1]らによる自由民権運動[2]も、急速な高まりをみせていました。国会の開設と近代的な憲法の制定をもとめる国民の声は、政府も無視できないほど大きくなっていたのです。

1881（明治14）年、政府は、国会開設の勅諭[3]をだして、1890年に国会を開設し、それまでに天皇が憲法を発布[4]することをやくそくしました。日本は、天皇の権力がとても強い、立憲君主制[5]への道を歩みはじめることになります。

憲法草案の作成

1882年、政府は、参議の伊藤博文をヨーロッパに派遣し、憲法の調査にあたらせました。伊藤は、ドイツのベルリンやオーストリアのウィーンで、おもにドイツの憲法の理論について学びました。

そのころのドイツの憲法は、皇帝の力がたいへん強く、議会の力や国民の自由・権利の保障が弱いことを特徴にしていました。天皇が政治の中心になっていた日本には、ぴったりの憲法だったのです。

翌年、伊藤が帰国すると、政府は、憲法の制定にそなえて、いろいろな改革をおこなっていきます。まず華族制度[6]をつくり、のちの貴族院[7]の土台になるようにしました。また、内閣制度[8]を

↑伊藤博文　1841〜1909年。明治時代を代表する政治家。長州藩（いまの山口県）出身。明治維新に力をつくし、日本ではじめての内閣総理大臣になった。

ことばmemo

1　**立憲主義**　→13ページ参照。

2　**自由民権運動**　→明治時代のはじめ、政府のやり方に反対し、国会開設や近代的な憲法の制定をもとめた政治運動。

3　**勅諭**　天皇がみずからさとすこと。また、そのことば。

4　**発布**　法律などを世の中にひろく知らせること。公布。

5　**立憲君主制**　憲法にしたがって、君主が政治をおこなう制度。

6　**華族制度**　皇族の下、士族の上におかれ、貴族としてあつかわれた特権的身分の制度。

7　**貴族院**　帝国議会の一院。議員は皇族や華族などからえらばれた。

8　**内閣制度**　→136ページ参照。

9　**枢密院**　明治憲法のもとでの天皇の最高諮問機関。

人物memo

1　**板垣退助**　1837〜1919年。明治時代の政治家。土佐藩（いまの高知県）出身。明治維新に参加し、自由民権運動をおこした。

つくり、初代の内閣総理大臣には伊藤がなることになりました。

いっぽうで、伊藤は、井上毅らの助力をえながら、憲法草案の作成にとりかかります。その作業は、だれにも知られないように、ごく秘密のうちにすすめられました。

明治憲法の特色

憲法草案ができると、新しくもうけられた枢密院で、天皇も出席したうえで、たびたび審議がかさねられました。そして、いよいよ1889年2月11日、憲法が発布されることとなったのです。

国民の前にすがたをあらわした、日本ではじめての近代憲法は、どのようなものだったのでしょうか。じつは、そのときまで、国民は、国の憲法がどのようなものなのかを、まったく知らなかったといわれています。各地で憲法の発布をいわう行事がおこなわれ、国民も参加していたというのに、だれも憲法の内容を知らなかったのです。

明治憲法は、日本だけでなく、アジアではじめてできた近代憲法でもあります。しかし、天皇や政府の力がとても強く、のちに軍が、この憲法のもとで、悲惨な戦争につきすすんでいくのをおさえることはできなかったのです。

↑大日本帝国憲法発布の式典 1889年2月11日、大日本帝国憲法が発布された。明治天皇から黒田清隆首相が憲法をうけとる。

人物memo

2 井上毅 1843〜95年。明治時代の政治家・官僚。肥後藩（いまの熊本県）出身。伊藤博文のもとで明治憲法や皇室典範の起草にあたった。

キーワード [私擬憲法]

自由民権運動が高まるなかで、全国各地でさまざまな憲法草案がつくられました。これを私擬憲法といい、明治憲法が発布されるまでに、わかっているだけでも60あまりはあるといわれています。なかでも有名なのが、植木枝盛の「日本国国憲案」、千葉卓三郎の「日本帝国憲法」（五日市憲法草案）、福沢諭吉らの「私擬憲法案」などです。「日本国国憲案」や「日本帝国憲法」は、自由と人権についてくわしく定めています。

日本国憲法ができるまで

ことばmemo

1 **連合国** 第二次世界大戦で、枢軸国（日本、ドイツ、イタリアなど）とたたかった国々。アメリカ、イギリス、中国など。

2 **ポツダム宣言** 日本に無条件降伏をすすめた、アメリカ、イギリス、中国3か国による共同宣言。

3 **国民主権** →34ページ参照。

4 **基本的人権の尊重** →26、54ページ参照。

5 **民政局** GHQにおかれた組織の一つ。憲法改正や地方分権など、数々の民主化政策をおこなった。

6 **マッカーサー三原則** マッカーサーがしめした、①天皇が国家元首であること、②戦争の放棄、③封建制度の廃止の3つの原則。

人物memo

1 **マッカーサー** 1880～1964年。アメリカの軍人。1945年、日本が降伏すると、連合国軍最高司令官として、日本の占領政策にあたった。

2 **幣原喜重郎** 1872～1951年。大正・昭和時代の外交官・政治家。1924年以後、4度外務大臣となる。1945年10月9日、首相に任命され、新憲法の制定作業をすすめた。

敗戦と占領のなかから

日本国憲法は、第二次世界大戦における日本の敗戦と連合国軍による占領のなかから生まれました。大日本帝国憲法（明治憲法）にかわる憲法であるところから、新憲法ともよばれます。

1945（昭和20）年、日本はポツダム宣言をうけいれ、連合国に無条件降伏しました。ポツダム宣言には、国民主権や基本的人権の尊重がうたわれていましたから、これをうけいれるということは、天皇主権で、国民の権利の保障が不十分な明治憲法を、そのままにしておくことはできないということでした。

敗戦後の日本の占領にあたったのは、連合国軍最高司令官総司令部（GHQ）です。1945年10月、最高司令官であるマッカーサーは、当時の幣原喜重郎首相に、憲法の改正が必要であることを伝えました。

ほどなく政府に憲法問題調査委員会がもうけられ、委員長の松本烝治国務大臣を中心に、憲法の改正作業がすすめられました。ところが、憲法問題調査委員会のつくった改正案は、天皇制をそっくりのこしたままの、明治憲法を少し手なおしした程度のものだったのです。

日本政府案とGHQ草案

そのことを知ったマッカーサーは、1946年2月3日、GHQ民政局にマッカーサー三原則（マッカーサー・ノート）をしめし、日本の再出発にふさわしい、民主的な憲法の草案をつくることを命じました。そして、2月13日、完成したGHQ草案（マッカーサー草案）を日本政府に手わたしたのです。

改正案の内容に自信をもっていた日本政府は、おおいにおどろきました。そして、GHQを説得しようとしましたが、そのかいはなく、けっきょくGHQ草案にもとづいて政府案をつくりなおすしかありませんでした。

3月2日、GHQ草案を日本語に翻訳するというかたちで、政府案がまとめられました。ところが、この案も明治憲法に近く、もとのGHQ草案とかけはなれたものだったので、GHQの指示でまたやりなおしです。

こうして、3月6日、「憲法改正草案要綱」ができ、国民に発表されまし

→日本国憲法公布記念祝賀都民大会 1946年11月3日、皇居前に10万人の人々があつまり、天皇をむかえて、新憲法の公布をいわった。

た。4月17日、この「憲法改正草案要綱」を、ひらがなまじりの口語体で条文になおした「憲法改正草案」（内閣草案）がつくられ、正式の「大日本帝国憲法改正案」となったのです。

日本国憲法の誕生

1946年6月20日、「憲法改正草案」は、第90回帝国議会の衆議院に提出されました。それから衆議院と貴族院で、4か月近く審議をかさね、いくつか修正をくわえたのち、圧倒的多数で可決されました。こうして日本国憲法は、11月3日に公布され、半年後の1947年5月3日に施行されたのです。

新しい憲法は、国民主権を宣言し、基本的人権の尊重をうたうだけでなく、世界にさきがけて戦争を放棄した画期的な憲法でした。国民は、明治憲法がそうだったように、公布の日まで、憲法の内容を知らないというようなこともありませんでした。国会で審議がおこなわれていたころの新聞の世論調査をみると、国民の多くが、この新しい憲法をよろこんで、むかえいれていたことがわかります。

→改正憲法施行記念切手 1946年12月、新憲法の施行を記念して、さまざまな種類の切手が発行された。

ことばmemo
7 公布 国できまった法律などをひろく国民に知らせること。

キーワード [憲法記念日と文化の日]

5月3日は憲法記念日で、国民の祝日の一つです。この日が新憲法の施行日にきまるまでには、いろいろな議論がありました。国会での審議が終わったあと、できるだけ早く公布し、しかも月はじめに施行しようとすると、1947（昭和22）年5月となる計算です。5月1日はメーデーで、5月5日は端午の節句なので、これをさけて5月3日にするという案がでてきました。この日を施行日とすれば、公布日は明治節の11月3日になるのです。明治節は、明治天皇の誕生をいわう、国家の祝日でした。GHQは、この案をあっさりみとめたのですが、それは、11月3日という日の意味を知らなかったためでした。明治節は、翌年廃止されて、文化の日となります。

くらべてみよう！ 大日本帝国憲法と日本国憲法

天皇主権と国民主権

　大日本帝国憲法（明治憲法）は、1889（明治22）年に発布され、日本国憲法は、1946（昭和21）年に公布されました。57年の時をへだてて生まれた2つの憲法は、いったい、どこがどのようにちがうのでしょうか。

　第一は、主権のあり方、つまり国の主人公はだれかということです。

　明治憲法では、主権は天皇にあるとされ、天皇の地位は、天皇の祖先である神からあたえられたものであるとされていました。第1条に「大日本帝国ハ万世一系ノ天皇之ヲ統治ス」とあるのは、この天皇主権をうたったものです。

　ところが、日本国憲法では、このような考え方を百八十度かえて、国民主権をうちだしました。前文で「主権が国民に存することを宣言」しているだけでなく、第1条でも「主権の存する日本国民」とはっきりのべています。主権をもつのは、天皇ではなく、国民。つまり、国の主人公は、わたしたち国民だというわけです。

権力の集中と権力分立

　第二は、権力の分立についてです。

　明治憲法では、天皇は「国ノ元首ニシテ統治権ヲ総攬」（第4条）する者とされていました。天皇は、主権をもつだけでなく、立法、行政、司法など、国をおさめる権利のすべてをにぎっていたのです。

　明治憲法でも、権力分立の考え方がとりいれられていましたが、それぞれの機関には、天皇の政治をたすけるというはたらきしかありませんでした。たとえば帝国議会は、天皇の立法権の行使に「協賛」（第5条）できるだけであり、裁判所は、司法権を「天皇ノ名ニ於テ」（第57条）おこなうこととされていました。

　日本国憲法では、国の権力は立法権、行政権、司法権の3つにわけられ、それぞれを国会、内閣、裁判所という独立した機関が担当しています。完全な三権分立の制度をとりいれているわけです。

「臣民ノ権利」と基本的人権

　第三は、わたしたちの自由や権利の保障についてです。

　明治憲法でも、国民の自由や権利について、な

にも定めていなかったわけではありません。しかし、それは、人間が生まれながらにもっている自然権（人権）を保障するというものではなく、天皇が、「臣民ノ権利」として国民にあたえたものとされていました。しかも、その多くは、法律によって、どのようにでも制限することができたのです。この「臣民ノ権利」を定めた、第2章の「臣民権利義務」は、「義務」をいれても、わずか15か条にすぎません。

いっぽう、日本国憲法は、第11条で「国民は、すべての基本的人権の享有を妨げられない」として、基本的人権の保障をうたっています。そして、この基本的人権は、「侵すことのできない永久の権利」であるともいっています。憲法の保障する人権の内容を定めた、第3章の「国民の権利及び義務」は、ぜんぶで31か条にものぼります。

明治憲法も日本国憲法も、立憲主義にのっとった近代憲法です。でも、3つの点にしぼっても、これだけのちがいがあるのです。ほかのちがいについても、下の表にまとめてあるので、たしかめてみましょう。

憲法のいろいろ

憲法は、文章に書きあらわされた憲法であるかどうかによって、成文憲法と不文憲法にわけられます。成文憲法は、文章に書きあらわされた憲法。日本国憲法も、明治憲法も、この成文憲法にあたります。不文憲法は、これときまったかたちのない憲法で、イギリスの憲法がこれにあたります。

また憲法は、だれが制定したかによって、欽定憲法と民定憲法にわけられます。欽定憲法は、君主が制定する憲法で、民定憲法は、国民が制定する憲法。明治憲法は欽定憲法、日本国憲法は民定憲法です。

◆ 大日本帝国憲法と日本国憲法のちがい

	大日本帝国憲法	日本国憲法
成立した年	1889年公布・1890年施行	1946年公布・1947年施行
条文の数	7章76か条	11章103か条
文体	漢字カタカナまじり文	漢字ひらがなまじり文
憲法の性格	天皇が定める欽定憲法	国民が定める民定憲法
主権のあり方	天皇主権	国民主権
天皇の地位	国の元首	国および国民統合の象徴
国会の役割	天皇の立法権に協賛	唯一の立法機関
内閣の役割	天皇の行政権に助言	行政権をもつ
裁判所の役割	天皇の名で司法権を行使	司法権をもつ
国民の権利	天皇があたえる臣民の権利	基本的人権を保障
国民の義務	兵役・教育をうける・納税	教育をうけさせる・勤労・納税
軍備	天皇が陸海軍を統帥	陸海空軍その他の戦力の不保持
憲法の改正	天皇だけが改正できる	国会が発議し国民投票をおこなう

ことばmemo

1 万世一系　血すじが代々つづいて、とだえないこと。
2 統治　国をおさめること。
3 元首　外国にたいして、その国と国民を代表する人。
4 総攬　手にいれ、おさめること。
5 協賛　帝国議会が予算・法律などの成立に同意すること。
6 臣民　君主国で君主に支配される人々。
7 享有　生まれながらもっていること。

十七条の憲法って、憲法なの？

「憲法」ということばの意味

「憲法」と聞いて、だれでもまず思いうかべるのが、聖徳太子の「十七条の憲法」でしょう。

「へ～え、憲法って、聖徳太子のむかしからあるのか。」などと、早合点してはいけません。

十七条の憲法は、604年に定められたといわれ、「和を以て貴しとなし」（人との和を大事に）などの名言でよく知られています。でも、これは、朝廷につかえる役人の心がまえを説いたものとされていて、いまわたしたちがいうような憲法とは、ちがうものだったのです。

もともと憲法ということばには、国の基本法というような意味はなく、ただものごとの原則となるやくそくごととか、おきてというほどの意味でした。

江戸時代に『憲法部類』という本がつくられていますが、これは徳川幕府のいろいろな法令を、ひろくあつめたものでした。明治時代にも、明治政府がまとめた『憲法類編』という本がありますが、これはいまの『六法全書』のようなものでした。

和を以て貴しとなし…

聖徳太子

今日の「憲法」になるまで

英語で、今日の「憲法」をあらわすことばは、「コンスティテューション」（constitution）で、ドイツ語では「フェルファッスング」（Verfassung）です。これらのことばが、日本にはいってきたとき、それにあたる日本語はありませんでしたから、学者らは、新しい訳語をつくりだす必要がありました。

福沢諭吉は、『西洋事情』（1866年）という本で「律例」と訳し、加藤弘之は『立憲政体略』（1868年）で「国権」と訳しています。

では、憲法ということばを、今日の意味ではじめてもちいたのは、だれだったのでしょうか。それは、1873（明治6）年、『フランス六法』をあらわした学者の箕作麟祥です。この本のなかで、フランス語の「コンスティテュシュオン」（constitution）を、「憲法」と訳したのです。

1882年、伊藤博文は、憲法の調査のため、ヨーロッパに派遣されました。このとき、明治天皇は、伊藤に「訓条三十一項」という文書をあたえ、ヨーロッパ各国の「憲法」を学んでくるようにといっています。これが、公の場で「憲法」ということばが使われたはじまりです。

憲法だって？

福沢諭吉

そんなことばは知らないよ…

日本国憲法って、どんな憲法？

新憲法の紙しばいを見る子どもたち（1947年5月）

日本国憲法のしくみ

大切な前文

わたしたちの日本国憲法は、前文と11章103か条の本文から構成されています。大日本帝国憲法（明治憲法）の7章76か条にくらべると、かなり長くなっていますが、これは、国民の権利や国の政治のしくみについて、できるだけ細かく、まちがいのないように定めたからです。

前文は、103か条の本文の前におかれていますが、たんなる前おきではありません。そこには、憲法を制定した理由や憲法をささえる原理などが明らかにされており、わたしたちが憲法の条文の意味を考えるときに、なくてはならない手引きとなるものなのです。

ところで、日本国憲法の三大基本原理は、おぼえていますか？ 国民主権、基本的人権の尊重、平和主義の3つで

したね。

国民主権は、主権は国民がもっている、つまり国民が国の主人公だということ。基本的人権は、人間が生まれながらにもっていて、だれも侵すことのできない永久の権利。平和主義は、他の国と戦争をせず、ずっとなかよくやっていくということです。

この日本国憲法の三大基本原理は、前文を読めば、わかるようになっているのです。

ことばmemo

1 **条文** 法律や条約などの、箇条書きにした文。
2 **国民主権** →24、34ページ参照。
3 **基本的人権の尊重** →26、54ページ参照。
4 **平和主義** →28、42ページ参照。

◆ 日本国憲法の本文の構成

第1章	天　皇	第1条〜第8条
第2章	戦争の放棄	第9条
第3章	国民の義務及び権利	第10条〜第40条
第4章	国　会	第41条〜第64条
第5章	内　閣	第65条〜第75条
第6章	司　法	第76条〜第82条
第7章	財　政	第83条〜第91条
第8章	地方自治	第92条〜第95条
第9章	改　正	第96条
第10章	最高法規	第97条〜第99条
第11章	補　則	第100条〜第103条

前文も大切だよ！

三大基本原理と本文

第1条以下の本文は、前文で明らかにされた基本原理を、それぞれ具体的に、くわしく定めたものです。

第1章「天皇」(第1条～第8条)は、天皇の地位や役割について定めたものですが、前文をうけて、国民主権の原理をふたたび確認しています。第9章「改正」(第96条)も、憲法を改正する権利が、国民にあるとのべています。

第2章「戦争の放棄」は、「第9条」または「9条」として、よく知られています。前文の平和主義を、さらにおしすすめて、戦争を放棄すること、しかも戦力をもたないこと、国の交戦権をみとめないことを、はっきりとうたっています。日本国憲法が、「平和憲法」とよばれる理由です。

第3章「国民の義務及び権利」(第10条～第40条)は、すべての国民が個人として尊重され、基本的人権を保障されることを宣言しています。この章だけで、31か条もあるのは、それだけ人権の保障に力をいれているということです。第10章「最高法規」(第97条～第99条)でも、基本的人権の保障が、くりかえし宣言されています。

第4章「国会」(第41条～第64条)、第5章「内閣」(第65条～第75条)、第6章「司法」(第76条～第82条)、第7章「財政」(第83条～第91条)、第8章「地方自治」(第92条～第95条)は、国のしくみについて定めたものです。国のしくみをささえる原理は、国民主権と権力分立であることが明らかにされています。

これが、わたしたちの日本国憲法のおおよそのしくみです。

⬆日本国憲法の原本　「朕は、……」とあるのは、「上諭」の書きだし。日本国憲法の原本は、東京の国立公文書館におかれている。

キーワード　［上諭］

明治憲法のもとでは、法律や条約を公布するときには、天皇の許可が必要でした。その天皇の許可があったことをしめすために、最初におかれた文章を、「上諭」といいます。

日本国憲法の前文の前には、この上諭がおかれていて、日本国憲法は、明治憲法を改正したものであることになっています。国民主権をうたう日本国憲法は、天皇主権の明治憲法とは、まったく原理のことなるものですが、かたちのうえで、なんとかつながりをもたせるようにしたのです。

前文を読んでみよう ① 国民主権

国民主権と君主主権

わたしたちの憲法のしくみがわかったら、さっそく前文を読んでみることにしましょう。

前文の第1項は、でだしで、
「日本国民は、……主権が国民に存することを宣言し、この憲法を確定する。」
とのべ、国民主権を宣言しています。

主権とは、国の政治のあり方を最終的にきめる力や権威のことです。国民主権の原理は、この力や権威を、わたしたち国民がもっている、つまり、国民こそが主権者であり、国の主人公なのだという考え方なのです。

これにたいし、この力や権威を君主がもっている場合を、君主主権といいます。国民主権の考え方は、17～18世紀のヨーロッパの絶対主義の時代に、君主の専制にたいする戦いのなかから生まれたもので、君主主権とは正反対の関係にあります。日本国憲法の国民主権も、大日本帝国憲法（明治憲法）の天皇主権を否定するところから生まれました。

ことばmemo

1 前文 →31ページ参照。
2 絶対主義 →12ページ参照。
3 専制 支配者が自分勝手にものごとをおこなうこと。
4 厳粛 おごそかで、心がひきしまるようす。
5 信託 信頼して政治などをまかせること。

代表民主制

では、わたしたち国民は、国民主権の原理のもとで、主権をどのように使っていくのでしょうか。

前文の第1項は、前半で、「日本国民は、正当に選挙された国会における代表者を通じて行動し」とのべ、つぎのようにつづけています。

「そもそも国政は、国民の厳粛な信託

← 新憲法のポスター　新憲法をひろめるために、このようなポスターがつくられた。新憲法は「国民の総意」によること、つまり国民主権がうたわれている。

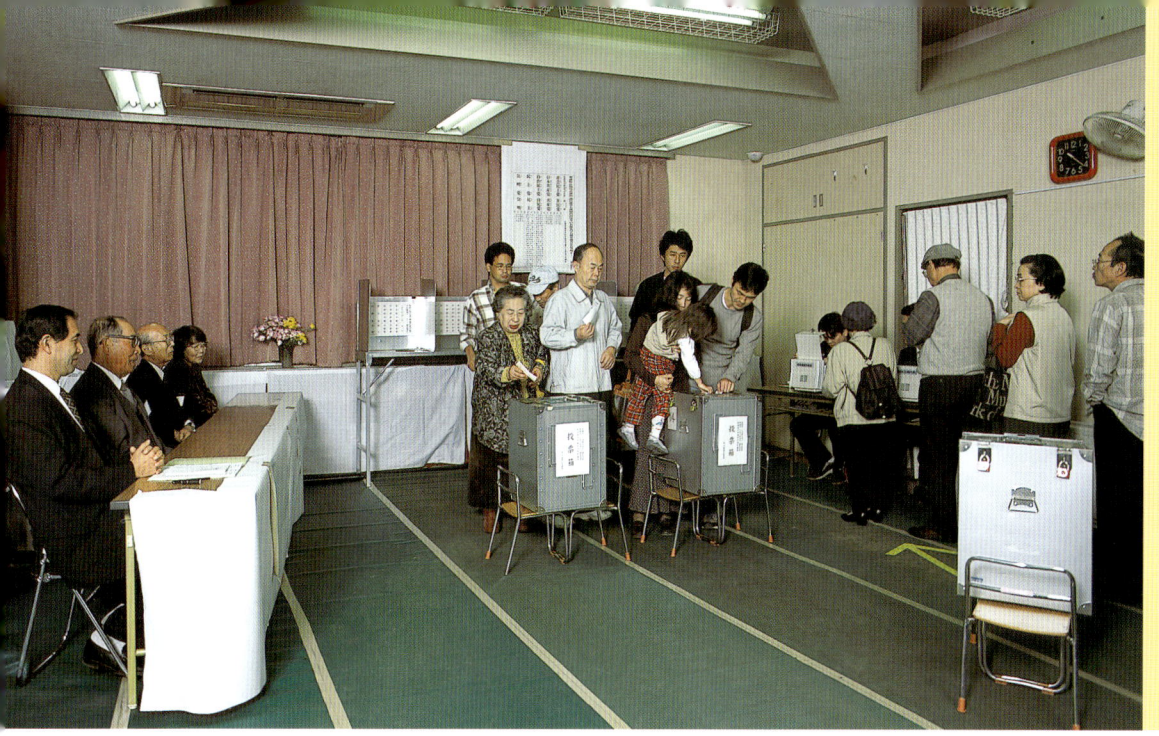

→選挙で投票する人々
国民は、選挙で自分たちの代表をえらぶことにより、主権を行使し、政治に参加する。

Ⅱ 日本国憲法って、どんな憲法？

によるものであつて、その権威は国民に由来し、その権力は国民の代表者がこれを行使し、その福利は国民がこれを享受する。」

つまり、主権をもつ国民は、自分たちの代表者を選挙でえらび、その代表者をつうじて行動するというのです。国民の代表者は、国会にあつまり、話しあいで国の政治にかかわることをきめていきます。

このような政治のしくみを、代表民主制（間接民主制）といいます。代表民主制と議会制がむすびついた場合、国民の代表は国会議員ということになります。

憲法をつくる力

ところで、最初に引用した前文に、「日本国民は、……この憲法を確定する」とありました。これは、憲法をつくるのは、わたしたち国民であり、国民は、その力をもっているといっているのです。

もともと国民主権の原理は、国民に憲法をつくる力があるという考え方か

らきたものです。国民は、この力を直接使って、憲法を定め、国の政治のあり方を最終的にきめるのです。

憲法の改正をおこなうときも、おなじです。憲法第96条は、憲法を改正するためには、国民の承認が必要であり、国民が直接参加する国民投票を実施しなければならないと定めています。

わたしたち国民は、わたしたちの代表者をつうじて、主権を行使するだけでなく、みずからそれを、直接行使することもあるわけです。このような政治のしくみを、直接民主制といいます。

ことばmemo
6 憲法の改正 →160ページ参照。

キーワード [国民の至高の総意]

前文の第1項に「主権が国民に存することを宣言し」とあります。この部分は、1946（昭和21）年6月、政府が国会に提出した「憲法改正草案」では、「国民の総意が至高なものであることを宣言し」となっていました。政府は、国民主権という考え方を、できるだけあいまいにしたかったのですが、連合国軍最高司令官総司令部（ＧＨＱ）はみとめませんでした。第1条にも、おなじような表現があったので、どちらも衆議院で修正され、国民主権がはっきりとうたわれることとなりました。

前文を読んでみよう ② 基本的人権の尊重

「自由のもたらす恵沢」とは

基本的人権は、人間が生まれながらにもっている権利で、だれも侵すことのできない永久の権利とされています。憲法第11条は、国民にこの基本的人権を保障し、第97条でも、基本的人権の意味について確認しています。

基本的人権の尊重は、日本国憲法の三大基本原理の一つです。ところが、前文のどこをさがしても、基本的人権の尊重ということばは見つかりません。それどころか、人権ということばさえありません。

憲法を定めた人が、書きおとしたの

でしょうか。

そんなはずはありません。

前文の第1項は、前半で、憲法を定める目的の一つとして、「わが国全土にわたつて自由のもたらす恵沢を確保」することをあげています。「自由」の権利は、基本的人権の中心となるものであり、この「自由のもたらす恵沢」の確保こそ、基本的人権の尊重にほかならないのです。

ことばmemo
1 恵沢　めぐみ。

基本的人権と国民主権

基本的人権の尊重は、国民主権の原理とかたくむすびついています。君主や少数の者による専制政治のもとで、基本的人権が完全に保障されることは、まずないでしょう。基本的人権が保障されるためには、なによりも国民主権にもとづいて、民主的な政治がおこなわれる必要があるのです。

また、基本的人権の尊重は、「個人の尊重」の考え方からきたものですが、国民主権の原理も、国民が平等に個人として尊重されて、はじめてなりたち

←新憲法のポスター　「人身の自由」をはじめとする、さまざまな自由にたいする権利がうたわれている。

➡小学校の入学式　入学式で胸をふくらませる子どもたち。教育をうける権利は、基本的人権の一つだ。

ます。基本的人権の尊重も、国民主権も、おなじ考え方からみちびかれ、ひろい意味での民主主義をかたちづくっているのです。

　前文の第1項は、後半で、「自由のもたらす恵沢」の確保、すなわち基本的人権の尊重は、国民主権とともに、「人類普遍[2]の原理」であるとのべています。

　さらに、「これに反する一切の憲法、法令[3]及び詔勅[4]を排除する」と宣言し、これらの原理をかえることは、憲法改正によってもできないことを明らかにしています。

基本的人権と平和主義

　基本的人権の尊重は、平和主義とも切りはなして考えることができません。戦争は、国の安全をおびやかし、環境を破壊して、わたしたちの自由や生命をうばいさるものです。戦争のない、平和で安全な世の中でなければ、基本的人権の尊重をのぞむことなど、とてもできないでしょう。

　国際的な平和主義は、民主主義とともに、近代憲法をおしすすめる原動力となってきたのです。

ことばmemo

2　普遍　すべてのものにあてはまること。

3　法令　法律・命令・規則などをまとめてさすことば。

4　詔勅　天皇の考えをあらわす公式の文書。

前文を読んでみよう ③ 平和主義

悲惨な戦争への反省のうえに

前文は、平和へのねがいと決意をくりかえし、のべています。まず、第1項の前半で、
「日本国民は、……政府の行為によつて再び戦争の惨禍が起ることのないやうにすることを決意し、……この憲法を確定する。」
としたうえで、第2項で、平和主義の理念を明らかにしています。

これは、日本がひきおこした、無謀で、悲惨なアジア・太平洋戦争への反省のうえに立って、日本国憲法が定められることを明らかにしたものです。憲法の三大基本原理の一つである平和主義は、まず、日本がたどってきた歴史を、きびしく見なおすことから生まれたのです。

世界の国々と協調して

それでは平和主義は、どうすれば実現できるのでしょうか。前文の第2項は、前半で、
「日本国民は、恒久の平和を念願し、人間相互の関係を支配する崇高な理想を深く自覚するのであつて、平和を愛する諸国民の公正と信義に信頼して、われらの安全と生存を保持しようと決意した。」
とのべています。

日本の国だけが、平和主義をかかげても、ほかの国々が賛同してくれなければ、おそらくなにもできないでしょう。戦争をなくし、世界の平和をたもつためには、世界の国々が協調していくことが、どうしても必要なのです。

ドイツの哲学者のカントは、世界の「永久平和」をとなえ、そのためには国際的な連盟が必要であると考えました。この考え方は、第一次世界大戦（1914～19年）のあとに生まれた国際連盟、そして第二次世界大戦（1939～45年）のあとに生まれた国際連合（国連）へと、うけつがれていきます。前文の「恒久の平和」ということばは、カントと国連を思いおこさせます。

ことばmemo

1 惨禍　むごたらしく、いたましい被害のこと。
2 恒久　いつまでもつづくこと。「永久」と同じ。
3 国際連盟　1920年にできた、世界の平和と安全をまもるための国際組織。
4 国際連合　1945年にできた、世界の平和と安全をまもるための国際組織。アメリカのニューヨークに本部がある。
5 新しい人権　→62ページ参照。

人物memo

1 カント　1724～1804年。ドイツの哲学者。『実践理性批判』などで、ドイツ観念哲学をつくりあげ、『永久平和論』などで、平和の理論をとなえた。

↑長崎の平和祈念像
1945年8月9日、長崎に原爆が落とされた。戦後、爆心地の近くに平和公園がつくられ、平和祈念像がたてられている。毎年8月9日には、ここで平和祈念式典がひらかれる。

平和のうちに生きる

　前文の第2項は、さらに見方をかえて、平和について、つぎのようにのべています。
　「われらは、全世界の国民が、ひとしく恐怖と欠乏から免かれ、平和のうちに生存する権利を有することを確認する。」
　わたしたち国民は、一人ひとりが、平和のなかで生きていく権利をもっているというのです。平和主義を、たんなる主義主張ではなく、権利にまでおしすすめたもので、これを「平和的生存権」といいます。
　平和的生存権は、身体の自由や表現の自由のように、はっきりとうちたてられた権利とはいえません。しかし、これを、プライバシーの権利や環境権とおなじように、「新しい人権」としてみとめるべきだという人も少なくありません。
　このような権利が、どこの国でもみとめられ、保障されるようになったら、どんなにすばらしいことでしょう。地球上から戦争やあらそいごとをなくする、いちばんよい方法かもしれません。

憲法たんけん隊 前文を英語で読んでみよう!

英語版の日本国憲法

1946（昭和21）年11月、日本国憲法が公布されると、英語の官報に、英語版の日本国憲法"THE CONSTITUTION OF JAPAN"がのりました。官報とは、国が、法律や条約など、国民に知らせる必要のあることがらをのせて、発行する新聞のことです。そのころ、日本は、連合国軍最高司令官総司令部（ＧＨＱ）の統治下にありましたから、日本語の官報のほかに、英語の官報もだされていたのです。

日本国憲法のもとになったＧＨＱ草案は、もともと、英語で書かれていました。これを日本語に訳し、さらに日本語でなおしたものを、英語に訳したりしながら、日本国憲法はつくられてきたのです。

国会でじっさいに審議され、採択されたのは、日本語の日本国憲法です。ですから、正式の憲法は日本語のものであり、英語版に法としての効力はありません。

でも、日本国憲法には、ＧＨＱ草案を日本語に訳して、そのままとりいれたものがたくさんあります。とくに前文は、ＧＨＱ草案の前文とほとんどおなじものです。

英語で前文にチャレンジ！

右のページに、英語版の前文をかかげました。下にあるのは、日本語の正式の前文です。

日本語の前文の書き出しの「日本国民」は、英語版では"We, the Japanese people"となっています。これは、「日本人民」とか、「わたしたち日本人」「日本のわたしたち」と訳してもよいわけです。

また、英語版に"sovereign power resides with the people"とあるところは、25ページの「キーワード」でとりあげたことに関係があります。英語では「主権は人民にある」と、はっきりいっているのですから、政府の「国民の総意が至高のものである」というような、あいまいないい方は、ゆるされなかったのです。

そんなことを念頭において、あなたも、前文を英語で読んでみませんか。そして、あなたのことばで訳してみませんか。むずかしい単語もありますが、訳注を参考にしながら、ぜひチャレンジしてみてください。あなたの憲法前文ができることでしょう。

We, the Japanese people, acting through our duly elected representatives in the National Diet, determined that we shall secure for ourselves and our posterity the fruits of peaceful cooperation with all nations and the blessings of liberty throughout this land, and resolved that never again shall we be visited with the horrors of war through the action of government, do proclaim that sovereign power resides with the people and do firmly establish this Constitution. Government is a sacred trust of the people, the authority for which is derived from the people, the powers of which are exercised by the representatives of the people, and the benefits of which are enjoyed by the people. This is a universal principle of mankind upon which this Constitution is founded. We reject and revoke all constitutions, laws, ordinances, and rescripts in conflict herewith.

We, the Japanese people, desire peace for all time and are deeply conscious of the high ideals controlling human relationship, and we have determined to preserve our security and existence, trusting in the justice and faith of the peace-loving peoples of the world. We desire to occupy an honored place in an international society striving for the preservation of peace, and the banishment of tyranny and slavery, oppression and intolerance for all time from the earth. We recognize that all peoples of the world have the right to live in peace, free from fear and want.

We believe that no nation is responsible to itself alone, but that laws of political morality are universal ; and that obedience to such laws is incumbent upon all nations who would sustain their own sovereignty and justify their sovereign relationship with other nations.

We, the Japanese people, pledge our national honor to accomplish these high ideals and purposes with all our resources.

[前文]

日本国民は、正当に選挙された国会における代表者を通じて行動し、われらとわれらの子孫のために、諸国民との協和による成果と、わが国全土にわたつて自由のもたらす恵沢を確保し、政府の行為によつて再び戦争の惨禍が起ることのないやうにすることを決意し、ここに主権が国民に存することを宣言し、この憲法を確定する。そもそも国政は、国民の厳粛な信託によるものであつて、その権威は国民に由来し、その権力は国民の代表者がこれを行使し、その福利は国民がこれを享受する。これは人類普遍の原理であり、この憲法は、かかる原理に基くものである。われらは、これに反する一切の憲法、法令及び詔勅を排除する。

日本国民は、恒久の平和を念願し、人間相互の関係を支配する崇高な理想を深く自覚するのであつて、平和を愛する諸国民の公正と信義に信頼して、われらの安全と生存を保持しようと決意した。われらは、平和を維持し、専制と隷従、圧迫と偏狭を地上から永遠に除去しようと努めてゐる国際社会において、名誉ある地位を占めたいと思ふ。われらは、全世界の国民が、ひとしく恐怖と欠乏から免かれ、平和のうちに生存する権利を有することを確認する。

われらは、いづれの国家も、自国のことのみに専念して他国を無視してはならないのであつて、政治道徳の法則は、普遍的なものであり、この法則に従ふことは、自国の主権を維持し、他国と対等関係に立たうとする各国の責務であると信ずる。

日本国民は、国家の名誉にかけ、全力をあげてこの崇高な理想と目的を達成することを誓ふ。

英語訳注

1. representative 名 代表
2. diet 名 国会
3. determine 動 決意する
4. secure 動 まもる
5. posterity 名 子孫
6. blessing 名 めぐみ
7. resolve 動 決意する
8. proclaim 動 宣言する
9. sovereign 形 主権のある
10. reside 動 ～にある
11. constitution 名 憲法
12. sacred 形 神聖な
13. trust 名 信託
14. authority 名 権威
15. derive 動 ～に由来する
16. exercise 動 つかう
17. benefit 名 利益
18. principle 名 原理
19. found 動 ～にもとづく
20. reject 動 拒否する
21. revoke 動 無効にする
22. ordinance 名 法令
23. rescript 名 勅令
24. conflict 名 不一致
25. preserve 動 たもつ
26. existence 名 生存
27. trust 動 信頼する
28. justice 名 正義
29. honored 形 名誉な
30. strive 動 努力する
31. preservation 名 維持
32. banishment 名 除去
33. tyranny 名 専制
34. slavery 名 隷属
35. oppression 名 圧迫
36. intolerance 名 不寛容
37. recognize 動 確認する
38. want 名 欠乏、貧困
39. obedience 名 服従
40. incumbent 形 義務である
41. sustain 動 維持する
42. sovereignty 名 主権
43. justify 動 正しいとする
44. pledge 動 誓約する
45. resource 名 力

日本国憲法は、どんな文体？

日本国憲法の文字と文体

　日本国憲法の前文を、頭からじっとにらんでみましょう。前文の文章は、どんなふうに書かれているでしょうか。

　まず、ひらがなと漢字で書かれていることが、一目でわかります。文章の調子は、ふだんわたしたちが使っている話しことばと、だいたいおなじです。ただ、ところどころに、「ないやうにする」「努めてゐる」「思ふ」などとあるのが、気になります。「全土にわたつて」というように、促音の「つ」が大きく書かれているのも、ふしぎです。

　日本国憲法の文章は、ひらがなまじりの口語体で書かれています。そして、かなづかいは歴史的かなづかい（旧かなづかい）になっているのです。

文語体から口語体へ

　明治以来、法律といえば、カタカナまじりの文語体で書かれるのが、しきたりでした。大日本帝国憲法（明治憲法）なら、「天皇ハ神聖ニシテ侵スヘカラス」（第3条）というぐあいです。

　日本政府も、はじめは憲法の改正案づくりを、しきたりどおりに、カタカナまじりの文語体ですすめていました。ところが、1946（昭和21）年4月17日に発表された「憲法改正草案」は、ひらがなまじりの口語体となっています。これは、作家の山本有三らの「国民の国語運動連盟」が、政府に、憲法は口語体で書き、わかりやすい表現にするように申しいれ、政府が、それをうけいれたためといわれています。

　一般の国民にもわかりやすい口語体の文章は、国民主権をかかげる新憲法に、いかにもふさわしいものでした。そして、こののち制定される法律は、すべて口語体で書かれるようになったのです。

かなづかいの新旧

　ところで、文章を口語体で書くときには、かなづかいは、現代かなづかい（新かなづかい）とするのがふつうです。ところが、日本国憲法では、歴史的かなづかいとなっていますね。なぜでしょう。

　現代かなづかいは、1946年9月21日、国語審議会が答申し、11月16日の内閣告示によって公布されました。日本国憲法が公布されたのは、その2週間ほど前の11月3日です。内閣告示どおりに、現代かなづかいにするのは、時間的に不可能だったのです。

Ⅲ 国民が、国の主人公

国政選挙の街頭演説にあつまった有権者たち

主権は国民にある

【第1条】 天皇は、日本国の象徴であり日本国民統合の象徴であつて、この地位は、主権の存する国民の総意に基く。

主権は天皇から国民へ

国民主権とは、国の政治のあり方を最終的にきめる力は、わたしたち国民にあるという考え方です。主権在民ともいいます。

日本国憲法は、この国民主権について、とくに一つのまとまった条文をもうけているわけではありません。しかし、前文で、「主権が国民に存すること」を宣言し、その内容についてくわしくのべています。また、第1条でも、天皇の地位は、「主権の存する国民の総意に基く」とのべて、国民主権の原理を明らかにしています。

憲法第1条は、「第1章　天皇」の最初におかれた条文で、天皇の地位について定めたものです。国民主権については、まるでついでにふれているようにもみえますが、天皇の地位が、「国民の総意に基く」としているのは重要です。それは、天皇の地位は絶対的なものではなく、国民全体の意思で、かえることのできるものであるということを意味するからです。つまり、日本国憲法では、明治憲法とちがって、主権は天皇にはなく、天皇から国民にうつったことが明らかにされているのです。

国民主権の保障

国民主権は、わたしたち国民が主権をもつだけでなく、主権を、みずから行使することをも意味しています。

代表民主制のもとで、国民は、自分たちの代表者を選挙でえらび、その代表者をつうじて、政治に参加します。つまり、主権をもつ国民は、主権を間接的に行使するわけです。憲法も、これを参政権として、第15条その他で保障しています。

いっぽう、憲法改正のように、とくに重要なことについては、主権をもつ国民が、じかに決定します。この場合、国民は、主権を直接、行使するわけです。これを直接民主制といいます。憲法は、たとえば第96条で、憲法改正をおこなう場合には、国民の承認が必要であり、国民投票を実施しなければな

ことばmemo

1　前文　→24、30ページ参照。
2　代表民主制　→24ページ参照。
3　参政権　→108ページ参照。
4　憲法改正　→160ページ参照。
5　直接民主制　→25ページ参照。

Ⅲ　国民が、国の主人公

←**街頭演説会にあつまった聴衆**
たくさんの有権者が、立候補者の演説に耳をかたむける。主権をもつ国民は、選挙をつうじて政治に参加する。

らないと定めています。日本国憲法は、国民主権を、国民の権利として、ただ宣言しているだけではありません。このように、国民主権の原理が、どのように適用されるかについても、くわしく定めているのです。

キーワード [主権]

憲法第1条では、主権ということばを、国の政治のあり方を最終的にきめる力という意味で使っています。この力が、国民にある場合が、国民主権であり、君主にある場合が、君主主権です。

主権ということばには、このほかに、2つの意味があります。その一つは、国家権力が最高のものであり、独立したものであるという意味で使われる場合です。憲法前文の第3項に「自国の主権を維持し」とあるのが、これにあたります。主権国といえば、独立国とおなじ意味になります。

もう一つは、国家がもつ支配権をぜんぶひっくるめて、いう場合です。ポツダム宣言の第8項に、「日本国ノ主権ハ、本州、北海道、九州及四国並ニ吾等ノ決定スル諸小島ニ局限セラルベシ」とあるのが、これにあたります。

天皇は象徴

【第1条】 天皇は、日本国の象徴であり日本国民統合の象徴であつて、この地位は、主権の存する国民の総意に基く。

象徴天皇

日本国憲法のもとで、主権は、天皇から、わたしたち国民にうつりました。しかし、天皇制はのこりました。象徴天皇制としてです。

日本国憲法は、第1条で、「天皇は、日本国の象徴であり日本国民統合の象徴であ」ると定めています。「象徴」とは、かたちのないことがらや考えなどを、色やかたちにたとえてあらわすことです。たとえば、ハトは、平和の象徴とされています。それとおなじように、天皇は、日本という国、そして国民のまとまりの象徴だというのです。

日本政府は、1945（昭和20）年10月、連合国軍最高司令官総司令部（ＧＨＱ）の占領統治のもとで、明治憲法の改正作業をはじめました。しかし、はじめから、天皇制をなくすることなどは考えてもいませんでした。政府の憲法問題調査委員会[1]のつくった改正案でも、明治憲法の天皇主権が、そのままのこされることになっていました。

いっぽうＧＨＱも、日本の国をうまく治めていくためには、天皇制が必要であると考えていました。連合国軍最高司令官マッカーサーのマッカーサー三原則[2]は、第一原則で、「天皇は、国の元首[3]である」とうたっています。それでも、明治憲法のように、天皇が強い力をもった天皇制ではこまります。そこで、国民主権をとりいれながら、天皇は国の象徴であるというかたちで、天皇制をのこすことにしたのです。

天皇の地位と権限

明治憲法のもとでも、日本国憲法のもとでも、天皇制があることにかわりはありません。しかし、おなじ天皇制でも、明治憲法と日本国憲法とでは、その原理に大きなちがいがあります。

まず、天皇の地位についてです。明治憲法では、天皇の地位は、天照大神の意思にもとづくもの、つまり神からあたえられたものとされていました。しかし、日本国憲法では、「主権の存する国民の総意」、つまり主権をもつ国民全体の意思にもとづくものとされています。

ことばmemo

1 憲法問題調査委員会
→16ページ参照。
2 マッカーサー三原則
→16ページ参照。
3 元首　外国にたいして、その国と国民を代表する人。

↑**一般参賀で国民に手をふる天皇** 毎年1月2日、一般国民が皇居をおとずれ、新年をいわう。天皇は、皇后や皇族とともに、バルコニーに立って、その気持ちにこたえる。

つぎは、天皇の性格についてです。明治憲法では、天皇は神聖で、侵すことのできないものとされていました。しかし、戦後の天皇の人間宣言もあり、日本国憲法では、天皇を特別な人とみる考え方はとられていません。

さらに天皇の権限についてです。明治憲法では、天皇は国の統治権を総攬4する者とされ、国の権力を一人でにぎっていました。ところが、日本国憲法のもとでは、このあとのべるように、天皇はかたちばかりの国事行為5だけをおこない、国の政治については、なんの権限ももたないとされているのです。

ことばmemo
4 総攬 一手ににぎること。
5 国事行為 →38ページ参照。

キーワード [人間宣言]

昭和天皇は、1946（昭和21）年1月1日、人間宣言をおこなって、自分が神であることを否定しました。それまで天皇は、神の子孫とされていたのです。このときの詔書で、天皇は、つぎのようにのべています。

「天皇ヲ以テ現御神トシ、且日本国民ヲ以テ他ノ民族ニ優越セル民族ニシテ、延テ世界ヲ支配スベキ運命ヲ有ストノ架空ナル観念ニ基クモノニ非ズ。」

「現御神」とは、人のすがたをして、この世にあらわれた神のことです。

天皇は政治をおこなわない

【第4条】 ①天皇は、この憲法の定める国事に関する行為のみを行ひ、国政に関する権能を有しない。

天皇の国事行為

象徴とされた天皇は、どのようなことができるのでしょうか。

日本国憲法は、第4条で、天皇は「国事に関する行為」のみをおこない、国の政治にかんする権限をもたないと定めています。天皇のできることは、憲法に定められた国事行為にかぎられ、国の政治にかんすることは、なにもできないのです。

さらに憲法は、第6条と第7条で、天皇にみとめられる国事行為をあげています。

天皇の国事行為には、国の政治の基本となる、とても大事なことがらに関係のあるものが、いくつかあります。たとえば、内閣総理大臣の任命(第6条)や憲法改正の公布(第7条)などです。しかし、じっさいに内閣総理大臣をきめるのは、国会ですし、憲法改正をきめるのは、国民です。天皇に、これらのことをきめる権限があるわけではありません。天皇の国事行為は、政治に直接むすびつかない、かたちだけの儀式のようなものと考えられています。

内閣の助言と承認

憲法第3条は、天皇のおこなう国事行為には、すべて内閣の「助言と承認」が必要としています。しかも、その結果については、内閣が責任を負うことになっています。これは、天皇が国事行為について、責任をとわれないことを意味しています。

明治憲法でも、「天皇ハ神聖ニシテ侵スヘカラス」(第3条)と定められ、天皇は法律上の責任をとわれませんで

ことばmemo
1 **国事** 国の政治にかんすることがら。
2 **内閣総理大臣** →136ページ参照。
3 **憲法改正** →160ページ参照。

◆ 天皇の国事行為
1. 内閣総理大臣・最高裁判所長官の任命
2. 憲法改正・法律・政令・条約の公布
3. 国会の召集
4. 衆議院の解散
5. 国会議員の総選挙の施行の公示
6. 国務大臣・最高裁判所判事等の認証
7. 恩赦(大赦・特赦など)の認証
8. 栄典の授与
9. 批准書・外交文書の認証
10. 外国の大使・公使の接受
11. 儀式をおこなうこと

した。天皇は、神の子孫とされ、とても大きな権限をもっていたからです。

日本国憲法も、それと似ているようですが、まったくちがいます。日本国憲法のもとで、天皇が、国事行為について責任をとわれないのは、天皇が国の政治にかんする権限を、なにももたないからです。

天皇のその他の行為

天皇は、国会の開会式に出席して、「おことば」という、あいさつを読みあげます。また、日本各地をまわったり、外国の元首などをもてなしたりもします。

これらは、公の場での行為ですが、憲法の定める国事行為にはあたりません。そこで、これをどう考えるかが、問題となります。いろいろな説がありますが、天皇は、公の職についているのだから、それにともなう公の場での行為もみとめられる、とする考え方が有力です。

よくテレビや新聞で、天皇が、生物学を研究したり、テニスを楽しんだりするすがたが紹介されます。このように、天皇が公の立場をはなれて、一人の個人として活動できることは、いうまでもありません。

⬇**国務大臣の認証式**
天皇は、憲法の定める国事行為のみをおこなう。国務大臣の認証も、天皇の国事行為の一つ。

「君が代」って、なんの歌?

「君」って、だれのこと?

「君が代」は、日本の国歌です。歌詞をそらんじていますか?
　　君が代は千代に八千代に
　さざれ石のいわおとなりてこけのむすまで
「千代に八千代に」は、いつまでも。「さざれ石」は、小さな石。「いわお」は、大きな岩という意味。耳で聞くと、「いわおとなりて」は、「岩音鳴りて」に聞こえますが、そういう意味ではありません。

それはともかく、「君が代」の「君」が、なにをさすのかが、大問題。「君」ということばには、「天皇」という意味もあれば、「あなた」という意味もあるからです。

天皇の治める世をいわう

「君が代」は、明治時代の中ごろにつくられたものです。歌詞は、古い和歌からとり、林広守という雅楽家が曲をつけ、エッケルトというドイツ人が洋楽風にしあげました。

この歌がつくられた明治時代は、天皇主権の時代ですから、「君」が天皇であることはまちがいありません。「君が代」は、「天皇の治める世がいつまでもつづきますように」といわう歌だったわけです。

ところが、明治憲法にかわって、日本国憲法が生まれると、こまったことになりました。日本国憲法は、国民主権をうたっていますから、「君が代」が、日本の国にあわなくなってしまったのです。

親しい人の長生きをいわう

「君が代」の歌詞のもとになったのは、平安時代の『古今和歌集』におさめられている、つぎの和歌です。
　　わが君は千代に八千代に
　さざれ石の巌となりて苔のむすまで（読み人しらず）

これは、長生きをいわう歌で、「あなた、いつまでも、長生きしてくださいね」といっているのです。「君」は、あなたという意味。読んだ人の親しい人、きっと妻か夫か、恋人なのでしょう。どれにしても、あまり国の歌らしい内容とは思えません。

1999（平成11）年、「国旗及び国歌に関する法律」が定められ、「君が代」は国歌となりました。この法律には、「君が代」の歌詞と楽譜がつけられていますが、「君」の意味については、一言も書かれていません。

Ⅳ
ぜったいに戦争はしない

広島の原爆ドーム

戦争はしない

【第9条】 ①日本国民は、正義と秩序を基調とする国際平和を誠実に希求し、国権の発動たる戦争と、武力による威嚇又は武力の行使は、国際紛争を解決する手段としては、永久にこれを放棄する。
②前項の目的を達するため、陸海空軍その他の戦力は、これを保持しない。国の交戦権は、これを認めない。

ことばmemo
1 放棄　資格や権利をすててしまうこと。
2 惨禍　むごたらしい被害。

↓広島の平和記念公園と原爆ドーム　1945年8月6日、広島に世界最初の原子爆弾が落とされた。毎年8月6日は、原爆の日とされ、全国各地で平和記念式典がひらかれる。

平和主義と戦争放棄

　平和主義は、わたしたちの日本国憲法の三大基本原理の一つです。
　この平和主義にもとづいて、「戦争の放棄」が、きっぱりときめられているのが、第9条です。15年にわたるアジア・太平洋戦争で、日本は、多くの国を侵略しました。その反省のうえに立って、世界の平和をねがい、「もう二度と戦争はしません」という決意をこめたものです。

　憲法は、前文で、「日本国民は、恒久の平和を念願し」と、平和主義を宣言し、さらに「政府の行為によって再び戦争の惨禍が起ることのないやうにする」と、はっきり政府にむけて、戦争の放棄をやくそくさせています。それは、戦争のような重大なことは、いつも政府が決定してきたからです。
　第9条第1項では、前文の平和主義をうけて、まず「日本国民は、正義と秩序を基調とする国際平和を誠実に希求し」と、あらためて平和への意志を明らかにしています。

侵略戦争？ 自衛戦争？

第9条第1項の最後の「永久にこれを放棄する」の前に、「国際紛争を解決する手段としては」という短い文があります。じつは、この部分が、たいへんな議論となってきたのです。大きく分けると、つぎの2つになります。

「国際法で、国際紛争を解決するための戦争といえば、侵略戦争をさすのだから、放棄するのは侵略戦争だけだ。自分の国をまもる自衛戦争はふくまれない」と考える人たち。

これにたいして、「戦争は、すべて国際紛争を解決するためにおこなうし、じっさいには戦争の目的が、侵略か自衛かは区別できない。前文の平和主義との関連からも、この条文は、すべての戦争を放棄すると解釈するのが正しい」という人たち。

この論争は、戦力と交戦権の放棄をかかげた第9条第2項にもおよびます。さらに現実の政治のなかでは、自衛隊は違憲か合憲か、海外派兵は憲法違反ではないかなど、ことあるごとに、はげしい憲法論争をよんできました。

ことばmemo

3 **発動** 法的な力を行使すること。

4 **威嚇** 武器や暴力などでおどすこと。

5 **宣戦布告** よその国にたいして、戦争をはじめることを宣言すること。

6 **国際法** 国と国のあいだで合意して、きめた法律。国際連合などで、たくさんの国があつまってきめた条約、宣言などもふくまれる。

7 **満州事変** 1931年にはじまった、日本軍の中国東北部(旧満州)への侵略戦争。日中戦争へとつながっていった。

8 **日中戦争** 1937年の蘆溝橋事件にはじまり、1945年、日本が無条件降伏をするまでの日本と中国の戦争。日本は「支那事変」とよび、宣戦布告をしなかった。

永久に放棄する3つのこと

第9条第1項は、さらに、「国権の発動たる戦争」「武力による威嚇」「武力の行使」の3つを放棄する規定へとつづきます。

「国権の発動たる戦争」とは、国の最高権力者(日本では内閣総理大臣)が宣戦布告をする、国際法での戦争をさします。ふつう戦争というときは、ほとんどが、これです。

「武力による威嚇」とは、たとえば外国と交渉するときに、相手の国の近くに軍艦をだして、圧力をかけるようなことをさします。軍事演習や大型兵器の開発、核実験など、武力で、よその国に脅威をあたえる行為のすべてをさします。

「武力の行使」とは、宣戦布告をしないで、武器を使って攻撃する「事実上の戦争」のことです。満州事変、日中戦争などが、これにあたります。

そして、「永久にこれを放棄する」とむすんでいます。時代がかわっても、どんな政権になっても、ぜったいに戦争はしないという、力強い宣言です。

キーワード [国際法と戦争]

1928(昭和3)年の不戦条約や1945年の国際連合憲章などの国際法は、原則として戦争をみとめていません。とくに、よその国をせめて、領土をうばう侵略戦争は、違法とされています。しかし、すべての戦争がみとめられないわけではなく、自衛のための戦争と国際組織による制裁のための戦争は、例外としてゆるされることになっています。

また、国際法は、そのような戦争をおこなう場合の交戦国の権利、つまり交戦権をみとめています。相手国の兵士を殺傷する権利や相手国を占領する権利などです。

戦力はもたない

【第9条】②前項の目的を達するため、陸海空軍その他の戦力は、これを保持しない。国の交戦権は、これを認めない。

戦力を保持しない

日本国憲法は、第9条第1項で、戦争はしないと宣言したのですから、戦力は必要ありません。そこで第2項では、陸軍も海軍も空軍も、そのほかの戦力もすべてもたない、ときめました。「戦力」とは、なんでしょう。いろいろな考え方がありますが、ふつうは軍隊のことです。軍隊とは、専門の兵士と兵器（各種の銃砲、戦車、軍用車、軍艦、軍用航空機、情報通信機器など）、さらに軍用の飛行場、港、建物などのすべてをふくんだものです。

第2項では、はっきりと「これを保持しない」といっているのです。

ことばmemo

1 **不戦条約** →50ページ参照。
2 **朝鮮戦争** 朝鮮民主主義人民共和国（北朝鮮）と大韓民国（韓国）とのあいだでおこなわれた戦争。1950年、北朝鮮が北緯38度線をこえて韓国に侵攻。韓国軍は、アメリカ軍中心の国連軍、北朝鮮は中国軍などの支援をうけて、一進一退をくりかえしたが、1953年に休戦した。

交戦権もみとめない

さらに憲法は、「国の交戦権」をみとめないと明記しました。「交戦権」とは、戦争をする権利のことです。

この第9条第2項の「戦力」と「交戦権」の放棄は、世界の憲法でも画期的なことでした。第一次世界大戦後の1928（昭和3）年、不戦条約で戦争の放棄がきめられ、戦争放棄を憲法にとりいれた国があらわれました。それでも、戦力（軍隊）をもたないことまで明記した国はなかったのです。

自衛のための戦力はもてる？

第9条第2項の条文は、すっきりしていて、なんの問題もないように思われます。ところが、ここでも、たいへんな論争がおこってきました。

それは、「自衛のための戦力はもてるか」という問題です。第1項で自衛戦争は放棄していないと考えた人たちは、第2項の「前項の目的」とは、侵略戦争の放棄であり、自衛用の戦力はもってもよいと主張するのです。

「交戦権」についても、「戦争をする権利」そのものではなく、国際法上の「交戦国の権利」であると解釈します。自衛のために戦争をする権利は、この「交戦国の権利」とは別のものだから、みとめられるということになります。

戦力はもたない！

←市街を武装パレードする陸上自衛隊員（長崎県佐世保市）　自衛隊は、憲法の「戦力」であるのかどうかが、論議をよんできた。武装パレードに抗議する市民のすがたも見える。

ことばmemo

3 **恵庭事件**　北海道恵庭町（いまの恵庭市）の自衛隊基地で、演習の騒音になやまされた住民が、演習用の通信線を切断して、うったえられた事件。

4 **百里基地事件**　茨城県小川町の百里基地の建設にさいし、用地買収をめぐって、住民と国のあいだであらそわれた事件。

人物memo

1 マッカーサー　→16ページ参照。

論議をよんできた自衛隊

　じつは、第9条をめぐる論争は、自衛隊の創設と日本の再軍備という政治のうごきに、直接関係していました。

　1950年に朝鮮戦争がおきました。そのとき、連合国軍最高司令官マッカーサーは、日本が外国から攻撃された場合に、日本がみずからふせがなければならないという理由で、警察予備隊をつくるよう命じました。再軍備のはじまりです。

　1952年、警察予備隊は、保安隊に増強。1954年に自衛隊法が定められて、自衛隊となったのです。隊員は、陸上自衛隊13万9000人、海上自衛隊1万6000人、航空自衛隊6700人で、もちろん武力ももちました。

　この間、政府は、「これは戦力ではない。警察力と戦力の中間にある実力部隊だから、憲法に違反しない」と説明してきました。

　自衛隊の発足後は、政府の憲法解釈が、「自衛隊は合憲」「自衛のための実力は必要」と積極的になり、隊員も武器もふやしつづけました。国会では、防衛費、隊員、新兵器がふえるたびに、「憲法違反だ」と野党がせまって、はげしい論争となりました。

　住民と国とのあいだで、裁判になった事件もおきました。恵庭事件、長沼事件、百里基地事件などです。

キーワード　[長沼事件]

　1968（昭和43）年、防衛庁は、北海道長沼町に航空自衛隊のミサイル基地を建設しようとしました。これに反対する地元の農民たちは、翌年、ミサイル基地は憲法第9条に違反するなどの理由で、札幌地方裁判所にうったえました。

　1973年、一審判決は、自衛隊は、憲法第9条で禁止している「戦力」にあたり、憲法に違反しているとし、自衛隊にたいする初の違憲判決をくだしました。しかし、札幌高等裁判所の控訴審は、一審判決をとりけし、自衛隊が憲法違反かどうかは、「高度に政治的な問題」だとして判断をさけました。その後、長沼町には発射基地が建設され、ミサイルが配備されました。

たどってみよう！ 第9条の解釈の流れ

まるで迷路のよう!?

第9条の短い条文から、たくさんの問題がでてきて、頭がこんがらがりませんでしたか？

第9条の解釈のポイントをまとめてみましょう。

まず、第1項の「戦争の放棄」については、侵略戦争だけでなく、自衛戦争も放棄していると考えるかどうか、ということです。

つぎに、第2項の「戦力をもたない」という規定については、自衛のための戦力をもつことができるかどうか、ということです。また、「交戦権をみとめない」という規定については、「交戦権」とは、「戦争をする権利」か、「交戦国がもつ権利」かということです。

それぞれのポイントで、どう考えるかで、いろいろな解釈が生まれてきます。それを図にまとめてみたら、まるで迷路のようになりました。矢印と文をたよりに、たどってみてください。

第1項の解釈のしかた

第1項の「戦争の放棄」については、2つの解釈があります。

一つは、「侵略戦争だけでなく、自衛戦争も放棄している」というものです（図の①）。

もう一つは、「侵略戦争は放棄しているけれども、自衛戦争まで放棄したわけではない」というものです（図の②）。

第2項の解釈のしかた

第2項の「戦力をもたない」「交戦権はみとめない」という規定についても、いくつかの解釈があります。

第1項で「自衛戦争も放棄している」と考えた場合には、かんたんです。第2項でも、「自衛のための戦力ももつことができず、どんな戦争をする権利もみとめられていない」ということになります（図の③）。

ところが、第1項で「自衛戦争は放棄していない」と考えた場合には、見方が分かれるのです。

まず、「戦力をもたない」のほうでは、「自衛のための戦力ももつことができない」というもの（図の④）と、「自衛のための戦力ならもつことができる」というもの（図の⑤）とに分かれます。

また、「交戦権はみとめない」のほうでは、「交戦権とは、戦争をする権利である」というものと、「交戦権とは、交戦国がもつ権利である」というものとに分かれます。

第1項で、「自衛戦争は放棄していない」と考えたとしても、第2項で、「自衛のための戦力ももつことができない」、そして「交戦権とは、戦争をする権利のことである」という見方をとれば、けっきょく、いっさいの戦争はゆるされないこと

第9条の解釈の流れ

第1項

| 戦争の放棄 | 侵略戦争だけでなく、自衛戦争も放棄しているか？ |

① 自衛戦争も放棄している
② 自衛戦争は放棄していない

第2項

| 戦力をもたない | 自衛のための戦力をもつことができるか？ |

③ できない
④ できない
⑤ できる

| 交戦権はみとめない | 「交戦権」とは「戦争をする権利」か、「交戦国がもつ権利」か？ |

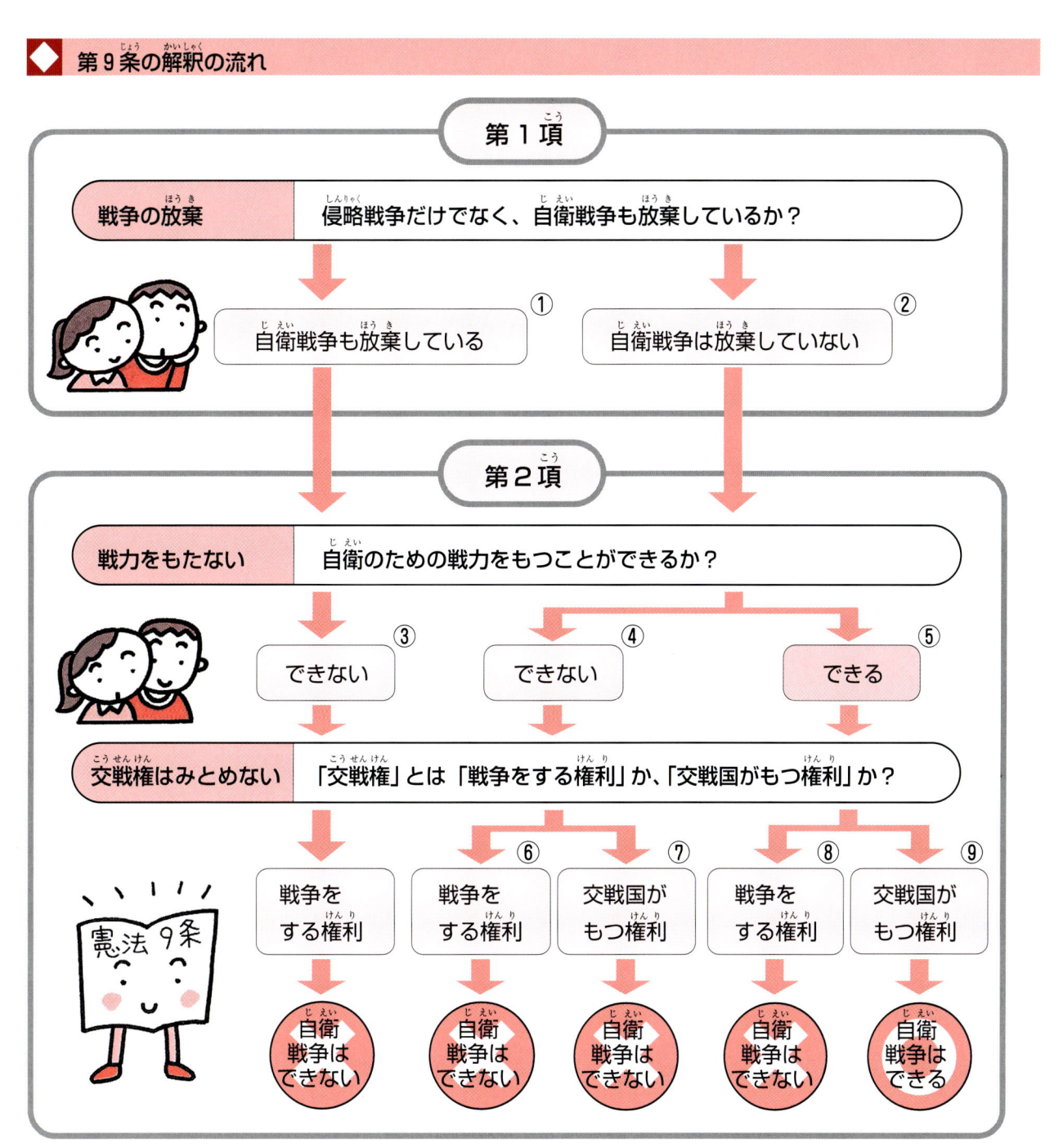

⑥ 戦争をする権利 → 自衛戦争はできない
⑦ 交戦国がもつ権利 → 自衛戦争はできない
⑧ 戦争をする権利 → 自衛戦争はできない
⑨ 交戦国がもつ権利 → 自衛戦争はできる

（左端）戦争をする権利 → 自衛戦争はできない

＊この図は『伊藤真の図解憲法のしくみがよくわかる本』（中経出版）を参考に作成しました。

になります（図の⑥～⑧）。

　いっぽう、第2項で、「自衛のための戦力なら、もつことができる」、そして「交戦権とは、交戦国がもつ権利のことである」という考え方をとった場合には、自衛戦争をおこなうことは、みとめられるということになるのです（図の⑨）。

　さあ、第9条の解釈の流れが、うまくたどれましたか？　みなさんは、どれに賛成でしょうか？

「戦力、だよね？」（自衛隊）

平和へのねがい

「平和憲法」とよばれて

わたしたちの日本国憲法は、「平和憲法」とよばれています。それは、なぜでしょうか？

憲法は、前文で、平和主義を宣言しています。また、第9条では、戦争を放棄するだけでなく、戦力をもたず、交戦権もみとめないことをうたっています。ですから、あたりまえのことですが、憲法は、兵役や軍隊についてなにも定めていません。

明治憲法のもとでは、天皇は、陸海軍を統帥するものとされていました（第11条）。「統帥」とは、軍隊をしたがえ、ひきいることです。しかも、天皇は、軍隊をどのようなものにするかをきめ（第12条）、宣戦布告をすることもできました（第13条）。「宣戦布告」とは、戦争をしかけることです。また、兵役は、臣民の3つの義務の一つとされ、原則として、だれものがれることのできないものとされていました（第20条）。

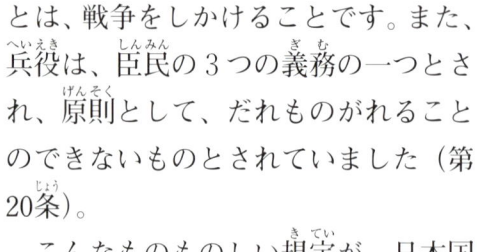

こんなものものしい規定が、日本国憲法には、いっさいないのです。

世界の国々との協調のもとで

ところが、平和憲法のもとで、国はまもれるのか、と主張する人たちがいます。日本が、平和主義をかかげていても、ほかの国がせめてきたら、どうするのかというのです。

たしかに、そういうおそれが、ないとはいえないでしょう。そういう心配が、憲法が戦争放棄をうたい、軍隊についてなにも定めていないにもかかわらず、自衛隊をつくらせ、日米安全保障条約をむすばせたともいえます。

しかし、日本国憲法は、前文の第2項で、

「平和を愛する諸国民の公正と信義に信頼して、われらの安全と生存を保持しようと決意した。」

とのべています。わたしたち日本国民は、世界の国々と協調して、平和な世の中をつくり、そのことにより戦争をなくすことをめざすという決意を明らかにしたものです。

日本国憲法制定の1年前に設立された国際連合（国連）も、「国際の平和及び安全を維持すること」（国連憲章）を第一の目的としていました。

ことばmemo

1 兵役　軍隊にはいり、訓練をうけたり、戦争に行ったりすること。

2 日米安全保障条約
→163ページ参照。

国際社会での名誉ある地位

　日本国憲法は、さらにつづけて、「われらは、平和を維持し、専制と隷従、圧迫と偏狭を地上から永遠に除去しようと努めてゐる国際社会において、名誉ある地位を占めたいと思ふ。」とのべています。

　「専制」とは、特別な身分の人や集団が国の権力をにぎり、自分勝手に政治をおこなうこと。「隷従」は、上に立つ人の命令どおりにしたがうこと。「圧迫」は、強くおさえつけること。「偏狭」は、考え方がせまく、かたよっていることです。

　これらの悪を、世界から永遠になくしてしまおうと、第二次世界大戦を経験した国際社会は、けんめいに努力しています。その仲間入りをした日本は、世界の人からほめられるような、りっぱな国になりたいと思う、と表明したのです。

　憲法が制定されてから、50年以上たちます。この「名誉ある地位」へのねがいは、まだかなえられていません。はたして、いつ、かなえられるのでしょうか。

名誉ある地位をしめたい…

⬇国連総会　国際連合（国連）は、1945年、世界の平和と安全をねがって、設立された。総会には、すべての加盟国の代表があつまり、さまざまな問題について話しあう。

IV　ぜったいに戦争はしない

戦争と平和の100年

第一次世界大戦と国際連盟の誕生

2003（平成15）年におきたイラク戦争のことは、毎日のように、テレビや新聞で報道されましたから、みなさんもよく知っていますね。

「人類の歴史は戦争の歴史」といわれますが、悲しいことに、21世紀になっても戦争はなくなっていません。この100年間の戦争と平和のできごとを、年表にまとめてみると、あまりにも戦争が多いのにおどろかされます。

19世紀までは、戦争は、国と国のあいだのあらそいごとを解決するのに、有効な手段だと考えられていました。主張をとおすための戦争は、国家の権利として当然だったのです。

しかし、いつの戦争でも、多くの死者と大きな被害をだしました。その反省のうえに立って、19世紀の末からハーグ平和会議など、戦争を制限するルールづくりのうごきがおきてきました。

それでも、大きな戦争がおきました。1914（大正3）年にはじまった第一次世界大戦です。ヨーロッパをおもな戦場にして、30数か国がくわわった、世界的な規模の戦争になりました。また、あらそいごとはアジアにもおよんで、日本も出兵しました。この戦争は、1918年に終わりましたが、あまりにも悲惨だったので、おもな国の指導者たちがあつまり、世界平和と国際協調を目的とする組織を誕生させることとなりました。それが国際連盟です。50数か国がくわわりました。

不戦条約と第二次世界大戦

国際連盟では、「侵略」について議論され、それをもとに、1928（昭和3）年に不戦条約（戦争放棄に関する条約）ができました。第1条で、国の政策の手段としての戦争の放棄、第2条で、あらそいごとの平和的な解決をかかげた条約です。

こうした平和へのうごきのいっぽうで、まだ自分の国の利益のために、領土や資源を国の外にもとめようとする国があり、どんどん力をましてきたのです。

1933年、日本、ドイツ、イタリアは、国際連盟を脱退しました。そしてヨーロッパでは、1939年、ヒトラーのナチス・ドイツ軍が、ポーランドにせめこんだことをきっかけに、第二次世界大戦に突入しました。ドイツは、まわりの国々をつぎつぎと侵略し、ヨーロッパ中央部を征服して、大帝国となりました。さらに、ドイツ民族がもっとも優秀であるとして、各国のユダヤ人を絶滅させるというおそろしい政策を実行しました。

イギリス、アメリカ、ソ連（いまのロシアなど）などの連合国軍が、ドイツにせめこみ、降伏させたのは、1945年です。

アジアでは、中国を侵略していた日本軍が、1941年12月、ハワイの真珠湾を攻撃し、太平洋戦争となりました。日本は、東南アジアの国々や南太平洋の島国を占領していったのです。

連合国軍は、圧倒的な戦力で日本に反撃し、東京や大阪などの都市を空爆、沖縄に上陸し、最後は1945年8月、広島と長崎に原爆を落として、日本を無条件降伏させました。これで、第二次世界大戦は終わったのです。

国際連合の発足とあらたな課題

「こんどこそ平和を」というねがいから、1945年、国際連合憲章（国連憲章）がつくられ、国際連合（国連）が生まれました。国際紛争の平和的解決と、武力行使の禁止を原則としたものです。日本がくわわったのは、1956年でした。

第二次世界大戦後の国際社会は、国連を尊重してきましたが、戦争はなくなりません。さらに国連には、大きな課題がふりかかりました。それは「核」です。これまで、部分的核実験停止条約や核拡散防止条約が調印されてきましたが、21世紀には核兵器をすべてなくすことにむけて、国連の強力な方針がもとめられています。また、地雷や難民、テロなども、平和にかかわる大きな課題です。

戦争と平和の100年

1904	日露戦争（〜05）
1910	韓国併合（日本が朝鮮半島に進出）
1912	バルカン戦争（第一次。翌年に第二次）
1914	第一次世界大戦はじまる（サラエボ事件）
1917	ロシア革命
1918	第一次世界大戦終わる
1919	パリ講和会議、ベルサイユ条約
1920	国際連盟の発足
1922	イタリアにムッソリーニ内閣成立
1928	不戦条約（戦争放棄に関する条約）
1931	満州事変（柳条湖事件）
1933	ヒトラーがドイツ首相となる
	日本、ドイツ、イタリアが国際連盟を脱退
1936	スペイン内戦（〜39）。50万人をこえる死者
1937	日中戦争はじまる（盧溝橋事件）
1939	第二次世界大戦はじまる
1940	日独伊三国同盟
1941	太平洋戦争はじまる
1943	イタリア、無条件降伏
1945	5月、ドイツが無条件降伏
	7月、ポツダム宣言
	8月、広島、長崎に原爆。日本が無条件降伏
	10月、国際連合が成立
1948	ソ連（いまのロシアなど）がベルリン封鎖を開始（〜49）
	パレスチナ戦争（第一次中東戦争、〜49）
1949	北大西洋条約機構（NATO）成立
1950	朝鮮戦争（〜53）
1951	日本、サンフランシスコ平和条約・日米安全保障条約に調印
1954	アメリカが南太平洋のビキニで核実験
1954	インドシナ戦争
1955	ワルシャワ条約調印（ソ連と東欧8か国）
1956	スエズ戦争（第二次中東戦争）
1960	日米新安全保障条約が成立
1962	アルジェリア戦争
1963	部分的核実験停止条約に103か国が調印
1964	ベトナム戦争（〜75）
1967	第三次中東戦争。東南アジア諸国連合（ASEAN）結成
1968	核拡散防止条約に世界62か国が調印
	ソ連軍、チェコへ侵攻
1970	米軍・南ベトナム軍、カンボジアに侵攻
1971	インド・パキスタン戦争
1973	第四次中東戦争
1976	カンボジア、ポルポト政権成立、大虐殺開始
1979	ソ連軍、アフガニスタンへ侵攻
1980	イラン・イラク戦争
1987	米ソ、中距離核戦力全廃条約に調印
1989	ベルリンの壁、とりこわしはじまる
1990	イラクがクウェートに侵攻
	東西両ドイツ、国家統一
1991	湾岸戦争
1992	日本のPKO協力法が成立
1994	NATOがセルビア人勢力を空爆
1999	包括的核実験禁止条約
	平和の文化に関する宣言
	公正な世界秩序のための基本10原則
2001	9月11日、アメリカで同時多発テロ
	アメリカのアフガニスタン攻撃
2003	イラク戦争

外国の憲法も、戦争放棄しているの？

侵略戦争の放棄

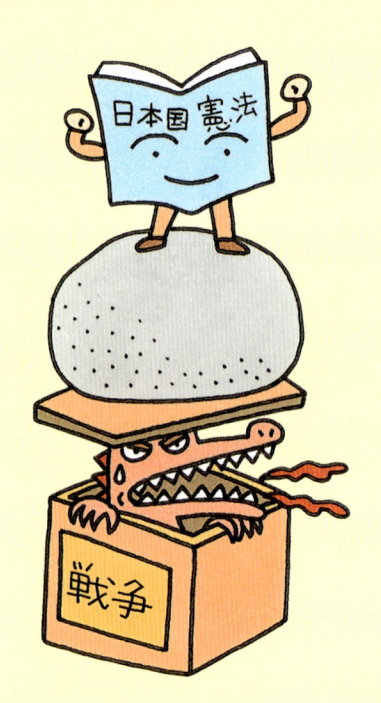

　日本国憲法は、世界に先がけて、戦争を放棄し、戦力をもたないことを宣言しました。

　いまでは、世界のほとんどの国が、憲法に平和主義や国際協調をかかげ、戦争放棄について定めています。しかし、その戦争とは、侵略戦争や征服戦争のことです。いっさいの戦争を放棄したわけではないのです。

　たとえば、ドイツ連邦共和国基本法（1949年）は、
「諸国民の平和的共同生活をさまたげ、とくに侵略戦争の遂行を準備するのに役立ち、かつ、そのような意図をもってなされる行為は違憲である。」（第26条）
とのべています。大韓民国憲法（1987年）やフィリピン共和国憲法（1987年）も、侵略戦争や征服戦争をみとめないとしています。

　また、イタリア共和国憲法（1947年）は、
「イタリアは、他の人民の自由を侵害する手段および国際紛争を解決する手段としての戦争をみとめない。」（第11条）
と定めています。「国際紛争を解決する手段としての戦争」は、ふつう侵略戦争をさすものとされています。

戦力（軍隊）をもたない国

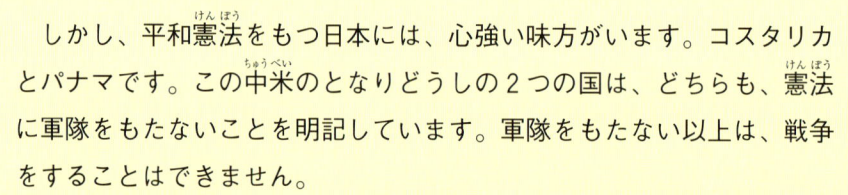

　しかし、平和憲法をもつ日本には、心強い味方がいます。コスタリカとパナマです。この中米のとなりどうしの2つの国は、どちらも、憲法に軍隊をもたないことを明記しています。軍隊をもたない以上は、戦争をすることはできません。

　コスタリカ憲法（1949年）は、
「恒久的制度としての軍隊は廃止する。公共秩序の監視と維持のために必要な警察力は保持する。」（第12条）
とのべています。また、パナマ憲法（1972年）も、
「パナマ共和国は軍隊をもたない。すべてのパナマ人は、国の独立と領土の保全のために武器をとることがもとめられる。」（第305条）
とのべています。

　憲法で定めたとおり、コスタリカでは、国家警備隊と地方警備隊の8400人が、国防と治安をうけもっています。おなじように、パナマにも、国家保安隊1万2000人がおかれています。どちらも志願制です。

V
みんな、自由で平等

みんな、自由で平等

基本的人権って、なに？

【第11条】　国民は、すべての基本的人権の享有を妨げられない。この憲法が国民に保障する基本的人権は、侵すことのできない永久の権利として、現在及び将来の国民に与へられる。

【第97条】　この憲法が日本国民に保障する基本的人権は、人類の多年にわたる自由獲得の努力の成果であつて、これらの権利は、過去幾多の試錬に堪へ、現在及び将来の国民に対し、侵すことのできない永久の権利として信託されたものである。

基本的人権とは

　基本的人権は、人間が、生まれながらにもっている権利で、だれも侵すことのできない、永久の権利とされています。たんに人権、あるいは基本権ともいい、近代憲法1の中心となる考え方です。

　日本国憲法は、第11条で、「国民は、すべての基本的人権の享有を妨げられない」として、この基本的人権を保障しています。そして、「基本的人権は、侵すことのできない永久の権利として、現在及び将来の国民に与へられる」とのべています。

　また、第97条でも、基本的人権は、「現在及び将来の国民に対し、侵すことのできない永久の権利として信託されたものである」と、くりかえし、のべています。

　この場合、「与へられる」「信託されたものである」とは、天や神、自然からあたえられたもの、たくされたものという意味で、人間が生まれながらにもっていることをいいます。基本的人権が、国家や法律ができる以前から、人が人であることにより、当然にもつ権利、つまり自然権であることをあらわしているのです。

基本的人権と個人の尊重

　日本国憲法は、第3章「国民の権利及び義務」で、国民に基本的人権を保障し、第15条以下に、くわしい人権規定をおいています。

　そして、個々の人権規定に先立ち、第13条で、「すべて国民は、個人として尊重される」とのべています。

　わたしたちは、みな人間としてかけがえのない尊さをもっています。その一人ひとりの尊さが、最大限に尊重されなければならないというのです。この個人の尊重の原理は、個人主義ともいわれ、近代の市民社会をささえる精神の一つとなっています。

　人間を個人として尊重するためには、それぞれの人の自由と権利を保障することが不可欠です。日本国憲法の

ことばmemo
1　近代憲法　→12ページ参照。

三大基本原理の一つである基本的人権の尊重は、個人の尊重の原理に由来するということができます。

基本的人権の内容

日本国憲法の保障する基本的人権は、大きく自由権[2]、参政権[3]、社会権[4]に分けることができます。

このうち、自由権は、国家権力からの自由を保障するもので、「国家からの自由」ともいわれます。その内容は、精神の自由[5]、経済活動の自由[6]、身体の自由[7]に分けられます。

また、参政権は、国民の政治に参加する権利であり、「国家への自由」ともよばれます。

社会権は、20世紀に登場した人権で、国家に積極的な配慮をもとめるところから、「国家による自由」ともいわれます。

このほかに、包括的自由権としての幸福追求権[8]、法のもとの平等[9]、国務請求権[10]（受益権）をあげることができます。包括的自由権としての幸福追求権からは、プライバシーの権利や環境権などの「新しい人権」がみちびきだされます。

それでは、このあと、日本国憲法が、これらの基本的人権をどのように保障しているのかを、一つひとつみていくことにしましょう。118、119ページには、基本的人権のまとめものっていますから、参考にしてください。

V みんな、自由で平等

ことばmemo

2 自由権 →64ページ参照。
3 参政権 →108ページ参照。
4 社会権 →94ページ参照。
5 精神の自由 →64ページ参照。
6 経済活動の自由 →74ページ参照。
7 身体の自由 →82ページ参照。
8 幸福追求権 →62ページ参照。
9 法のもとの平等 →88ページ参照。
10 国務請求権 →110ページ参照。

←公園でいこう人々
憲法は国民に基本的人権を保障している。基本的人権は、人が人であることにより、当然にもつ権利とされている。

人権って、だれのもの？

【第10条】　日本国民たる要件は、法律でこれを定める。

憲法のいう「国民」とは

　基本的人権は、人が生まれながらにもっている、永久の権利です。したがって、人が人であることにもとづいて、だれにたいしても保障されるものでなければなりません。

　ところが、日本国憲法第11条は、「国民は、すべての基本的人権の享有を妨げられない」と定め、人権を保障されるのは、「国民」にかぎられるような書き方をしています。

　しかも、第10条は、「日本国民たる要件は、法律でこれを定める」としています。ここにいう「法律」とは、国籍法1のことです。この法律によれば、日本国民となるためには、日本の国籍が必要だということになります。

外国人の人権

　日本の国籍をもたない人といえば、外国人があげられます。「国民」でない外国人には、人権は保障されないのでしょうか？

　そんなことはありません。基本的人権は、人が人であることを条件に、だれにたいしても保障される権利です。しかも、憲法は、前文や第98条で、国際協調主義をとりいれています。これらを考えあわせると、外国人にも、一定の範囲で、人権の保障がみとめられるべきだということになります。

　ただ、日本国憲法のもとで、外国人には、参政権2や社会権3、入国の自由はみとめられていません。外国人に、選挙権や被選挙権などの参政権があたえられないのは、それが、自分の属する国の政治に参加する権利だからです。社会権も、自分の属する国によって保障される権利と考えられます。また、入国の自由が、外国人に保障されないことについても、国際法上、当然といえます。

　しかし、外国人といっても、日本に観光や留学で来ている人たちから、在日韓国・朝鮮人など、日本に長く住んでいる人たちまで、じつにさまざまです。1995（平成7）年に、最高裁判所

ことばmemo

1　**国籍法**　日本国民が国籍をとったり、うしなったりすることについて定めた法律。1899年に制定され、1950年に全面改正された
2　**参政権**　→108ページ参照。
3　**社会権**　→94ページ参照。

➡ **横浜・中華街の祭り**
神奈川県横浜市の中華街には、多くの中国・台湾の人々が住んでいる。憲法は、これらの人々の人権も保障している。

は、日本に長く住んでいる外国人には、地方参政権がみとめられるという判決をくだしました。社会権についても、健康保険、厚生年金保険、雇用保険、労働者災害補償保険、国民年金保険などが、国籍があるかないかを、保障をうけることのできる資格の要件とすることをやめています。

天皇や皇族の人権

天皇や皇族も、日本の国籍をもつ日本の国民です。人が人であることにもとづいて、だれにもみとめられる権利が保障されるのは、いうまでもありません。

しかし、天皇は、日本の国と国民の統合の象徴であり、皇位も世襲とされています。このような特殊な地位にあるところから、国民にみとめられている人権が、そのまま保障されているわけではありません。

たとえば、天皇は、国の政治にかんする権限はもたないとされていますから、選挙権や被選挙権などの参政権は、みとめられていません。また、皇位は世襲とされているので、皇族の男子の結婚には、皇室会議の議決が必要です。結婚の自由が、一般国民の場合のように、百パーセントみとめられているわけではないのです。

そのほかに、財産権や言論の自由などについても、天皇や皇族は、一定の制限をうけるものとされています。

ことばmemo

4 天皇 →36ページ参照。

5 皇室会議 皇位の継承など、皇室の重要なことがらについて決定する機関。

6 財産権 →80ページ参照。

7 言論の自由 →70ページ参照。

キーワード [指紋押捺制度]

外国人登録法という法律により、日本に1年以上とどまる予定の外国人は、自分の住む市町村で外国人登録をしなければならないとされています。しかも、いつも外国人登録証明書をもっていなければならないのです。

つい最近まで、16歳以上の人は、指紋をとられていました。これを、指紋押捺制度といいます。人権を無視したこの制度は、人々の反対にあって、しだいにあらためられ、1999（平成11）年にようやく廃止されました。いまは、署名と写真を提出することになっていますが、まださまざまな問題がのこされています。

子どもにも、人権がある！

子どもと憲法

「憲法は、大人の世界のもの。だから、子どもには関係ない。」

そんなふうに思っている人は、いませんか。

もし、そうだとしたら、とんでもないことです。子どもは、憲法に関係がないどころではありません。子どもは、憲法に登場するのです。

まず、第26条第2項。

「すべて国民は、法律の定めるところにより、その保護する子女に普通教育を受けさせる義務を負ふ。」

親などの保護者は、自分の子どもに普通教育、つまり小中学校の義務教育をうけさせる義務があるといっています。つまり、子どもには「学習権」が保障されているのです。

つぎに、第27条第3項。

「児童は、これを酷使してはならない。」

子どもを、こき使ってはならないといっています。大人をこき使ってはならないとはいっていませんから、これは、子どもにだけ保障される権利です。

では、憲法が、子どもにみとめている権利は、この2つだけなのでしょうか。そんなことはありません。

年齢と権利

日本国憲法は、

「国民は、すべての基本的人権の享有を妨げられない。」（第11条）

と定めています。この「国民」のなかに、子どもがふくまれることは、いうまでもありません。基本的人権は、年齢とは関係なしに、国民にたいして保障されているのです。

しかし、子どもは、法律のうえで、大人とちがうあつかいをうけることがあります。

たとえば、憲法は、

「公務員の選挙については、成年者による普通選挙を保障する。」（第15条第3項）

と定めています。成年者の選挙権をみとめるとい

◆ 年齢と法律

年齢	事項
胎児	相続能力（民法第886条）
0歳以上	私法上の権利能力（民法第1条の3）
13歳以上	性行為への同意（刑法第176条・第177条）
14歳以上	刑事責任能力（刑法第41条）
15歳以上	遺言能力（民法第961条）
16歳以上	婚姻（女性、民法第731条） 普通二輪免許（道路交通法第88条第1項）
18歳以上	婚姻（男性、民法第731条） 死刑可（少年法第51条第1項） 普通免許（道路交通法第88条第1項）
20歳以上*	選挙権（公職選挙法第9条） 飲酒（未成年者飲酒禁止法第1条） 喫煙（未成年者喫煙禁止法第1条）

国民で〜す

⊂**楽しい遠足** 青空の下でお弁当を食べる子どもたち。憲法は、子どもの人権も保障している。

っているわけですが、これは、未成年者の選挙権はみとめないということでもあります。公職選挙法という法律によれば、成年者とは、満20歳以上*の人のことです。

また、民法という法律では、女性は満16歳、男性は満18歳にならなければ、結婚することができないとされています（第731条）。道路交通法という法律では、自動車の普通免許は、満18歳にならなければとれないことになっています（第88条）。

これは、ふつう、子どもは成長期にあって、大人のような十分な心身の能力をもたないので、子どもを保護するためにも、ゆるされる制限であるとされています。これを、「パターナリズム」といいます。

子どもの人権

一口に「子ども」といっても、さまざまです。おなじ年齢でも、個人差がありますし、年をとるとともに、いろいろなことを学び、どんどん成長していくからです。

もっともっと成長していくためにも、ときには失敗をおそれず、大人のやるようなことに挑戦してみることも必要でしょう。ですから、パターナリズムは、その子どもが、これからの人生で、とりかえしのつかない、大きな害をうけるような行為をやめさせる場合にだけ、ゆるされると考えることもできます。

1989（平成元）年の国際連合（国連）の「子どもの権利条約」は、子どもの見方を、保護の対象から、権利の主体へと、大きくかえるものでした。しかも、子どもに「休息・余暇、遊び、文化的・芸術的生活への参加の権利」があることをうたっています。日本国憲法は、「学習権」を保障していますが、ここでは、「休息・余暇、文化的・芸術的生活への参加の権利」とともに、ひろく「遊ぶ権利」までも保障しているのです。

子どもの権利条約

1989（平成元）年、国連総会で、満場一致で採択された条約。前文と54か条からなっています。子どもを、「18歳未満のすべての者」（第1条）とし、子どもを、虐待・放置・搾取などからまもるための、国際的な基準をもうけました。また、思想・良心の自由や意見表明権などの市民としての権利も、手あつく保障しています。

日本は、1994年に、世界で158番目の批准国となりました。

---

*2016年6月、選挙権を満18歳に引き下げる公職選挙法の改正法が施行されました。

人権には限界がある

【第12条】この憲法が国民に保障する自由及び権利は、国民の不断の努力によつて、これを保持しなければならない。又、国民は、これを濫用してはならないのであつて、常に公共の福祉のためにこれを利用する責任を負ふ。

公共の福祉とは

日本国憲法は、基本的人権を、「侵すことのできない永久の権利」（第11条・第97条）として保障しています。しかし、それだからといって、人権を行使することが、無制限にみとめられているわけではありません。

わたしたちは、多くの人々とともに、一つの社会のなかに生きています。ですから、自分の人権を行使するときには、他の人の人権も尊重しなければならないのです。

そこで、憲法は、第12条で、国民は基本的人権を「濫用してはならない[1]」とし、「公共の福祉のために」利用する責任を負うと定めています。また、つづく第13条でも、国民の権利については、「公共の福祉に反しない限り」、最大に尊重しなければならないと定めています。

これらのことは、人権は、無制限なものではなく、「公共の福祉」によって、ある程度の制限をうけることがあることをあらわしています。

人権が制限される場合

それでは、どんな場合に、人権は制限されるのでしょうか。

たとえば、憲法は、表現の自由[2]という人権をみとめています（第21条）。しかし、この権利を使って、他人のプライバシーをあばいたり、名誉を傷つけたりすることまでもみとめられるわけではないのです。このような行為は、他人の人間としての尊厳を侵すものですから、それなりの制限をうけてもしかたのないことと考えられます。

表現の自由とプライバシーの権利[3]が問題になった事件としては、小説家の三島由紀夫[1]の作品についての、『宴のあと』事件があげられます。

どんな場合に、人権が制限されるのかについては、裁判所が、違憲審査権[4]をもちいて判断します。人権の違憲審査については、いろいろな基準があって、たいへんむずかしい問題となっています。

ことばmemo

1 濫用　むやみやたらに使うこと。乱用。
2 表現の自由　→70ページ参照。
3 プライバシーの権利　→62ページ参照。
4 違憲審査権　→150ページ参照。

人物memo

1 三島由紀夫　1925〜70年。戦後の小説家・劇作家。『仮面の告白』『潮騒』『金閣寺』などの小説で知られる。1970年、東京・市ヶ谷の自衛隊東部方面総監部で割腹自殺をとげた。

→記者会見をする三島由紀夫 『宴のあと』事件の裁判でやぶれた三島由紀夫（写真中央）は、判決のあと、記者会見をした。右にいるのは、評論家・小説家の伊藤整。

Ⅴ みんな、自由で平等

必要最小限度の範囲で

憲法第13条は、国民の権利については、「公共の福祉」に反しないかぎり、「最大の尊重を必要とする」と定めています。

この規定は、人権には限界があることをあらわすとともに、人権の制限をおこなう場合には、必要最小限度の範囲でなければならないという原則を明らかにしているのです。そのことを、見のがしてはなりません。

明治憲法のもとでは、権利の保障は、原則として帝国議会が法律によって、その範囲をきめていくこととされていました。これを「法律の留保」といいますが、このような原則をもうけると、法律が必要であると定めれば、どんなこともみとめられることになってしまいます。

そこで、日本国憲法は、人権がぶつかりあうときには、必要最小限度の範囲で人権の制限がみとめられるとしています。それが、公共の福祉の原理のもととなる考え方です。

キーワード　[『宴のあと』事件]

小説家の三島由紀夫は、1960（昭和35）年、雑誌に『宴のあと』という小説を発表しました。この小説は、東京都知事選挙に立候補して、やぶれた人をモデルとして書かれており、モデルがだれであるかは、あまりにも明白でした。そこで、モデルになった人は、プライバシーの侵害であるとして、裁判所にうったえたのです。第一審は、プライバシーの侵害があったという判決をくだしましたが、のち和解が成立しました。日本で、はじめてプライバシーの権利がみとめられた事件としても知られています。

必要最小限度だよ！

憲法第13条

幸福追求権って、なに？

【第13条】　すべて国民は、個人として尊重される。生命、自由及び幸福追求に対する国民の権利については、公共の福祉に反しない限り、立法その他の国政の上で、最大の尊重を必要とする。

幸福追求権と新しい人権

　日本国憲法第13条は、「個人の尊重」の原理を定めるとともに、「生命、自由及び幸福追求に対する国民の権利」を保障しています。「生命、自由及び幸福追求に対する国民の権利」は、一般に「幸福追求権」とよばれ、さまざまな人権をみちびきだす根拠とされています。

　はじめ幸福追求権は、第15条以下にあげられた、個々の人権保障の規定を、まとめてのべただけのものと考えられていました。ところが、社会が変化するとともに、さまざまな問題が生まれてきて、第15条以下の人権保障だけでは、法的に対応しきれなくなってしまいました。そこで、憲法にあげられていない「新しい人権」をまもる役割が、この幸福追求権にもとめられるようになったのです。

　新しい人権として主張されているものには、プライバシーの権利、自己決定権、環境権[1]、嫌煙権[2]、平和的生存権[3]など、さまざまなものがあります。

プライバシーの権利

　新しい人権の一つであるプライバシーの権利は、個人の人格にかかわる私的なことがらを、国や他人の侵害からまもろうとするものです。私的なことがらをみだりに侵害されたのでは、個人の尊厳も、幸福の追求も、保障

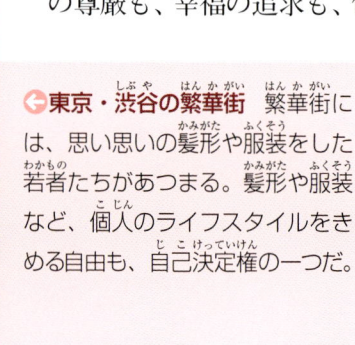

ことばmemo
1　**環境権**　空気や水、日あたりなど、よい環境を享受する権利。
2　**嫌煙権**　他人のすうたばこのけむりに、さらされることをきらう権利。
3　**平和的生存権**　→29ページ参照。

←**東京・渋谷の繁華街**　繁華街には、思い思いの髪形や服装をした若者たちがあつまる。髪形や服装など、個人のライフスタイルをきめる自由も、自己決定権の一つだ。

することができなくなってしまいます。

プライバシーの権利をめぐって、あらそわれた事件に、三島由紀夫の『宴のあと』事件があります。1964（昭和39）年、東京地方裁判所は、この権利を、「私生活をみだりに公開されない法的保障ないし権利」として、日本ではじめてみとめました。

その後、社会の情報化がすすむにつれて、プライバシーの権利は、「自分にかんする情報を自分でコントロールする権利」として、とらえられるようになりました。今日のような情報化社会では、さまざまな個人情報が、行政機関や企業に大量にあつまっています。国や地方公共団体にたいして、これらの個人情報の積極的な保護をもとめることが、不可欠になってきているのです。

自己決定権

自己決定権は、個人が、自分の人格にかかわることがらについて、国や他人の干渉をうけることなく、自分できめることができる権利のことです。憲法では、第15条以下で、それぞれの人権について自己決定権をみとめていますが、幸福追求権は、それ以外の自己決定権を保障しているのです。

そのような権利としては、まず、子どもをもつかどうかなど、家族のあり方をきめる自由があげられます。また、髪形や服装など、個人のライフスタイルをきめる自由や、尊厳死のように、自分の生命のあり方をきめる自由があげられます。

身近な例では、中学・高校の校則による、髪形の規制やバイク通学の禁止・制限の問題があげられます。これらは、個人のライフスタイルをきめる自由にかかわることですが、自己決定権はみとめられるのでしょうか？

これは、たいへんむずかしい問題ですが、校則で禁止されたパーマをかけたため、退学させられた私立高校生が、学校の処分を違法であるとして、うったえた事件があります。このとき、最高裁判所は、この校則は、高校生らしい髪形をさせ、非行をふせぐという目的でもうけられたものであり、違法とはいえないという判断をくだしています。うったえた高校生の自己決定権は、みとめられなかったわけです。

ことばmemo

4 『宴のあと』事件 → 61ページ参照。

5 ライフスタイル それぞれの人の生き方のこと。

6 尊厳死 たすかるみこみのない病人や、はげしい苦痛になやまされている患者を、むりやり生きつづけさせず、自然に死なせること。それが、人間としての尊厳をおもんじることであるという考え方にもとづく。

キーワード [個人情報保護法]

2003（平成15）年、「行政機関の保有する個人情報の保護に関する法律」と「個人情報の保護に関する法律」として、いわゆる個人情報保護法が制定されました。個人情報を積極的に保護することを目的とするもので、「行政機関の保有する個人情報の保護に関する法律」は、国や地方公共団体のもつ、すべての個人情報を対象としています。また、「個人情報の保護に関する法律」は、国や地方公共団体だけでなく、民間企業の義務についても定めています。ただし、報道機関やもの書き、研究機関などは、この法律の定める義務を免除されることになっています。

Ⅴ みんな、自由で平等

精神の自由

【第19条】　思想及び良心の自由は、これを侵してはならない。

精神の自由とは

　自由でいる権利、つまり自由権は、人権のなかでも、もっとも中心となる重要な人権です。この自由権は、大きく精神の自由、経済活動の自由、身体の自由の3つに分けられます。

　このうち、精神の自由は、それぞれの人の心のなかでの精神の自由、つまり内心の自由と、心の外にあらわれる精神の自由とに分けられます。ここでは、まず精神の自由のうち、内心の自由をとりあげることにしましょう。

　内心の自由は、表現の自由などの、心の外にあらわれる精神の自由のもとになるものです。日本国憲法では、この内心の自由を、まず思想・良心の自由として保障しています。そのほか、信教の自由のうちの信仰の自由、学問の自由のうちの学問研究の自由も、内心の自由にふくまれます。

ことばmemo
1　経済活動の自由　→74ページ参照。
2　身体の自由　→82ページ参照。

思想・良心の自由

　日本国憲法第19条は、「思想及び良心の自由」を保障するとのべています。この思想・良心の自由は、内心の自由のなかでも、もっとも根本的なものです。

　「良心」などというと、なんだかむずかしい感じがしますが、これは、外国の憲法では信仰を意味することばです。しかし、日本国憲法では、第20条で信教の自由を保障していますから、このことばを、信仰の意味にかぎってもちいる必要はありません。良心は、思想の一部であり、とくに道徳にかかわる思想を意味するものと考えられています。

　したがって、「思想及び良心」とは、世界観や国家観、人生観、主義主張など、心のはたらきによって生みだされ

るものを、ひろくふくむものということができます。

どのような精神活動であろうと、それが心のなかにとどまっているかぎり、ほかの人の権利とぶつかりあうことはありません。思想・良心の自由も、それが、どのような国家観や主義主張をあらわすものでも、絶対的な自由として保障されるのです。たとえ人権を否定するような思想をもっていても、それが心のなかにとどまるかぎり、罰をうけることはないのです。

思想・良心の自由の侵害

思想・良心の自由が保障されているのですから、国は、国民に、ある特定の思想をもつことを強制することはできません。また、ある思想をもつことを禁止することもできませんし、本人の思想に反する行為を強制したり、ある思想をもっていることを理由に不利益をあたえたりすることもできないのです。これらのことをおこなえば、思想・良心の自由の侵害になります。

さらに、国は、国民にたいし、どのような思想をもっているかについて、外にあらわすことを強制することもできないとされています。思想・良心については、なにも話さない自由、つまり「沈黙の自由」がみとめられているのです。

江戸時代には、幕府に禁じられていたキリスト教の信者かどうかを見わけるために、踏み絵がおこなわれていました。しかし、日本国憲法のもとでは、そのようなことはゆるされません。また、天皇制を支持するかしないかとか、支持する政党はどこかなどについて、アンケートを強制的にとるようなことも、みとめられないのです。

⬆平和をうったえる 高校生が、アメリカのおこしたイラク戦争に反対して、東京・渋谷から原宿にむけて、デモ行進をしている。このような外にあらわれる精神の自由のもとになるのが、内心の自由だ。

信教の自由

【第20条】 ①信教の自由は、何人に対してもこれを保障する。いかなる宗教団体も、国から特権を受け、又は政治上の権力を行使してはならない。
②何人も、宗教上の行為、祝典、儀式又は行事に参加することを強制されない。
③国及びその機関は、宗教教育その他いかなる宗教的活動もしてはならない。

信教の自由とは

むかしから、人類は、宗教をめぐって、さまざまな対立やあらそいをくりかえしてきました。そこで、近代憲法は、このような不幸なあらそいをなくするために、精神の自由の中心に、思想の自由とともに信教の自由をおき、だれもが自分の宗教を自由に信仰できるようにしたのです。

明治憲法も、第28条で信教の自由を保障していました。しかし、それは、世の中の平和と秩序をみださず、臣民の義務にそむかないかぎりで保障されるという、制限つきの権利でした。しかも、神社にたいして、国家神道としての特別の地位があたえられ、国民に神社を崇拝することが強制されただけでなく、国や神社に批判的な宗教は、ひどい弾圧をうけたのです。

そのような歴史を反省して、日本国憲法は、信教の自由を保障し、政教分離を定めています。

信教の自由の内容

憲法第20条第1項は、「信教の自由は、何人に対してもこれを保障する」と定めています。ここにいう信教の自由には、信仰の自由、宗教上の行為の自由、宗教上の結社の自由がふくまれます。

信仰の自由は、宗教を信じる自由、宗教を信じない自由、信じる宗教をえらんだり、かえたりする自由のことです。これは、内心の自由の一つですから、だれも侵すことはできません。

宗教上の行為の自由には、祭壇をもうけて神や仏をおがむ自由、儀式をおこなう自由、宗教の宣伝をおこなう自由などがあります。宗教上の行為の自由や宗教上の結社の自由は、信仰の自由と異なり、公共の福祉により、ある程度の制限をうけることがあります。

政教分離の原則

憲法第20条第1項は、「いかなる宗教団体も、国から特権を受け、又は政治上の権力を行使してはならない」と定め、宗教が、国から特権をうけるこ

ことばmemo

1 近代憲法 →12ページ参照。

2 結社の自由 →70ページ参照。

3 公共の福祉 →60ページ参照。

⊖**靖国神社** 東京・九段の靖国神社は、アジア・太平洋戦争が終わるまで、天皇を崇拝する国家神道の中心となり、国民には、ここを参拝することが強制された。地方には、靖国神社の分社としての護国神社がある。

とを禁止しています。また、第3項は、「国及びその機関は、宗教教育その他いかなる宗教的活動もしてはならない」と定め、国が宗教的活動をおこなうことを禁止しています。

さらに、憲法第89条は、宗教上の組織や団体にたいして、国や地方公共団体のお金をつかうことを禁止し、財政の面からも、国と宗教を切りはなすことで、信教の自由を保障しています。

日本国憲法は、政教分離について、とくにくわしい規定をおいています。これは、明治憲法のもとで、国家神道が強制され、それ以外の宗教が、ひどい弾圧をうけた経験をふまえてのことなのです。

ことば memo
4 **財政** →144ページ参照。

キーワード　［国家神道］

明治政府のもとで、神社は、国の管理下におかれ、天皇は神の子孫であり、天皇の地位は神からさずかったものであるという考えとむすびつけられることとなりました。そして、天皇制をささえるために、神社を参拝することが、すべての国民に強制されるようになったのです。明治憲法は、信教の自由を保障していましたが、政府は、神社は宗教ではないから、特別の地位をあたえてもよいとしていました。これを国家神道といいます。

1945（昭和20）年12月、連合国軍最高司令官総司令部（GHQ）は、神道指令をだして、国と神社を切りはなすことを命じました。

V　みんな、自由で平等

学問の自由

【第23条】　学問の自由は、これを保障する。

学問の自由とは

　日本国憲法第23条は、「学問の自由は、これを保障する」と定めています。
　精神の自由の一つである学問の自由には、学問を研究する自由、研究を発表する自由、大学などで教授する自由の3つがあります。このうち、学問の自由の中心となるのは、真理をもとめて、ものごとを観察したり、考えたりする学問研究の自由です。それは、内心の自由であり、思想・良心の自由の一部となるものです。
　しかし、研究をしても、その成果を発表することができなければ、研究そのものが無意味になってしまいます。ですから、学問の自由は、研究を発表する自由をふくむものでなければなりません。研究を発表する自由は、表現の自由の一部ですが、憲法第23条によっても保障されているのです。
　教授の自由は、教育の自由でもあります。学校には、大学などの高等教育機関と小中学校・高等学校の下級教育機関があります。一般に教授の自由は、高等教育機関だけでなく、下級教育機関でもみとめられていますが、教科書検定[1]や学習指導要領[2]などにより、ある程度の制約をうけるものとされています。

学問の自由の侵害

　学問は、真理を明らかにしようとすることですから、国などの政治権力の圧力をよくうけてきました。権力者にとって、真理を明らかにされることが、つごうの悪いこともあるからです。
　明治憲法には、学問の自由を保障する規定はありませんでした。そのため、国家権力による学問の自由の侵害が、たびたびひきおこされました。
　1933（昭和8）年、京都帝国大学教授の滝川幸辰[1]の学説が、あまりにも自由主義的であったために、文部省により休職を命じられました。このとき、大学の教授たちは、辞表をだして、国に抗議しましたが、処分がとりけされることはありませんでした。これを、滝川事件、または京大事件といいます。
　1935年には、貴族院議員だった美濃部達吉[2]の天皇機関説[3]が、国体[4]に反するものであるとして、大きな政治問題となり、美濃部は議員辞職においこまれました。天皇機関説事件とよばれる事件です。

ことばmemo

1　**教科書検定**　→71ページ参照。
2　**学習指導要領**　文部科学大臣により公示される教育課程の基準。小中学校・高等学校などの教育内容や授業時間などの基準がしめされている。
3　**天皇機関説**　国家と天皇を区別し、主権は国家にあり、天皇は、その国家の機関であるとする説。
4　**国体**　主権者である天皇を中心とする国のあり方。第二次世界大戦前の日本で、さかんにもちいられた。

人物memo

1　**滝川幸辰**　1891～1962年。刑法学者。刑法は個人の人権をまもるためにあるという、自由主義的な学説をとなえ、『刑法講義』などをあらわした。
2　**美濃部達吉**　1873～1948年。憲法・行政法学者。天皇機関説をとなえ、『憲法撮要』などをあらわした。

> フム、フム
> 学問研究の自由…

←東大ポポロ事件で警察官に抗議する教授と学生たち　この事件では、学問の自由と大学の自治の保障がうけられるかどうかが、問題となった。

日本国憲法第23条は、このような歴史をふまえ、学問が、だれからの制約もうけることなく、自由におこなわれることを保障しています。

大学の自治

学問の自由は、一般に、学問研究の自由や発表の自由だけでなく、大学の自治もふくむものと考えられています。

大学は、学問研究の中心となるところであり、大学と学問は切りはなせない関係にあります。そこで、大学における学問の自由を保障するために、大学の内部のことがらについては、大学の独自の判断にまかすこととされてきました。これを大学の自治といいます。

大学の自治の内容として、とくに重要なのは、学長や教授をきめる人事の自治と、施設や学生などを管理する自治です。

1952年におきた東大ポポロ事件の裁判では、学問の自由と大学の自治の保障がうけられるかどうかがあらそわれました。最高裁判所は、劇団ポポロの演劇が、学問研究のためのものではなく、政治的社会的な活動にあたることなどから、学問の自由と大学の自治の保障はうけられないという判断をくだしました。

キーワード [東大ポポロ事件]

1952（昭和27）年、東京大学の構内で、劇団ポポロという学生団体の主催する演劇発表会がおこなわれました。そのさいちゅうに、観客のなかに私服の警察官がいることがわかり、学生たちともみあいになりました。そのとき、学生たちが警察官に暴行をくわえたとして、うったえられた事件です。警察官は、しばしば大学の構内にはいり、情報をあつめていたことが明らかになっています。

表現の自由

【第21条】 ①集会、結社及び言論、出版その他一切の表現の自由は、これを保障する。
②検閲は、これをしてはならない。通信の秘密は、これを侵してはならない。

表現の自由とは

わたしたちが心のなかで、思ったり、感じたりしていることは、外にあらわして、はじめてほかの人に理解してもらうことができます。このように心のなかで、思ったり、感じたりしたことを、外にあらわし、伝える自由を、表現の自由といいます。内心の自由が、心のなかにとどまる精神の自由であるのにたいし、表現の自由は、外側にむけられた精神の自由であるということができます。

わたしたちは、表現をつうじて、自分らしさをかたちづくり、人格を高めていくことができます。また、表現をすることによって、みずから政治に参加していくこともできます。そこで、表現の自由は、人権のなかでも、もっとも重要なものであり、とくに手あつく保障されるべきものと考えられています。

日本国憲法も、第21条第1項で、「集会、結社及び言論、出版その他一切の表現の自由」を保障しています。また、第21条第2項では、「検閲」を禁止しています。

表現の自由の内容

憲法第21条第1項は、表現の自由の内容として、まず、集会・結社の自由をあげています。集会は、おおぜいの人たちが、共通の目的で、広場や公園などにあつまること。結社は、人々が、共通の目的のためにあつまり、団体をつくることです。どちらも、おなじ考えをもった人たちが、その考えを、集会や結社という場で表明するのです。集会のなかには、集団行動やデモ行進もふくまれ、デモ行進は、「うごく公共集会」ともよばれています。

第21条第1項は、つづいて、言論・出版の自由をあげています。これは、せまい意味での表現の自由にあたるもので、演説や講演、新聞、雑誌、本のほか、テレビやラジオなどによる表現も保障されています。

そして、しめくくりが、「その他一切の表現の自由」です。表現の自由というときの「表現」には、あらゆる手段によるものがふくまれるといっているのです。この規定から、日本国憲法が、どんなに表現の自由をおもんじているかが、わかるでしょう。

表現の自由なのだ…

検閲の禁止

　憲法第21条第2項は、表現の自由の保障とは別に、あらためて検閲を禁止しています。

　検閲とは、国家権力が、本や新聞、放送、映画などの内容を、あらかじめ強制的にしらべ、とりしまることをいいます。国家権力が、その内容を適切でないとみとめれば、表現することを禁止することもできるのです。

　明治憲法のもとでは、かたちのうえでは、本などの出版物について、検閲はおこなわれていませんでした。しかし、国は、すでに出版されているものについて、その内容が不適切だと判断したときには、発売を禁止することができました。そればかりか、出版をする人は、出版物をだすまえに、役人に非公式に検閲してもらうことが、ならわしになっていたのです。

　日本国憲法は、このような過去の歴史への反省から、検閲は、絶対にしてはならないと定めています。ただ今日でも、検閲にあたらないかどうかが、問題になっていることがあります。それは、教科書検定と税関による品物の検査です。

　教科書検定については、家永三郎氏の教科書裁判が、よく知られています。裁判所の判断では、検閲をどうとらえるか、検定が検閲にあたるかどうかについて、いろいろな考え方がだされています。

　税関による検査は、検閲にあたる可能性がもっとも高いとされているものです。しかし、最高裁判所は、1984（昭和59）年に、税関による検査は検閲にあたらないという判断をくだしています。

ことばmemo
1　**税関**　空港や港などで、外国と出入りする品物をしらべたり、税金をかけたりする役所。
2　**教科書裁判**　→99ページ参照。

人物memo
1　**家永三郎**　1913～2002年。昭和期の歴史学者。『日本近代思想史研究』などの著書がある。

Ⅴ　みんな、自由で平等

←表現の自由についてのシンポジウム
表現の自由は、人権のなかでも、もっとも重要なもの。この権利をめぐって、いろいろな人たちが、いろいろな場所で議論をかさねている。

表現の自由と知る権利

【第21条】 ①集会、結社及び言論、出版その他一切の表現の自由は、これを保障する。

知る権利とは

わたしたちが、自分の考えや意見を表現しようとするとき、その行為は、「送り手」と「受け手」のあいだのコミュニケーションとしておこなわれます。近代憲法¹が生まれた時代には、表現をおこなう者の「送り手」としての立場を保障すれば、当然「受け手」の自由も保障されるものと考えられていました。

ところが、20世紀になると、新聞やラジオ、テレビといったマスメディアが発達し、大量の情報を一方的に流すようになりました。情報の「送り手」と「受け手」が、はっきりと分かれ、わたしたちは、もっぱら情報の「受け手」の側におかれるようになってしまったのです。

さらに、国家のはたす役割が大きくなり、わたしたち国民に必要な情報が、国家に集中するようになりました。ところが、国民は、その情報をなかなか手にいれることができないのです。

そこで、表現の自由を、「受け手」の側からくみたてなおし、「知る権利」という新しい人権としてとらえることが必要になってきました。日本国憲法

ことばmemo
1 近代憲法 →12ページ参照。

←**取材する報道陣** 中国の北京市でひらかれた国際会議の会場で、おおぜいの報道陣が、各国代表団の到着をまつ。報道の自由は、国民の知る権利を実現するために、なくてはならないものだ。

第21条は、「一切の表現の自由」を保障していますが、このなかには、知る権利もふくまれるものと考えられています。

知る権利と報道の自由

マスメディアをつうじて、社会のできごとをひろく知らせることを、報道といいます。報道は、事実を知らせるものであり、特別な思想をあらわすものではありませんが、報道の自由も、表現の自由にふくまれます。

報道の自由は、わたしたち国民の知る権利を実現するために、なくてはならないものです。わたしたちは、マスメディアの報道をつうじて、政治に参加していくうえで必要な情報を手にいれることができます。また、マスメディアは、わたしたちが自分らしさを実現していくために、かかせない情報を提供してくれるのです。

しかし、近年では、マスメディアの報道が、本来の報道の目的をはずれ、興味本位のものになりがちであることが、問題になっています。

情報公開制度

国家が、自分のもっている情報を、国民に公開していくことは、民主主義の考え方からいえば、あたりまえのことです。国家がもっている情報は、国民主権[2]の原理のもとでは、国民の情報なのです。知る権利は、このあたりまえのことを、国家にもとめる権利でもあります。

このような考えにもとづき、地方公共団体では、情報公開条例を制定するところが、年々ふえています。そして、1999（平成11）年には、「行政機関の保有する情報の公開に関する法律」、いわゆる情報公開法が制定されました。これにより、知る権利が具体化され、国民が、国にたいして、現実に情報公開をもとめる道がひらかれたのです。

知る権利は、プライバシーの権利[3]としばしば対立します。ある人が、知る権利にもとづいて、情報公開をもとめたときに、ほかの人のプライバシーが侵されることがありうるのです。このような場合、情報公開の請求をみとめるかどうかは、2つの権利のどちらを優先させるかによってきまることになります。

Ⅴ みんな、自由で平等

ことばmemo

[2] 国民主権　→24、34ページ参照。

[3] プライバシーの権利　→62ページ参照。

経済活動の自由

【第22条】①何人も、公共の福祉に反しない限り、居住、移転及び職業選択の自由を有する。
【第29条】①財産権は、これを侵してはならない。

経済活動の自由とは

わたしたちが、社会のなかで人間の尊厳にあたいする人生を送っていくためには、自分の生活や生存をたもつ自由がなければなりません。この自由は、ものやお金などの利益を追求する経済活動に関係するところから、「経済活動の自由」とか、「経済的自由」とよばれます。

日本国憲法は、経済活動の自由として、第22条第1項で、居住・移転の自由と職業選択の自由を保障し、さらに第29条第1項では、財産権を保障しています。

経済活動の自由と社会権

経済活動の自由は、精神の自由とともに、近代社会になくてはならないものでした。そのむかし、人々は封建制度のもとで、土地や身分にしばりつけられ、職業の自由もみとめられていませんでした。そこで、市民革命をおこし、経済活動の自由を手にすることで、資本主義という経済のしくみを発展させてきたのです。

近代憲法は、経済活動の自由を、侵すことのできない権利として保障していました。ところが、人々が自由に経済活動をくりひろげた結果、こまったことがおきてしまいました。豊かな人に富が集中し、そのいっぽうで、貧困や失業、病気といった、深刻な社会問題が生まれたのです。

そこで、豊かな人の経済活動の自由を制限して、貧しい人や失業者など、社会的・経済的に不利な立場にある人々をまもっていこうという考え方が

ことばmemo
1 市民革命 →12ページ参照。
2 近代憲法 →12ページ参照。

登場してきました。すべてを、自由な経済活動にまかせるのではなく、社会全体の問題を解決するために、国家権力が積極的な役割をはたすことをもとめるもので、社会権や社会国家（福祉国家）につながる考え方です。

経済活動の自由と公共の福祉

憲法第22条第1項は、居住・移転の自由や職業選択の自由は、「公共の福祉」に反しないかぎりで、みとめられるものであるとしています。第29条第2項も、財産権の内容は、「公共の福祉」にかなうように、法律で定めるとのべています。経済活動の自由は、「公共の福祉」により、制約をうけることを明らかにしているのです。

経済活動の自由も、他の基本的人権とおなじように、ほかの人の人権を侵すような場合には、それなりの制限をうけます。しかし、それだけでなく、経済活動の自由は、さらに強い制約をうけるものとされています。

憲法は、社会権を保障するいっぽうで、社会権に反するような経済活動の自由を、積極的に制限することをもとめています。それは、社会的・経済的に不利な立場にある人々に、人間らしい生活を保障するために、豊かな人の経済活動の自由を積極的に制限すべきだということです。

裁判所でも、経済活動の自由を規制する法律が合憲か違憲かを判断するときには、精神の自由を規制する法律の場合とは異なる基準がもちいられます。

ことばmemo
3　社会権　→94ページ参照。
4　社会国家　→94ページ参照。

キーワード ［二重の基準］

法律が合憲か違憲かを判断する基準を、精神の自由を規制する法律の場合と、経済活動の自由を規制する法律の場合とで、使いわける考え方。規制をするものが、精神の自由である場合には、きびしい基準がもちいられ、経済活動の自由である場合には、ゆるやかな基準がもちいられます。裁判所も、社会国家においては、経済活動の自由の規制が必要であることをみとめていることになります。

⬅朝の出勤風景　東京駅の丸の内口をでて、それぞれの職場にむかう人たち。憲法は、国民に経済活動の自由を保障している。

Ⅴ　みんな、自由で平等

居住・移転の自由

【第22条】 ①何人も、公共の福祉に反しない限り、居住、移転及び職業選択の自由を有する。
②何人も、外国に移住し、又は国籍を離脱する自由を侵されない。

居住・移転の自由とは

日本国憲法第22条第1項は、経済活動の自由の一つとして、「職業選択の自由」とともに、「居住・移転の自由」を保障しています。居住・移転の自由とは、自分の好きなところに住所や居所をきめたり、うつったりする自由をいいます。ここにいう住所とは、日常生活のよりどころとなる場所のことです。また、居所とは、住所がなかったり、不明なときに、住所とみなされる場所のことです。

居住・移転の自由が保障されるということは、だれも自分の意思に反して、居住地をかえられることはないということでもあります。

居住・移転の自由は、経済活動の自由の一つとされていますが、身体の拘束をとりのぞく意味をもつ、身体の自由[1]とつながるものです。また、居住・移転の自由によって、わたしたちは行動や見聞のはばをひろげることができますから、精神の自由[2]の側面もあわせもっています。

ことばmemo
1 身体の自由 →82ページ参照。
2 精神の自由 →64ページ参照。

ひっこしだ〜

←新東京国際空港のロビー ゴールデンウイークや年末は、海外へでかける旅行客で、とくににぎわう。外国移住の自由には海外旅行の自由もふくまれる。

公共の福祉による制限

憲法第22条第1項は、居住・移転の自由を、「公共の福祉に反しない限り」においてみとめられる自由であるとしています。居住・移転の自由は、公共の福祉によって制限される場合があるのです。

たとえば、「感染症の予防及び感染症の患者に対する医療に関する法律」(感染症予防法)の定める感染症にかかった人は、この法律の第19条・第20条により、感染症を予防するために、病院などに入院させることができます。

また、破産者といって、財産をすべてうしなってしまった人は、破産法第147条によって、裁判所の許可がなければ、その居住地をはなれてはならないことになっています。

さらに、民法第752条では、夫婦は同居しなければならず、民法第821条では、親は、子の居所を指定できることになっています。

これらの制限は、どれも合理的な理由があるため、憲法違反ではないと考えられています。

外国移住・国籍離脱の自由

憲法第22条第2項は、「外国移住の自由」と「国籍を離脱する自由」を保障しています。

外国移住の自由は、外国に住みついたり、長いあいだ滞在したりする自由です。一時的に外国にわたる「海外旅行の自由」も、この外国移住の自由にふくまれます。

いっぽう、国籍を離脱する自由は、国民は、自分の意思で日本の国籍をぬけることができるというものです。つまり、日本人でなくなることができるわけです。

明治憲法のもとでは、国民には兵役の義務がありましたから、国籍を離脱する自由はみとめられていませんでした。かりに国籍をぬけるにしても、手続きがめんどうで、許可をえることは、とてもむずかしかったのです。

もっとも、日本国憲法のもとでも、無国籍といって、どこの国の国籍ももたない自由までみとめられているわけではありません。国籍法第13条は、外国の国籍をもつ者にだけ、国籍を離脱することをみとめています。

ことばmemo

3 **感染症の予防及び感染症の患者に対する医療に関する法律** 感染しやすく、生命や健康に危険をおよぼすおそれのある感染症について、予防・対策を定めた法律。従来の伝染病予防法にかわり、1999年に制定された。

4 **破産法** 破産について定めた法律。1922年に制定され、1952年に改正された。

5 **民法** 個人の財産や身分上の関係などについて定めた法律。1896年と1898年に制定され、1947年、新憲法のもとで、家族や相続にかんする規定が全面改正された。

6 **兵役の義務** →116ページ参照。

7 **国籍法** →56ページ参照。

職業選択の自由

【第22条】①何人も、公共の福祉に反しない限り、居住、移転及び職業選択の自由を有する。

職業選択の自由とは

わたしたちは、ふつう、社会のなかでくらしていくために、なんらかの職業につき、収入をえなければなりません。そればかりでなく、わたしたちは、それぞれの職業をとおして、自己実現をはかり、社会に参加していくことにもなるのです。

日本国憲法第22条第1項は、経済活動の自由の一つとして、「職業選択の自由」を保障しています。職業選択の自由とは、自分のつく職業は、自分で自由にきめることができるということです。このなかには、自分できめた職業をじっさいにおこない、利益を追求する権利、つまり「営業の自由」もふくまれます。

ですから、第22条第1項の保障する権利は、「職業選択の自由」というよりは、「職業の自由」といったほうがよいようです。

公共の福祉による規制

いっぽう、憲法第22条第1項は、「公共の福祉に反しない限り」において、職業選択の自由を保障するともの

↑**就職活動をする高校生たち** 卒業をひかえた高校生たちが、企業の就職担当者から説明を聞いている。憲法は、職業選択の自由を保障している。

べています。職業選択の自由は、公共の福祉により規制をうけるわけです。とくに営業の自由については、この規制は、より強くはたらくものと考えられています。

職業は、社会的なひろがりや、つながりをもつものですから、人々のなすがままにしておくと、さまざまな害がでてきます。そこで、公共の安全と社会の秩序をたもつために、法律などで規制をする必要があるのです。

また、社会国家（福祉国家）[1]の考え方にもとづいて、社会的・経済的に不利な立場にある人々を保護するために、国の政策により積極的に規制をおこなうことも必要になってきます。

職業選択の自由の規制の方法と業種

規制の方法	業　種
届出制	理髪店など
許可制	薬局、飲食店、旅館、公衆浴場、質屋など
資格制	医師、薬剤師、弁護士、公認会計士、建築士など
特許制	電気、ガス、電話、鉄道、バスなどの公益事業

規制の方法

職業選択の自由を規制する方法としては、届出制や許可制、資格制、特許制などがあります。

まず、届出制は、営業をはじめるときに、行政をおこなう官庁に届出をするものです。規制のなかでは、もっともゆるい方法で、理髪店などについて、この方法がとりいれられています。

また、許可制は、一般に営業することを禁止しておいて、条件をみたす者にだけ禁止をといて、許可をし、営業をみとめるものです。薬局、飲食店、旅館などについて、この方法がとりいれられています。

資格制は、知識や技術、経験などを必要とする職業について、その職業につくためには、一定の資格をもたなければならないとする方法です。医師、薬剤師、弁護士など、多くの職業について、法律により資格の条件が定められています。

特許制は、国が営業の権利を独占していて、国民はその権利をもたないことを前提にしています。そのうえで、営業をおこなう能力がある者などに、国が営業をおこなう特権をあたえるという方法です。電気、ガス、電話、鉄道、バスなどの公益事業が、これにあたります。

V みんな、自由で平等

ことばmemo

[1] 社会国家 →94ページ参照。

財産権の保障

【第29条】 ①財産権は、これを侵してはならない。
②財産権の内容は、公共の福祉に適合するやうに、法律でこれを定める。
③私有財産は、正当な補償の下に、これを公共のために用ひることができる。

財産権とは

日本国憲法第29条第1項は、財産権を、侵すことのできない権利として保障しています。これは、近代憲法[1]の基本となる考え方の一つで、1789年のフランス人権宣言[2]も、「所有権は、神聖かつ不可侵の権利である」（第17条）とのべています。この「所有権」は、日本国憲法にいう「財産権」とおなじ意味です。

憲法第29条第1項の規定は、わたしたちが、げんにもっている財産についての権利を、侵すことのできない権利として保障するものです。また、それと同時に、わたしたち一人ひとりが財産をもつことができるという、私有財産制そのものを保障するものでもあります。

私有財産制は、近代以降に発達した、資本主義という経済のしくみの基礎となるものです。これがなければ、資本主義はなりたたないのです。

公共の福祉による制約

ところが、20世紀になって、社会国家（福祉国家）[3]の考え方がひろまってくると、財産権は、規制をうけるものと考えられるようになりました。1919年のドイツのワイマール憲法[4]は、「所有権は義務を伴う。その行使は、同時に公共の福祉に役立つべきである」と定めています。第二次世界大戦後の憲法のほとんどが、このような考え方にもとづいて、財産権を保障しています。

日本国憲法も、第29条第2項で、財産権の内容は、「公共の福祉」にかなうように法律で定めるとのべています。財産権が、公共の福祉により制約をうけることがあることを明らかにしているのです。

財産権が、公共の福祉により制約をうける例としては、道路や鉄道、公園などをつくる公共事業のために、土地の収用[5]をおこなう場合があげられます。このような制約は、公共の利益をはかるために、国が積極的に政策を立てて、実現しようとすることにともなうものです。

ことばmemo

1 近代憲法 →12ページ参照。
2 フランス人権宣言 →12ページ参照。
3 社会国家 →94ページ参照。
4 ワイマール憲法 →95ページ参照。
5 収用　公共事業のために、土地などを強制的にとりあげて、国のものにすること。

みんな、わたしのもの…

損失補償

さらに憲法第29条第3項は、個人の私有財産は、「正当な補償」のもとで、公共のためにもちいることができると定めています。これは、私有財産を、公共のためにもちいるときには、正当な補償が必要であるということを意味します。

私有財産であっても、公共のために国にとりあげられることがあります。しかし、公共のためとはいえ、所有していた人は、財産をうしなうわけですから、それにたいして、正当な補償をしなければならないということなのです。このような補償を損失補償といいます。

それでは、憲法のいう「正当な補償」とは、どのような補償なのでしょうか。これについては、完全な補償をすべきであるという説と、それなりの補償をすればよいという説があります。一般に、公共事業のために国が土地を収用する場合などは、市場の価格どおりの、完全な補償をおこなうべきであると考えられています。

> ことばmemo
> 6 補償 あたえた損害をお金などでうめあわせをすること。

Ⅴ みんな、自由で平等

（イラスト：「損失補償です…」「もっと！」）

←建設中のあきる野インターチェンジ（東京都あきる野市） 道路建設のための土地収用が、公共の利益になるかどうかが裁判であらそわれている。財産権は、公共の福祉により制約をうけることがある。

身体の自由

【第18条】何人も、いかなる奴隷的拘束も受けない。又、犯罪に因る処罰の場合を除いては、その意に反する苦役に服させられない。

【第31条】何人も、法律の定める手続によらなければ、その生命若しくは自由を奪われ、又はその他の刑罰を科せられない。

身体の自由とは

身体の自由は、身体の拘束をうけない自由のことであり、人身の自由ともいいます。身体の自由がなければ、わたしたちは、ほとんどなにもすることができません。ですから、身体の自由は、自由権のなかでも、もっとも基本的なものということができます。

明治憲法のもとでも、いちおう身体の自由はみとめられていました。しかし、法律の規定があれば、制限できるという不完全な自由であり、じっさいには、さまざまな人権の侵害がおこなわれていました。

日本国憲法は、このような過去のにがい歴史への反省のうえに立って、第18条で、奴隷的拘束と苦役からの自由をうたっています。さらに、第31条以下で、身体の自由が制限される場合の手続きなどについて、他の国の憲法には例がみられないほど、くわしく定めています。

奴隷的拘束と苦役からの自由

憲法第18条は、「奴隷的拘束」と「その意に反する苦役」を禁止し、人間の尊厳に反する身体の拘束をなくすことをうたっています。

「奴隷的拘束」とは、身体の自由をうばわれ、あらゆる人権を否定されて、奴隷のような、非人間的な状態におかれることをいいます。明治憲法のもとでは、奴隷制度こそありませんでしたが、子どもや女性を売り買いしたり、労働者をたこ部屋などにおしこめて、むりやりはたらかせたりするようなことが、平気でおこなわれていました。

また、「その意に反する苦役」とは、本人の意思を無視した、苦しい労働のことです。強制労働といって、むりやり連行したり、監禁したりして、はた

ことばmemo

1 たこ部屋　鉱山や土木工事で人をむりやりはたらかせるための、ひどい環境の宿泊設備のこと。タコつぼのタコのように、一度はいったら、ぬけられないことから、このようにいう。

並木道を散歩する親子 身体の自由は、身体を拘束されない自由。この自由がなければ、わたしたちは、なにもすることができない。

Ⅴ みんな、自由で平等

らかせることが、それにあたります。

その意に反する苦役からの自由については、「犯罪に因る処罰の場合」はのぞくとされています。しかし、奴隷的拘束については、「犯罪に因る処罰の場合」にもみとめられません。憲法第18条は、「何人も、いかなる奴隷的拘束も受けない」と、はっきりことわっているのです。

適正な手続き

憲法第31条は、だれも「法律の定める手続」によらなければ、刑罰を科されることはないと定めています。刑罰を科すことは、基本的人権をもっともきびしく制限することです。したがって、このような制限が、どのような手続きによっておこなわれるのかを、あらかじめ法律ではっきりと定めておかなければならないというのです。

しかも、これは、法律で定めさえすれば、手続きの内容は、どのようなものであってもよいという意味ではありません。法律で定める手続の内容は、適正なものでなければならないのです。

また、「法律の定める手続」という場合には、手続きだけでなく、どのような行動が犯罪になり、どのような刑罰が科されるのかについても、法律によりきちんと定めておかなければなりません。その法律の内容もまた、適正であることが必要です。

このような考え方は、1215年のイギリスのマグナ・カルタ（大憲章）にまでさかのぼることができます。その後、アメリカ合衆国憲法修正第14条（1868年成立）に「法の適正な手続」としてとりいれられ、日本国憲法にもひきつがれているのです。

ことばmemo

2 マグナ・カルタ
1215年、イギリスの諸侯が、国王にせまって、国王の権力の制限と諸侯の権利をみとめさせた文書。

イギリス
マグナ・カルタ
アメリカ合衆国憲法

被疑者の人権

【第33条】 何人も、現行犯として逮捕される場合を除いては、権限を有する司法官憲が発し、且つ理由となつてゐる犯罪を明示する令状によらなければ、逮捕されない。

ことばmemo
1. **立憲主義** →13ページ参照。
2. **刑事手続き** 犯罪にかんする捜査から、起訴、裁判、刑の執行までの手続き。
3. **被疑者** 犯罪の疑いをかけられている者。容疑者。
4. **現行犯** いま、おこなわれている犯罪、または、いま、おこない終わった犯罪。また、その犯人のこと。
5. **三権分立** →122ページ参照。

不法な逮捕からの自由

そのむかし、国王は、自分の好き勝手に人々をとらえて、罰することができました。なかには、国王が気にいらないからとか、不十分な捜査によって、無実の罪、つまり冤罪で処罰されることもあったのです。明治憲法のもとでも、1925（大正14）年の治安維持法をはじめとして、人々を弾圧する、おそろしい法律が、たくさんありました。

しかし、真の近代立憲主義の国家は、そのような不正をゆるしません。国家権力が、人々にとって、もっともおそろしいものとしてあらわれるのは、逮捕や刑罰をおこなうときです。そのため、国家権力をしばることを目的とする近代憲法は、とくに刑事手続きについて、きびしい規定をおいたのです。

日本国憲法第33条は、令状主義を定めました。犯罪を捜査し、被疑者を逮捕するのは、ふつう、行政権に属する警察です。この警察の行きすぎをふせぐために、逮捕や捜索などをおこなうときには、現行犯の場合をのぞいて、裁判官による令状（逮捕状など）が必要であるとしたのです。行政権を司法権によってチェックするもので、三権分立のあらわれともいえます。

←**オウム真理教の施設の強制捜査** 1995年におきた地下鉄サリン事件で、山梨県上九一色村のオウム真理教の施設に強制捜査がおこなわれた。捜査はすべて、法律の定める手続きによっておこなわれなければならない。

不法な抑留・拘禁からの自由

憲法第34条は、抑留・拘禁など、身がらの拘束をおこなうためには、被疑者に、その理由が知らされ、弁護人を依頼する権利が保障されなければならないことを定めています。身がらの拘束のうち、一時的なものを抑留といい、それより長くつづくものを拘禁といいます。

被疑者や被告人は、「推定無罪」といって、裁判所が有罪の判決をするまでは、無罪とみなされます。ですから、自分の無実の証明や権利の保障のために、正しい手続きがおこなわれないかぎり、その身がらを拘束されることはゆるされないのです。

憲法をうけて、刑事訴訟法第39条は、弁護人を依頼し、弁護人にあう権利を、被疑者にみとめています。また、不当に身体の拘束がなされた場合に、裁判によって自由を回復させるために、1948（昭和23）年に人身保護法が制定されました。

住居の不可侵など

人の住居は、個人の居場所であり、もっともプライバシーがまもられなければならない場所です。国家権力といえども、むやみやたらに足をふみいれることはゆるされないのです。憲法第35条は、逮捕に関連する場合をのぞいて、個人の住居や、もちものについて、捜査や押収をおこなう場合には、裁判官の令状が必要であることを定めています。

犯罪を捜査するために、電話などを傍受することは、令状主義と憲法第21条の通信の秘密との関係で問題となっていました。1999（平成11）年に、「犯罪捜査のための通信傍受に関する法律」が制定され、通信の傍受には、裁判官による傍受令状が必要であると定められました。

なお、憲法第36条は、公務員による拷問と残虐な刑罰を、かたく禁止しています。

◆ 刑事手続きの流れ

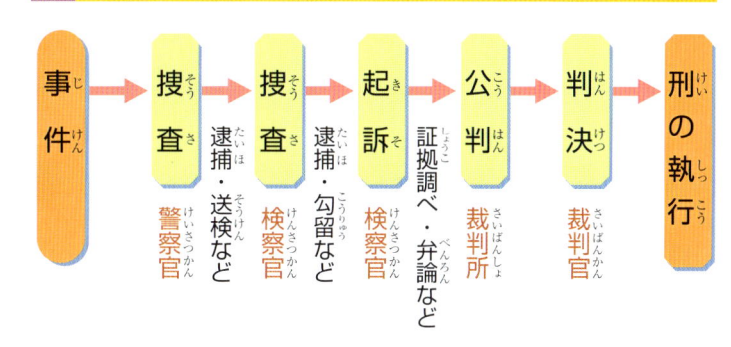

事件 → 捜査（逮捕・送検など）警察官 → 捜査（逮捕・勾留など）検察官 → 起訴（逮捕・勾留など）検察官 → 公判（証拠調べ・弁論など）裁判所 → 判決 裁判官 → 刑の執行

ことばmemo

6 **被告人** 刑事訴訟で、犯罪をおかしたとして裁判所にうったえられた人。

7 **刑事訴訟法** 刑事事件について、真相を明らかにし、刑罰を科すために必要な手続きを定めた法律。1922年に制定され、1948年に全面改正された。

8 **押収** 裁判所や警察が、証拠となるものなどを、さしおさえて、とりあげること。

9 **傍受** 無線通信で、直接の相手でない者が、その通信をうけとること。

10 **拷問** 体に苦しみをあたえて、白状させようとすること。

11 **残虐** むごたらしいこと。

キーワード [別件逮捕]

本来の事件（本件）について、令状を請求できるほど容疑がかたまっていないときに、本件とは別に、令状がとれる軽い事件（別件）を口実にして逮捕し、本件についての取り調べをおこなうことがあります。この方法を、別件逮捕といいます。しかし、憲法第33条の令状主義の原則との関連で、問題があるともいわれています。

V みんな、自由で平等

被告人の人権

【第37条】①すべて刑事事件においては、被告人は、公平な裁判所の迅速な公開裁判を受ける権利を有する。
②刑事被告人は、すべての証人に対して審問する機会を充分に与へられ、又、公費で自己のために強制的手続により証人を求める権利を有する。
③刑事被告人は、いかなる場合にも、資格を有する弁護人を依頼することができる。被告人が自らこれを依頼することができないときは、国でこれを附する。

迅速な裁判をうける権利

　被疑者は、逮捕され、起訴されると、被告人とよばれます。日本国憲法第37条第1項は、刑事被告人に、「公平な裁判所の迅速な公開裁判」をうける権利を保障しています。この規定は、憲法第32条の裁判をうける権利と第82条の裁判の公開を補強するものです。

　公正で、しんちょうな判断をくだすために、裁判に時間がかかるのは、ある程度しかたのないことです。しかし、あまりにも不当に長い裁判は、裁判を拒否することに等しいと考えられています。

　じっさいに「迅速な裁判」が、問題になったのが、1952（昭和27）年に起訴された高田事件です。この事件では、第一審の審理が、15年あまりも中断したままでした。1972年、最高裁判所は、これをあまりにも異常な裁判であるとして、審理のうちきりをいいわたしました。

証人や弁護人にかんする権利

　憲法第37条第2項は、適正な裁判をおこなうために、被告人の人権について、証人にたいして質問する権利を保障しています。被告人に十分な反論の機会があたえられなかった証言は、証拠としてみとめられません。また、第2項は、公費で自分にとって有利な証人をよぶ権利も保障しています。

　第37条第3項は、被告人に弁護人を依頼する権利をみとめるものです。被告人が、費用などの面で、みずから弁護人を依頼できないときは、国がえらんだ弁護士をつけてもらえます。これを国選弁護人といいます。国選弁護人を依頼する権利は、被疑者の段階ではみとめられていないものです。

黙秘権と自白の証拠能力

　憲法第38条第1項は、被疑者や被告人が、自分の有罪判決の証拠となってしまうような、不利益な供述をこばん

ことばmemo
1 **迅速**　たいへんはやいこと。
2 **裁判をうける権利**
→112ページ参照。
3 **裁判の公開**　→149ページ参照。

←東京地方裁判所の公判のようす　2004年の日本歯科医師連盟（日歯連）汚職事件の初公判。憲法は、どんな場合でも、被告人に保障される権利を定めている。

Ⅴ　みんな、自由で平等

でも、罰せられないことを保障しています。憲法をうけて、刑事訴訟法[4]は、被疑者と被告人に、いわゆる黙秘権をみとめています（第198条・第291条）。取り調べなどにさいして、だまったままでいることがゆるされるのです。

また、憲法第38条第2項は、強制、拷問、脅迫による自白[5]や、不当に長く拘束されたあとの自白には、証拠能力[6]をみとめないこととしています。さらに、第3項は、証拠能力があるような自白でも、その自白だけで有罪とされることはないと定めました。自白以外に、他の補強証拠や物的証拠[7]が必要なわけです。

なお、憲法第39条は、それをおこなったときに適法であった行為については、刑事上の責任を問われないとして、遡及処罰（事後法）を禁止しています。また、すでに無罪とされた行為や犯罪について、刑事責任をとわれないことを定めています。

このように、さまざまな被告人の権利を保障することで、無実の罪で処罰されたり、不当な捜査や裁判で、不公正な判決がくだされたりしないようにしているのです。

ことばmemo

[4] **刑事訴訟法**　→85ページ参照。

[5] **自白**　被疑者や被告人が、自分のおかした犯罪の事実をみとめて、話すこと。

[6] **証拠能力**　裁判官が事実を判断するために利用できる証拠の資格。

[7] **物的証拠**　人以外のものによる証拠。

キーワード　[残虐な刑罰と死刑]

憲法第36条は、悲惨な歴史への反省のうえに立って、公務員による拷問と残虐な刑罰を、かたく禁止しています。死刑については、1948（昭和23）年3月12日の最高裁判所判決は、火あぶりやはりつけといった残虐な方法でなく、絞首刑ならば合憲としています。しかし、無実の罪、つまり冤罪の可能性をふくめ、世界的な死刑廃止の流れのなかにあって、問題となっています。

人間はみな平等

【第14条】①すべて国民は、法の下に平等であつて、人種、信条、性別、社会的身分又は門地により、政治的、経済的又は社会的関係において、差別されない。
②華族その他の貴族の制度は、これを認めない。
③栄誉、勲章その他の栄典の授与は、いかなる特権も伴はない。栄典の授与は、現にこれを有し、又は将来これを受ける者の一代に限り、その効力を有する。

法のもとの平等

　平等は、身分制や封建制をうちやぶろうとした近代市民革命の結果、自由とならぶ重要な価値として獲得されたもので、近代憲法になくてはならない要素といえます。日本国憲法では、第14条第1項が、「法の下の平等」を定めています。

　ところで、この「法の下の平等」の原則は、ある人々とそれ以外の人々とで、法律が「別あつかい」をすることを、どんな場合でも禁止しているわけではありません。一人ひとりの人間がもつ、さまざまな特徴のちがいに着目しておこなわれる「別あつかい」は、その理由が合理的に説明できるかぎり、「法の下の平等」には反しないと理解されています。

　たとえば、労働基準法は、15歳未満の子どもを労働者として使うことを禁止していますが、その理由は、子どもを保護する必要から合理的に説明できるので、「子どもが差別されている」ことにはなりません。いっぽうで、体に障害があるという理由で、大学の受験資格をあたえない法律の規定があったとしたら、なぜ大学を受験できないのか、その理由を合理的に説明することはできません。そのような法律を定めることを、第14条第1項は禁止しているのです。

　このほか、歴史的に差別されてきたグループを、そうでないグループとおなじ地位におしあげるために、法律で有利にとりあつかう「別あつかい」も、憲法上ゆるされると考えられています。「法の下の平等」は、原則として一人ひとりの人間に、おなじあつかいをすることをもとめていますが、それと同時に、社会において人々の現実の生活状況にちがいがあるならば、それをただす措置をとることも否定していないと理解されるからです。

　たとえば、アメリカでは、大学入学や職場への採用において、黒人や女性の進出が困難であったという歴史から、そうした人々に特別わくをつくっ

ことばmemo
1 市民革命　→12ページ参照。
2 近代憲法　→12ページ参照。
3 労働基準法　賃金や労働時間、休み時間など、労働条件の基準を定めた法律。1947年に制定された。

→アメリカ独立宣言を起草する人たち　平等は、市民革命の結果、自由とともに勝ちとられた。アメリカ独立革命のさなか、1776年に発表されたアメリカ独立宣言でも、自由と平等がうたわれている。

て優先的なとりあつかいをすることが、法律でみとめられています（このような「別あつかい」を、積極的差別是正措置といいます）。日本でも、男女共同参画社会基本法[4]や男女雇用機会均等法[5]で、社会における男女間の格差を改善するための積極的措置がすすめられようとしています。

差別の禁止

第14条第1項の後段は、「人種、信条、性別、社会的身分又は門地」にもとづく差別を禁止しています。歴史をふりかえれば、これらを理由とした差別は、世界中でおこなわれてきました。その反省から、日本国憲法には、ゆるされない「別あつかい」の根拠が、具体的にあげられたのです。したがって、これら5つのいずれかを根拠とする「別あつかい」は、基本的に「不合理」な「差別」だと推定され、よほどの理由がないかぎり、正当化できないと考えられています。

なお、これら5つのことがらは、あくまでも例であって、憲法の禁止する「別あつかい」は、これらを根拠とするものにかぎられません。それ以外の「別あつかい」も、不合理であれば、憲法違反になりうるのです。

「平等」を実現するために

このほかにも憲法には、平等を実現するためのさまざまな規定があります。第14条第2項は貴族制度を廃止し、第3項は、栄典[6]にともなう特権を禁止しました。

つぎに第24条は、家族における平等を、第26条第1項は、「能力に応じて、ひとしく」教育をうける権利[7]について定めています。

そして第44条は、平等を選挙においてもつらぬくため、選挙権[8]における差別を禁止しました。ここにあげられた、選挙権におけるゆるされない「別あつかい」の根拠は、第14条第1項とは少しちがっています。日本における選挙権の歴史をしらべて、その理由を考えてみましょう。

ことばmemo

[4] **男女共同参画社会基本法** →93ページ参照。

[5] **男女雇用機会均等法** →93ページ参照。

[6] **栄典**　国や社会につくした人をたたえるために、国があたえる待遇や称号。

[7] **教育をうける権利** →98ページ参照。

[8] **選挙権**　→108ページ参照。

憲法の禁止する差別

【第14条】 ①すべて国民は、法の下に平等であつて、人種、信条、性別、社会的身分又は門地により、政治的、経済的又は社会的関係において、差別されない。

人種差別の禁止

　人種とは、ヒトという生物を、皮膚や毛髪や体型といった遺伝的な特徴にもとづいて分類したもので、生物学的な考え方です。アメリカでの、もっぱら黒人を対象とした非白人差別や、南アフリカにおけるかつてのアパルトヘイト（人種隔離）政策などにみられるように、人種は、人がすぐれているか、おとっているかをきめるものではないにもかかわらず、歴史的に社会における偏見や差別のもとになってきました。そのため国際連合（国連）でも、1965（昭和40）年に人種差別撤廃条約が採択され、人種差別をなくす努力が世界でつづけられています（日本がこの条約を批准したのは、1995年でした）。

　人種差別撤廃条約が撤廃をめざす差別には、民族差別もふくまれています。民族とは、人種とはちがって文化的な考え方であり、文化や言語、生活様式などを共有し、「われわれ」という意識をもった人間集団をさします。日本国憲法が禁止する人種差別にも、民族差別がふくまれると考えられています。

　日本では、北海道を中心に先住民族として居住するアイヌ民族や、植民地政策の結果として日本に定住するようになった在日韓国・朝鮮人への差別が問題となります。アイヌ民族は、明治政府の土地政策によって先住地からおわれ、代々つづいた採取民としての生活基盤をうばわれて、苦しい生活をしいられただけでなく、1899（明治32）年の北海道旧土人保護法で「旧土人」とされ、身分差別をうけてきました。政府のアイヌ政策を定めたこの法律は、1997（平成9）年のアイヌ文化振興法の制定でようやく廃止され、差別撤廃への第一歩がふみだされました。在日韓国・朝鮮人については、政治に参加する権利や、公務員の管理職就任への制限が問題となっています。

信条による差別の禁止

　第14条第1項にいう信条とは、宗教・信仰だけでなく、ひろく思想・世界観や政治上の主義をふくむものと理解されています。信条による差別は、おもに職業生活において、採用・昇進・解雇といった場面で問題となります。最高裁判所の1955年の判決をみると、

> ことばmemo
> 1　アパルトヘイト　南アフリカ共和国の人種差別政策。1991年に大半が廃止された。

特定の信条をもつこと自体を理由とする解雇は、第14条に違反しうると考えられていることがわかります。なお、最高裁判所は、1973年に、社員の採用にさいしておこなわれた思想・信条調査について、企業には、やとう人をえらぶ自由があるから、憲法には違反しないとしましたが、この判決は、憲法学者から強い批判をあびました。

社会的身分による差別の禁止

社会的身分とは、人間が生まれたあとにえられる地位で、一定の評価をともなうものをさし、門地とは、家系や血統などの家がらであり、生まれによってきまるものと理解されています。すでにのべたように、貴族制度は、憲法によって廃止されていますから、問題にはなりませんが、被差別部落出身者への差別は、現代日本でもたいへん重大な社会問題です。

被差別部落問題（政府は「同和問題」とよんでいます）は、江戸時代までの日本社会で、一部の人々が、きわめて低い身分に位置づけられ、職業、居住地、他の人々との交際がきびしく制限されたことに由来します。明治政府による身分解放令で、身分そのものはなくなり、平等な地位が獲得されましたが、その後も差別はつづき、不便な住環境のなかで生きる人、職場や結婚での差別に苦しむ人などは、いまも少なくありません。法律が差別しなくても、差別意識は、人々の心の深いところに存在しつづけているのです。国が、生活上の困難を解決するための積極的な政策をすすめるとともに、社会における一人ひとりも、自分のなかの差別意識を見つめなおしていく必要があるといえます。

Ⅴ みんな、自由で平等

←全国水平社の大会で差別の苦しみをうったえる少年（1924年） 全国水平社は、部落差別の解消と、すべての人間の解放をもとめて、1922年に創立された。この少年は、その創立大会で、差別をうけてきた自分の体験をかたった。

男女は平等

【第14条】①すべて国民は、法の下に平等であつて、人種、信条、性別、社会的身分又は門地により、政治的、経済的又は社会的関係において、差別されない。

【第24条】①婚姻は、両性の合意のみに基いて成立し、夫婦が同等の権利を有することを基本として、相互の協力により、維持されなければならない。
②配偶者の選択、財産権、相続、住居の選定、離婚並びに婚姻及び家族に関するその他の事項に関しては、法律は、個人の尊厳と両性の本質的平等に立脚して、制定されなければならない。

性別による差別の禁止

日本国憲法第14条第1項は、性別による差別を禁止しています。この規定は、明治憲法の時代には、現実の社会でも法律のうえでも、女性がおとった性としてあつかわれ、男性よりも低い地位におかれていたことへの反省からうまれたものです。当時は、家庭で夫や家族につくすことが女性の模範的な生き方とされていて、妻は独立して契約をむすぶことはできず、財産も夫に管理される存在でした。そのうえ、国や地方での選挙権もあたえられていなかったので、政治に自分の意見を反映させることさえできなかったのです。

1945（昭和20）年、日本を占領していた連合国軍の最高司令官マッカーサー[1]は、民主化のための「五大改革指令」で「選挙権の付与による婦人の解放」を日本政府に指示し、1946年には、女性がはじめて国政選挙に参加しました。そして1947年に施行された新憲法にも、性別による差別の禁止が明記されたのです。

すでに説明したとおり、第14条第1項は、あらゆる「別あつかい」を禁止するわけではなく、合理的な「別あつかい」はみとめています。ですから、はたらく女性の出産休暇のように、女性だけの生理的・身体的特性にもとづく「別あつかい」は、憲法違反にはなりません。しかし、「女性である」というだけで、不利益なとりあつかいをすることは、憲法上ゆるされない差別となります。1966年、東京地方裁判所は、女性だけに適用される結婚退職制を、性別による不合理な差別として違法としました。さらに1981年には、最高裁判所が、女性の定年年齢を男性よりも5年はやく設定した男女差別定年制を、おなじように違法とする判断をしめしています。その後、女子差別撤廃条約[1]を批准するために、1985年に男女雇用機会均等法[2]

人物memo

1 マッカーサー →16ページ参照。

↓新幹線「こだま」にのりこむ女性運転士　職業のうえでも男女は平等でなければならない。近年では、新幹線だけでなく、路線バスの運転手や飛行機の操縦士などにも女性が進出している。

が制定され、雇用における平等の実現に大きな一歩がしるされました。そして、社会での平等を推進するために、1999（平成11）年には、男女共同参画社会基本法が制定されています。

家庭生活と平等

平等が、家庭でも実現されなければならないことを定めたのが、憲法第24条です。かつて結婚は、家と家とのむすびつきであり、家族関係にかんする民法の規定も、家を代表する夫に権限が集中するようにつくられていました。これにたいして日本国憲法は、結婚を個人と個人とのむすびつきと位置づけ、夫婦は同等の権利をもつとし、さらに家族にかんする法律は、「両性の本質的平等」にもとづいてつくられなければならないと定めました。これをうけて、民法も大きく改正されました。

それでも、まだ民法には、憲法の定める平等にそぐわない規定がのこっています。一つは、結婚できる年齢が、男性は18歳、女性は16歳とされていることです。この2年の差には、女性が学校に行って知識を身につけることや、職業をつうじて生活力をえることなどは必要ないという考え方が、反映されていないでしょうか。

また、女性の再婚は、前の結婚が終わってから6か月間は禁止されています。子どもの父親が、どちらの結婚における夫なのかわからなくなるのをふせぐためといわれますが、血液検査などで父子関係が判定できるようになった現在も、こうした規定が必要かどうかは疑問です。

さらに夫婦は、どちらかの名字（姓）をえらんで、おなじ名字を名のらなければなりません。法律のうえでは、どちらの名字をえらんでもよいことになっていますが、現実には97パーセントの夫婦が、夫の名字をえらんでいます。結婚する二人が話しあってきめるのだから、女性差別ではないという見方もありますが、どちらをえらんでもよいとなると、経済力など、二人のあいだでの現実の力関係が、選択に大きく影響することになります。このため最近では、夫婦のどちらも名字をかえないことをえらべるような制度（夫婦別姓制）をもとめる声が高まっています。

ことばmemo

1 **女子差別撤廃条約** あらゆる分野における男女平等と、女子にたいする差別の撤廃を定めた条約。1979年、国連総会で採択され、日本は1985年に批准した。

2 **男女雇用機会均等法** 雇用にかんする男女差別を禁止する法律。1985年に制定され、1997年に改正された。

3 **男女共同参画社会基本法** 男女が、対等な立場で、あらゆる社会活動に参加し、利益と責任をわかちあう社会を実現するために、その理念と基本方針を定めた法律。1999年に制定された。

4 **民法** →77ページ参照。

Ⅴ みんな、自由で平等

人間らしい生活をする権利

「自由国家」の限界

　これまでお話ししてきたのは、国家などの権力に、不介入をもとめる「自由権」[1]についてでした。しかし、日本国憲法には、自由権とはちがって、社会にあるさまざまな問題を解決するために、国家に積極的な介入をもとめるような、ひろく「社会権」とよばれる権利もふくまれているのです。

　「社会権」の登場は、自由権よりもおそく、20世紀にはいってからのことです。それには、つぎのような背景がありました。

　17世紀から18世紀にかけて、ヨーロッパやアメリカでおこった近代市民革命[2]では、人はみな自由で平等な存在だということが確認されました。そのため、この革命の成果としてつくられた、それぞれの国の憲法では、おもに「自由権」が保障されることになったのです。そこでの国家は、人々の生活にあまり口をださない、積極的に介入をおこなわない「自由国家」としてとらえられていました。その結果、人々は、自由に経済活動をおこなうことができるようになりました。とくに、土地やお金をもっていた一部の豊かな人々は、工場などをつくって、おりからの産業革命[3]の波にのり、いっそう豊かになっていったのです。

　しかし、そのいっぽうで、労働者の生活はきびしいものでした。財産がなく、自分の労働力しか売るものをもたない人々は、仕事をくれる経営者がしめす条件をのむしかありません。低い賃金、健康を害するような環境での長時間労働をしいられ、しかも病気や事故ではたらけなくなっても、なんの補償もありませんでした。

「社会権」の登場

　このように社会の状況が深刻になるにつれて、国家は、もはや「自由国家」ではなく、社会問題の解決のために積極的な役割をはたす「社会国家」（または「福祉国家」）でなければならないと考えられるようになりました。つまり国家には、経営者の経済活動の自由にたいして規制をくわえるとともに、社会的・経済的に不利な立場におかれた人々を保護するための、積極的な活動がもとめられるようになったのです。

　その結果、憲法上の権利にも、国家

ことばmemo

1 **自由権** →64ページ参照。

2 **市民革命** →12ページ参照。

3 **産業革命** 手工業が、大じかけにたくさんの品物をつくる機械工業にかわること。18世紀の終わりごろから、イギリスを中心にはじまり、世界の国々にひろまった。

→**ワイマール憲法制定の国民議会** 1919年、ドイツのワイマールでひらかれた国民議会で、ワイマール憲法が制定された。ワイマール憲法は、はじめて社会権の保障について定めた憲法として知られる。

Ⅴ みんな、自由で平等

の不介入をもとめる「自由権」だけでなく、介入をもとめる「社会権」がふくまれるようになりました。「社会権」は、人が「人間らしい生活をするための権利」であり、このような権利をもっていることが、現代的憲法の一つの特徴だといえるのです。

ワイマール憲法から日本国憲法へ

　社会権を、はじめて明確に条文として定めた憲法は、1919（大正8）年にドイツでつくられたワイマール憲法です。この憲法は、「経済生活の秩序は、すべての者に人間に値する生活を保障することを目的とする正義の原則に適合しなければならない」という条文をはじめ、社会保障や労働者の保護にかんする規定をもっていました。

　第二次世界大戦後、社会権は、多くの国の憲法にとりいれられました。日本国憲法も例外ではなく、第25条から第28条に社会権規定がおかれています。

　第25条は、健康で文化的な最低限度の生活をいとなむ国民の権利、一般に「生存権」[4]といわれている権利を規定しています。

　第26条は、教育をうける権利[5]にかんする規定です。

　第27条は、はたらく権利[6]、そして第28条は、やとう側と対等な立場にたつための、はたらく人の権利[7]を定めています。

ことばmemo

[4] **生存権** →96ページ参照。

[5] **教育をうける権利** →98ページ参照。

[6] **はたらく権利** →100ページ参照。

[7] **はたらく人の権利** →102ページ参照。

生存権

【第25条】①すべて国民は、健康で文化的な最低限度の生活を営む権利を有する。
②国は、すべての生活部面について、社会福祉、社会保障及び公衆衛生の向上及び増進に努めなければならない。

生存権規定の意義

日本国憲法第25条第1項は、国民が「健康で文化的な最低限度の生活を営む権利」をもつと定めています。この権利は、一般に「生存権」とよばれています。この規定は、政府がつくった日本国憲法の原案にはありませんでしたが、衆議院で議論をしているときに、議員の発案でとりいれられました。

明治憲法の人権規定には社会権規定がなく、生活にこまった国民にたいして、国がどのような役割をはたすかについては、憲法をみても明らかではありませんでした。しかし、生存権規定をもつ日本国憲法のもとでは、「健康で文化的な最低限度の生活」を自力では送ることのできないすべての国民にたいして、国が支援をおこなわなければならないことが明らかにされたのです。すべての国民の生存権を実現するため、日本国憲法の制定とほぼおなじ時期に生活保護法[1]という法律が制定され、最低生活保障のための制度がつくられています。

また、第25条第2項は、最低限度の生活保障にかぎらず、よりくらしやすい社会をつくるために、国が努力していかなければならないことを定めています。日本の社会保障制度には、生活保護以外に、年金や健康保険などの社会保険、児童手当などの社会手当、障害者・高齢者・児童などにサービスを提供する社会福祉のほか、労働者災害補償保険・雇用保険をふくむ労働保険や医療保障がありますが、これらは第25条第2項をうけて整備されたものといえます。

憲法の保障する最低限度の生活

「健康で文化的な最低限度の生活」が、どのような生活をさすのかは、むずかしい問題です。憲法をつくる作業がすすめられていたときから、それは人間が動物的な意味で命をつなぐということではなく、まさに「人間に値する生活」をさすといわれてきました。たんなる「最低限度の生活」ではなく、「健康」で、「文化的」な生活とされる意味

ことばmemo
1 **生活保護法** 国が、生活にこまっている国民にたいし、必要な保護をおこなうことを定めた法律。1950年に制定された。

→ **朝日訴訟のデモ行進**
朝日訴訟をおこした朝日氏は、1964年に亡くなった。翌年、支援者たちは、朝日氏の遺影をかかげて、「朝日訴訟を勝ち取る大行進」をおこなった。

　は、そこにあるのです。
　したがって、最低生活を保障するための給付も、「人間に値する生活」を確保するのに十分な金額でなければなりません。また、給付をうけていることで、ふつうならば、だれもがもっている自由が制約されるのでは、「人間に値する生活」が確保されていることにはなりません。かつては生活保護をうけている人の貯金や保険への加入は、どんな理由でもみとめられていませんでしたが、2004（平成16）年に最高裁判所が、子どもの高校進学にそなえて生活保護費を節約し、学資保険に加入することをみとめる判決をくだしたことが注目されます。
　なお、こうした給付は、これまでお金でおこなわれるものと理解されていましたが、最近では、介護を必要とする人へのサービスなど、お金以外のかたちもふくむと考えられるようになっています。

高校進学…

キーワード　[朝日訴訟]

　朝日訴訟とは、おもい結核患者で、生活保護をうけていた朝日茂氏が、生活保護法にもとづいて支給されていた最低生活費（1956年当時で月額600円）が、憲法の保障する「健康で文化的な最低限度の生活」水準をみたしているかどうかをあらそった事件です。1967（昭和42）年にだされた最高裁判所の判決は、どのくらいの金額であれば「健康で文化的な最低限度の生活」水準をみたすかは、厚生大臣（当時）の判断にゆだねられているとして、みずからはその水準をしめさずに、この最低生活費を適法としました。しかし、これにたいしては、時代と場所を特定できれば、人間に値する生活に必要なだいたいの金額は裁判所にも算出できるのだから、その金額をもとに、そのころの一般市民の生活とくらべてもたいへん低い600円という最低生活費は、違憲と判断されるべきであったとの批判があります（そのころの勤労者の平均月収は3万円ほどでした）。

教育をうける権利

【第26条】 ①すべて国民は、法律の定めるところにより、その能力に応じて、ひとしく教育を受ける権利を有する。
②すべて国民は、法律の定めるところにより、その保護する子女に普通教育を受けさせる義務を負ふ。義務教育は、これを無償とする。

「権利」としての教育

　教育をうける機会があるかどうかは、人の一生を大きく左右します。読み書きや計算や自然のすがた、そして社会のしくみや歴史を学んでいくことは、独立した一人の人間として、他の人々とかかわりながら、自分の「生」を切りひらいていくために、なくてはならないものだからです。日本国憲法第26条は、国民がそうした教育を、「権利」としてうけられることを保障しています。つまり国は、国民が教育をうけられるよう、学校をつくったり、先生を育てたり、教育のなかみを考えたりして、この権利を保障する責任を負っているのです。教育をうける権利の意義は、子どもが人間的に成長・発達していくための「学習権」の保障にあると考えられています。

　また、国民は「能力に応じて」、「ひ

➡新学期のスタート
新学期のスタートとともに、明るく、元気な子どもたちの声が、教室にひびきわたる。憲法は、国民に「権利」としての教育を保障している。

としく」教育をうける権利をもつのですから、子どもたち自身や家庭の事情で、教育をうけられるかどうかがきめられてはなりません。教育基本法¹も、「人種、信条²、性別、社会的身分、経済的地位又は門地³によつて、教育上差別されない」（第3条）と定めています。「人間はみな平等⁴」でとりあげた憲法第14条第1項と似ていますね。

どうやって権利を実現するか

いくら権利として教育が保障されても、親をふくむ保護者が、子どもを学校に行かせなければ、権利は実現されません。そこで第26条第2項は、「保護する子女に普通教育を受けさせる」国民の義務を定めました。普通教育とは、小中学校での合計9年間の教育をさします。保護者がこの義務をまもらない場合には、処罰されることもあります。

さらに、家庭の経済的な事情に関係なく、子どもたちが学校に行けるように、第2項は「義務教育の無償」も定めました。無償とは、お金をはらわなくてよいという意味です。憲法のこの規定は、義務教育の授業料の無償を意味すると理解されています。くわえて、義務教育用の教科書も、無償で配布されることが法律で定められています。

教育の内容をきめるのは、だれ？

国民は、「ひとしく」教育をうける権利をもつのですから、地域や担当する教師によって、教育の内容に大きなばらつきがあってはなりません。かといって、教育の内容を国がすべて決定し、教師の教育の自由をまったくみとめないのも問題です。子どもの学習権を保障するのが、第26条の意義だとすれば、子どもたち一人ひとりの個性や能力におうじた指導ができるよう、教師の自由を一定の範囲で確保しながら、全国どこでも一定の水準・内容の教育がうけられる教育制度にしていく必要があるでしょう。そこでの教育は、子どもたちをきまった「わく」にはめこむのではなく、自由で自律的な存在へと成長していくのをたすけるものであることが、憲法によって期待されているのです。

ことばmemo

1 **教育基本法** 日本国憲法の精神にもとづいた「新しい教育」の目的と基本方針を定めた法律。1947年に制定された。
2 **信条** 心にかたく信じて、まもっていることがら。
3 **門地** 家がら。
4 **人間はみな平等** → 88ページ参照。

キーワード [教科書検定制度と教科書裁判]

国（具体的には文部科学省）は、教育にかんする全国的な基準として、「学習指導要領」で教科の目標や内容について定めています。学校で使われている教科書は、この基準にそった内容であるかどうかについての、国による検査（「教科書検定」といいます）に、合格したものだけです。歴史学者の家永三郎氏は、自分の書いた教科書が、戦争や天皇の位置づけにかんする記述が原因で不合格となったり、書きなおしを条件に合格とされたりしたことを不服として、1965（昭和40）年、1967年、1984年の3度にわたって裁判をおこしました。最高裁判所は、教科書検定制度は憲法に反しないとしましたが、家永氏の主張も一部みとめ、行きすぎた検定を違法としています。

はたらく権利

【第27条】①すべて国民は、勤労の権利を有し、義務を負ふ。
②賃金、就業時間、休息その他の勤労条件に関する基準は、法律でこれを定める。
③児童は、これを酷使してはならない。

ことばmemo

1 **職業安定法** 人々に職業につく機会をあたえ、職業の安定をはかることを目的とした法律。1947年制定。
2 **職業能力開発促進法** 職業に必要な労働者の能力の開発・向上をはかることを目的とした法律。1969年、職業訓練法として制定され、1985年の大改正によりいまの題名にあらためられた。
3 **雇用保険法** 日本の雇用保険制度を定めた法律。1974年制定。廃止された失業保険法にかわるもの。
4 **強制労働** →82ページ参照。
5 **生活保護法** →96ページ参照。

勤労の権利と義務

現代の社会では、はたらいてえられた収入で、自分の毎日の生活をささえていくことが大原則です。日本国憲法第27条第1項は、国民のはたらく権利について定め、生活のための手段である「勤労」を、権利として保障しました。国は、この条文によって、国民が仕事をえられないときは、えられるように努力することをやくそくしたのです。これにもとづき、なかなか仕事につけない人や仕事をうしなってしまった人などを支援するための法律（職業安定法や職業能力開発促進法）や、仕事がないあいだの生活をささえる保険金を支給するための法律（雇用保険法）などが定められました。これらの法律が、勤労の権利をじっさいに保障する役割をはたしています。

第27条は、勤労の権利だけでなく、勤労の義務も定めました。義務といっても、国がすべての国民にはたらくことを強制し、はたらかない人を処罰する、という意味ではありません。強制労働は、憲法で禁止されていますし（第18条を読んでみましょう）、貯金の利子や株の配当など、はたらかずに収入をえることもありうるからです。ここではあくまで、はたらける人は、自分の仕事で生活をささえなさいといわれているにすぎません。ただし、はたらく能力も機会もあるのに、仕事につくことを拒否する人には、勤労の義務の趣旨から、法律で社会保障の給付の制限を定めている場合があります（雇用保険法や生活保護法など）。

労働条件は法律で

第27条第2項は、給料、勤務時間、休み時間など、はたらく条件にかんする基準は、法律で定めなければならないとしています。人にやとわれて、はたらくときの条件は、基本的にやとい主と労働者のあいだの契約できめられるのですが、やとい主と労働者とでは、やとい主のほうが圧倒的に強い立場にあるので、契約のなかみを完全に両者の合意にゆだねてしまうと、どうしても、やとう側に有利な条件になってし

まいます。その結果、労働者には、安い賃金や長い労働時間といった、不利な条件が強制されることになりかねません。そこで、労働条件の基準を法律で定め、その基準を下まわる契約をむすぶことができないようにしてあるのです。具体的な労働条件の基準は、労働基準法6や最低賃金法7で規定されています。

子どもと労働

第27条第3項は、児童8の酷使を禁止しています。児童の酷使とは、子どもに過酷な労働をさせることです。かつて炭坑や工場でのきびしい労働で、多くの子どもが健康を害したり、命をおとしたりしたことへの反省から、憲法にこの規定がおかれました。これをうけて、労働基準法は、15歳未満の者がはたらくことを、一部の例外をのぞいて禁止し、さらに「年少者9」の労働基準を、大人とは別に定めています。

児童の酷使は、現代の日本では、あまり深刻ではないといわれてきましたが、最近では児童買春が大きな問題となっています。子ども自身やその親などに、お金をはらっておこなわれる買春行為は、1999（平成11）年の「児童買春、児童ポルノに係る行為等の処罰及び児童の保護等に関する法律」で、きびしく処罰されることになりました。

ことばmemo

6 **労働基準法** →88ページ参照。
7 **最低賃金法** 労働者の賃金の最低額について定めた法律。1959年に制定され、1968年に改正された。
8 **児童** 子どものこと。労働基準法では、15歳未満の者をいう。
9 **年少者** 年が若い人のこと。労働基準法では、18歳未満の者をいう。

Ⅴ みんな、自由で平等

⬇ **入社式の新入社員** 学校を卒業して、会社にはいり、社会人としてスタートをきった若者たち。憲法は、生活の手段である「勤労」を、権利として保障している。

はたらく人の権利

【第28条】 勤労者の団結する権利及び団体交渉その他の団体行動をする権利は、これを保障する。

労働基本権はなぜ必要か

つらい仕事なのに給料が低い、あるいは一日の労働時間が長すぎてふつうの市民生活が送れない、といったときに、そうした不満をもつ労働者は、いったいどうしたらよいのでしょう。やとい主と直接交渉しても、とりあってもらえないかもしれませんし、なにより、「そんな不満をいう従業員はいらない」とやめさせられてしまうかもしれません。やとい主と労働者のあいだには、どうしても力の強い、弱いがあるのです。しかし、このように一人では無力な労働者も、団結すれば、やとい主と対等に交渉できるのではないでしょうか。

そこで日本国憲法は、第28条で、はたらく人の「団結権」と「団体交渉権」、そして「団体行動権」の保障を定めたのです。ここに保障される3つの権利は、労働基本権（または労働三権）とよばれています。

← 東京都内でひらかれた春闘の決起集会

毎年春、労働組合が、賃金のひきあげなどを要求して、会社とおこなう交渉を、春闘という。多くの会社は、4月からの新年度に賃金のひきあげをするので、それに先んじて、労働者は、要求をかかげて、たたかう。

労働基本権の内容

団結権とは、はたらく人が、給料や労働時間などの労働条件を維持し、さらによくしていくために、みんなで団体をつくり、そこに加入する権利をさします。団結権は、労働条件について、やとい主と交渉する力を強くするために保障されているので、職場によっては、就職したら団体への加入が義務づけられる場合もあります。

団体交渉権とは、はたらく人たちが、おおぜいで経営者のところにおしよせて交渉をする、ということではなく、団体がはたらく人を代表して、やとい主と労働条件について交渉する権利を意味します。団体交渉で、やとい主と団体が合意した内容（「労働協約」といいます）は、両者によってまもられなければなりません。また、やとい主は、理由がないのに団体交渉を拒否することはできません。

団体行動権とは、やとい主との交渉を有利にすすめるために、ストライキその他の「争議行為」をする権利であり、「争議権」ともよばれます。やとう側のほうが、どうしても力が強いのですから、対等な立場で交渉をすすめるためには、はたらく人々の側になんらかの武器が必要です。そこで憲法は、争議権を武器として保障したのです。

2004（平成16）年には、プロ野球の選手たちがストライキをしました。これは、労働者としてのプロ野球選手が、球団の合併で不安定な立場におかれる選手たちの労働条件にかんする交渉を、やとい主である球団側と対等な立場ですすめる手段として、争議権をもちいたことになるわけです。

労働組合法は、正当なストライキであれば、やとい主が労働者を解雇することを禁止しています。また、仕事がすすまずに会社に損害が生じても、労働者が損害を賠償する必要はないことも定めています。

ことばmemo

1 **ストライキ** はたらいている人が、やとい主にたいして要求をとおそうとして、そろって仕事を休むこと。

2 **労働組合法** 労働組合の資格や不当労働行為などについて定めた法律。1945年に制定され、1949年に全面改正された。

3 **解雇** やとっている人をやめさせること。くび。

4 **賠償** 他にあたえた損害にたいして、つぐないをすること。

キーワード [公務員の労働基本権]

一般企業の労働者とは異なり、公務員の労働基本権は、法律で制限されています。一口に公務員といっても、その仕事はさまざまで、制限がどの程度であるかも公務員の種類によってちがいますが、どの公務員にも共通しているのは、争議権が否定されている点です。制約がもっともきびしいのは、警察、消防、海上保安庁、監獄の職員と自衛隊員で、3つの権利のすべてが否定されています。

こうした労働基本権の制限は、公務員の仕事が公共的な性格をもつことが、おもな理由です。しかし、公務員も、一般企業の労働者も、はたらいてえられる給料で生活している点ではおなじであり、行きすぎた制限には疑問の声もあります。現在、公務員制度の改革が検討されていますが、そこでは公務員の労働基本権のあり方についても議論されています。

Ⅴ みんな、自由で平等

人権の思想のあゆみ

人権の思想のなりたち

　今日では、どんな人もおなじ人間であって、平等で自由な個人であることは、あたりまえです。みんな、個人として等しく尊重されるという、生まれながらの人権をもっているのです。しかし、このような考え方は、近代になって、ようやくでてきたものです。

　それ以前は、人々は臣民として、絶対君主とよばれる国王たちのわがままにしいたげられてきました。とくに重税による苦しみをはじめとして、イギリスの一部の人たちは、1642年からの清教徒革命や1689年の名誉革命をおこし、また、別の人たちは、自分たちの幸福をもとめて、ピルグリム・ファーザーズとして新大陸アメリカにわたり、1776年にイギリスから独立しました。また、フランスでは、人々が自由と平等をもとめて、1789年にフランス革命をおこして、王政と身分制を廃止しました。

　ちょうど、このころ、人はみな、生まれながらにして平等な人権（自然権）をもち、国家は人権を保障するための道具として、人々の合意によってつくられた、という社会契約説がとなえられました。イギリスの思想家ロックが書いた『統治二論』（1690年）や、フランスの思想家ルソーが書いた『社会契約論』（1762年）は、とくによく知られており、市民革命にも大きな影響をおよぼしました。

　このようにして、思想と現実の政治がむすびついて、ようやく身分制は廃止され、すべての人が平等で自由な個人として尊重されなければならないという、人権の思想は確立しました。

　1789年のフランス人権宣言（人および市民の権利宣言）の第1条は、「人は、自由かつ権利において平等なものとして生まれ、生存する」とのべて、自由と平等という、近代の人権の思想の根本理念を宣言しました。そして、国家の目的が人権の保障にあることを確認したのち、第16条で、「権利の保障が確保されず、権力の分立が定められていない社会は、すべて憲法をもつものではない」とのべて、近代の立憲主義の思想を宣言しました。

←フランス人権宣言　1789年のフランス人権宣言は、前文と17か条からなる。古い制度のくさりを切り、理性の光をてらすという意味の絵がえがかれている。

自由権から社会権へ

　近代の市民革命は、絶対王政への恐怖と反省から、なによりも、「国家からの自由」をもとめる自由権と、国民主権にもとづく「国家への自由」をもとめる参政権を重要な人権として考えていました。そして、このような人権の思想は、産業革命ののち、19世紀には、資本主義の発達とともに、多くの国々にひろまっていきました。

　しかし、すべての人々に自由な活動がみとめられるようになると、自由競争の結果として、勝ち組と負け組の差、つまり貧富の差がはげしくもなってきます。身分制の廃止後は、みんながおなじ平等な個人であるはずなのに、たとえば、会社を経営する資本家の立場は強くなるいっぽうで、やとわれて給料をもらっている労働者の立場は弱くなり、労働者を酷使するところもでてきました。

　そこで、労働運動などの高まりもあって、社会権という特別な権利が重視されるようになりました。社会権は、労働者などの社会的に弱い立場にある人を、国家権力の法律や措置によって、よりあつく保護してもらおうという「国家による自由」をもとめるものです。こうして、労働者だけにみとめられる権利などが保障されるようになりました。1919年のドイツのワイマール憲法は、社会権のなかでも、「人間に値する生活」をもとめる生存権を、はじめて規定した憲法として有名です。

世界でとりくむ人権

　このようなすばらしい人権思想も、悲惨な2度の世界大戦によってふみにじられてしまいました。世界は、恐怖と殺戮でおおわれたのです。戦争は、人を人としてみることなく、殺戮の道具にしてしまいます。

　大戦が終わったのち、世界中の人々は、心から反省し、みんなで、平和で安心してくらせる世界をきずくために、1945（昭和20）年に、国際連合（国連）という世界的なしくみを設立しました。

　国連は、1948年に世界人権宣言を採択しました。世界人権宣言の前文は、ゆずりわたすことのできない、生まれながらの人権をみとめて、専制や戦争からまぬかれるような世界の建設を高らかにうたい、第1条は、「すべての人は生まれながらに自由であって、その尊厳と権利とについては平等である」と規定しています。

　さらに、国連は、1965年に人種差別撤廃条約、1966年に国際人権規約、1989（平成元）年に子どもの権利条約などを採択し、人がほんとうに人らしく生きることのできるようなとりきめをしました。個々の国々で発展してきた人権思想が、世界規模で考えられるようになったのです。

　1970年代以降は、アメリカのロールズ[1]らの学者があらわれて、世界的に人権と正義をめぐる議論が活発におこなわれています。

　このようにして、一つの主権国家をこえて、世界規模で、人類普遍の権利をまもろうとするとりくみがおこなわれています。わたしたちも、日本国憲法の精神をふまえ、地球市民として、世界中の人々と協力しあって、平和で幸福な世界の建設に参加していかなければなりません。

人物memo

[1] ロールズ　1921～2002年。アメリカの倫理学者。『正義論』（1971年）などをあらわした。

◆ 人権のあゆみ

1215	イギリス	マグナ・カルタ
1628	イギリス	権利請願
1642	イギリス	清教徒革命
1689	イギリス	名誉革命、権利章典
1776	アメリカ	アメリカ独立宣言
1788	アメリカ	アメリカ合衆国憲法
1789	フランス	フランス人権宣言
1863	アメリカ	奴隷解放宣言（リンカーン）
1919	ドイツ	ワイマール憲法
1948	国際連合	世界人権宣言
1965	国際連合	人種差別撤廃条約
1966	国際連合	国際人権規約
1979	国際連合	女子差別撤廃条約
1989	国際連合	子どもの権利条約

憲法とうろん会 これって、人権侵害？

「子どものくせに」って、差別？

俊樹：「子どものくせに」って、よくいわれるんだけど、いやなんだ。ぜったい、いってほしくない。

悠太：そうだよね。

愛子：わたしは、「女のくせに」といわれるのが、もっといや。

晴美：そう、そう。だって、それって、女性差別でしょう。人権侵害よ。

悠太：じゃあ、「子どものくせに」っていうのも、差別なの？

晴美：さあ、どうかな。時と場合によるんじゃない？　憲法では、国民に基本的人権を保障していて、その国民のなかには、子どももふくまれることになっているよね。だけど、大人とはちがうあつかいをしているところがあるでしょう。

愛子：親は子どもに普通教育をうけさせなければならないとか、子どもを酷使してはならないとか……。

奈々：憲法まで、「子どものくせに」なの？

愛子：そうじゃない。憲法は、子どもだから、大切にしなければならないといっているんでしょう。

奈々：でも、子どもに選挙権はないよね。

晴美：そうね。だけど、それだって、選挙権をあげないといっているわけじゃないでしょう。20歳になって、ちゃんと判断力がついたら、選挙権をあげますよって、保障しているんじゃないの？

奈々：ふ～ん、大人とは別のあつかいでも、人権侵害とはいえないんだ。

俊樹：だけど、やっぱり、「子どものくせに」っていわれるの、いやだなあ。

憲法と校則は、大ちがい

悠太：じゃあ、中学校とか高校の校則は、どうなの？　憲法とは、ちょっとちがうような気がするんだけど……。

愛子：ちょっとじゃなくて、ぜんぜんちがうものだと思う。憲法は、わたしたちの自由や権利を保障するものだよ。校則は、ぎゃくに、それを制限するものでしょう。

奈々：だけど、学校は、勉強をするところなんだから、ある程度、きまりは必要なんじゃない？

愛子：髪形や服装に、きまりなんかいらないと思うよ。

晴美：そうよね。髪形や服装は、個人の自由でなくっちゃね。それを制限するのは、プライバシーの権利の侵害です。

愛子：ファッションなんだから、表現の自由の問題でもある。

奈々：学校で、ファッションとかは、ないんじゃない？

愛子：ファッションといっても、おしゃれという意味で、いってるんじゃないの。ふだんの髪形や服装でも、ファッション。表現の自由はあるはずだよ。

＊2016年6月、選挙権を満18歳に引き下げる公職選挙法の改正法が施行されました。

悠太：ぼくも、この頭が丸刈りなんていうの、いやだな。
俊樹：そうそう、高校じゃ、バイクを禁止しているところもあるんだよね。
晴美：バイクの免許って、16歳になるととれるんでしょ？
奈々：でも、通学のときにバイクに乗っちゃいけないというのは、わかるかも……。
愛子：学校が、生徒に免許をとっちゃいけないとか、バイクをもっちゃいけないなんて、いえるのかなあ。
晴美：これも、プライバシーの権利の侵害よね。
愛子：そうよね。それに、バイクをもっちゃいけないなんていうのは、財産権の侵害になるかもね。

いじめも体罰も、人権侵害

俊樹：校則に違反した子が、友だちにいじめられたり、先生から体罰をうけたりすることもあるんだってね。
愛子：学校では、このいじめと体罰が、大問題。
悠太：いじめがいけないってことは、わかるんだけど、なぜいけないの？ それが、わからない。
愛子：いじめって、その子だけ、へんな目で見たり、無視したりすることでしょう。これって、差別じゃないの？
晴美：それに、憲法の「個人の尊重」の問題もあるでしょう。そんなことしたら、その子の人格や名誉も、傷つけられちゃう。
俊樹：いじめで、けったり、なぐったりして、暴力をふるうこともあるよ。
晴美：そうしたら、「身体の自由」を侵害したことになる。
愛子：いじめをうけたために、その子が、学校に行きたくなくなったり、学校をやめることになったりしたら？
晴美：そんなことになったら、「教育をうける権利」の侵害でしょう。

悠太：わあ、すごい！　いじめって、いけないって、わかっていたけど、いろんな人権を侵害しているんだ。憲法違反なんだね。
愛子：「すごい」じゃないでしょう。「ひどい」でしょう。
俊樹：体罰も、暴力だよね。
悠太：生徒どうしのいじめと、おなじくらいの人権侵害かな？
晴美：もっとひどいんじゃないの？
愛子：そう、もっとひどいよね。大人が、子どもをいじめるんだもの。それも、ずっと強い立場にある先生が、弱い立場の生徒をね。
晴美：学校教育法という法律でも、先生が生徒に「体罰」をくわえることはみとめられていないんだよ。「懲戒」は、みとめられているけどね。
俊樹：「懲戒」って、なに？
晴美：悪いことをしたら、だめだよって、注意することね。
奈々：体罰が問題になるときに、よく「教育のため」とか、「愛のムチ」とかいうのを聞くけど……。
愛子：暴力の「教育」とか、暴力の「愛」とか、そんなもの、あるはずがない。
晴美：暴力反対！
悠太：ぼくも、暴力反対！　それから、お母さん、ぼくの日記を、こっそり読まないでください。おねがいします。
愛子：それって、おねがいしたりすることじゃないと思う。プライバシーの権利なんだから。
晴美：そうだよ。権利は、どうどうと主張していこうよ。

国の政治に参加する権利

【第15条】①公務員を選定し、及びこれを罷免することは、国民固有の権利である。
【第93条】②地方公共団体の長、その議会の議員及び法律の定めるその他の吏員は、その地方公共団体の住民が、直接これを選挙する。

参政権と選挙権

わたしたち国民は、主権者ですから、当然に、国の政治に参加する権利をもっています。日本国憲法は、代表民主制（議会制民主主義）を採用していますから、国民は、議員（政治家）を選挙でえらぶことによって、政治に参加します。また、一定の資格をみたせば、議員やその他の公務員になることも自由です。選挙する権利を選挙権、議員の候補者になる権利を被選挙権といい、それらをあわせて、参政権とよびます。

明治憲法のもとで、1889（明治22）年に、はじめての衆議院議員選挙法が制定されましたが、性別と財産による制限選挙がおこなわれていました。有権者は、はじめは、直接国税15円以上をおさめる男性にかぎられ、のち1900年に10円以上、1919（大正8）年に3円以上にひきさげられましたが、それでも有権者は、全人口の5.5パーセントにすぎませんでした。1925年になって、財産による制限はなくなりましたが、選挙権は、男性だけにかぎられており、きちんとした民主主義が実現されていたとはいえませんでした。

1945（昭和20）年になって、ようやく男女をとわず、すべての20歳以上の国民に、衆議院議員・参議院議員についての選挙権がみとめられるようになりました。現在では、普通選挙、平等選挙、自由選挙、秘密選挙、直接選挙といった原則がとられています。

公務員の罷免権

日本国憲法第15条は、公務員をやめさせる権利、つまり公務員の罷免権も、国民だけがもつことのできる権利としています。

地方政治では、地方自治法が、地方公共団体の長や地方議会の議員についての住民の解職請求をみとめています。しかし、国の政治のレベルでは、罷免権をみとめる法律はありません。これは、日本国憲法が、国の政治においては、直接民主制ではなくて、代表

ことばmemo

1 代表民主制 →24、34ページ参照。
2 有権者 選挙権をもつ人。
3 普通選挙 →130ページ参照。平等選挙、自由選挙、秘密選挙、直接選挙についてもおなじ。
4 地方自治法 地方公共団体の区分や組織などを定めた法律。1947年に制定された。
5 直接民主制 →25、34ページ参照。

＊2016年6月、選挙権を満18歳に引き下げる公職選挙法の改正法が施行されました。

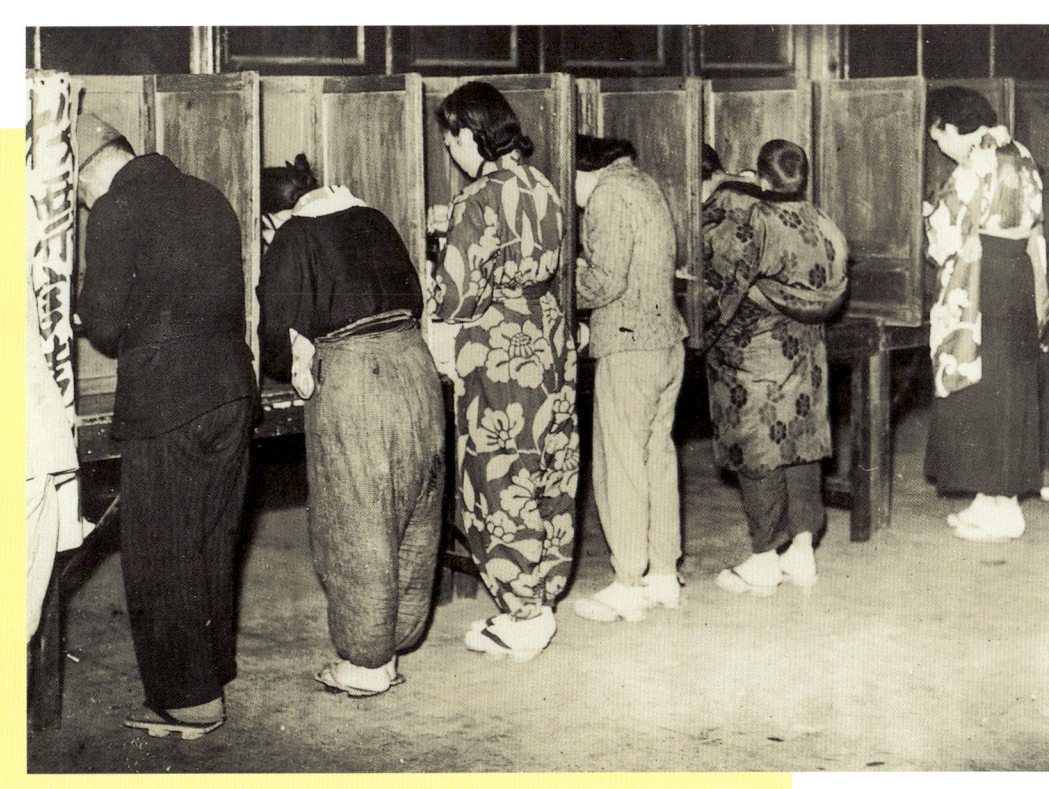

→**総選挙で投票する女性たち** 1946年4月、戦後はじめての総選挙がおこなわれた。20歳以上の男女による、はじめての平等選挙だった。

Ⅴ みんな、自由で平等

民主制を採用しているからだと考えられています。とくに国会議員は、いったん当選したら、その選挙区の代表ではなく、「全国民の代表」（第43条第1項）として活動しなければならないので、一つの選挙区の意思だけで議員をやめさせるのは、問題があるからです。いずれにしても、国民は、適切でない政治家がいた場合には、つぎの選挙で落選させればよいのです。

定住外国人の参政権

現在では、国際化にともなって、多くの定住外国人[6]が日本に住んでおり、日本人とおなじように生活し、税金をおさめています。このような定住外国人に、選挙権はみとめられるのでしょうか？　憲法第15条は、国政選挙について、「国民」だけがもつことのできる権利としています。いっぽう、第93条は、地方選挙について、「住民」による直接選挙を定めています。そこで、一般には、国政選挙については、国民主権の考え方から、定住外国人に選挙権はみとめられないが、地方選挙については、「住民」である定住外国人に選挙権をみとめてよいと考えられています。最高裁判所も、1995（平成7）年の判決で、地方選挙については、定住外国人の選挙権をみとめました。

ことばmemo

[6] **定住外国人** 長いあいだ日本に住んでいる外国人。戦前の日本の植民地支配の歴史から、韓国・朝鮮の国籍の人が多い。

権利をまもる権利

国務請求権とは

これまでのべてきた人権を、わたしたち国民が十分に確保するためには、これらの人権を保障するための憲法上の権利が必要となります。たとえば、日本国憲法第21条の保障する表現の自由[1]であれば、表現したい人が、政府によって不当な制限をうけている場合には、それをとりのぞくことができるとされています。しかし、政府の不当な制限をとりのぞくために、裁判をうける権利が保障されていなければ、ほんとうに表現の自由が保障されているとはいえません。

人権を確実に実現するために、国民が、自分自身のために国家のサービスをもとめる権利を、国務請求権、または受益権といいます。人権が、国家ができる前からある、人間の本性にもとづくものであるのにたいして、国務請求権は、国家ができたあとにつくられた、制度的な権利と考えられています。そのため、普遍的な人権とはちがって、権利をもつ人の資格にいくつかの制約があるとされます。

国務請求権の内容

ここでは、国務請求権として、裁判をうける権利[2]（第32条）、国家賠償請求権[3]（第17条）、刑事補償請求権[4]（第40条）をあつかいます。

裁判をうける権利は、人権を実のあるものとして、ほんとうに確保するために必要な権利です。この権利により、わたしたちは、自分の権利を不当に侵されたときに、救済をうけることができるのです。法の支配という観点からも、たいへん重要な権利です。

国家賠償請求権は、公務員の不法な行為によって、国民が損害をうけたときに、国などにたいして、損害賠償をもとめることができる権利です。

刑事補償請求権は、身体の自由[5]が保障されているにもかかわらず、刑事手続きにおいて身体の自由が制約され、

ことばmemo

1 表現の自由 →70ページ参照。
2 裁判をうける権利 →112ページ参照。
3 国家賠償請求権 →114ページ参照。
4 刑事補償請求権 →114ページ参照。
5 身体の自由 →82ページ参照。

結果的に裁判で無罪となった場合に、国にたいして補償をもとめることができる権利です。

国家賠償請求権と刑事補償請求権は、日本国憲法のもとになった、いわゆるＧＨＱ草案にはなく、憲法改正の帝国議会の衆議院において、日本側がつくった規定です。

請願権とは

このほかに、憲法第16条は、「何人も、損害の救済、公務員の罷免、法律、命令又は規則の制定、廃止又は改正その他の事項に関し、平穏に請願する権利を有」するとして、請願権を定めています。請願権とは、国家にたいして、国民（外国人をふくむ）が願望や苦情をのべる権利です。明治憲法第30条・第50条にも定められていました。これは、ひろい意味での参政権にふくめることができます。

この憲法第16条をうけて、1947（昭和22）年に請願法が制定されました。国家は、請願の内容を実現する義務は負いませんが、請願をうけとって、誠実に処理する義務を負います（請願法第5条）。

なお、憲法第16条は、「何人も、かかる請願をしたためにいかなる差別待遇も受けない」としています。国家権力はもちろん、だれも、請願したことを理由として差別をすることはできないのです。

ことばmemo
6 ＧＨＱ草案 →16ページ参照。
7 罷免 公務員を、本人の意思にかかわらずやめさせること。
8 参政権 →108ページ参照。

Ⅴ みんな、自由で平等

←**国会への請願デモをおこなう人たち** 1959～60年の日米安全保障条約をめぐるたたかいのなかで、国会に請願をおこなうという方法があみだされた。憲法は、国民に請願権を保障している。

裁判をうける権利

【第32条】 何人も、裁判所において裁判を受ける権利を奪はれない。
【第37条】 ①すべて刑事事件においては、被告人は、公平な裁判所の迅速な公開裁判を受ける権利を有する。

国民の権利と裁判

わたしたち国民は、権利をもっています。それは当然だとしても、その権利が侵されたときに、じっさいに保護され、救済されなければ、「絵にかいたもち」でしかありません。法律のうえでのあらそいの解決、あるいは国家権力が憲法に違反したときに、それを違憲無効とする違憲審査をおこなってくれる裁判所が、正しくきちんとはたらいてこそ、わたしたちの権利も、実のあるものとなるのです。

近代以前は、独立した裁判所による裁判もなしに、国王自身が、好き勝手に、臣民に刑罰をくわえていました。そのことを考えれば、政治権力から独立した裁判所による公正な裁判をうける権利は、とても大切なものだということがわかるでしょう。

さらに、近代国家は、司法権をすべて独占し、民間の人々が、あらそいごとを私闘で解決すること、つまり自力救済を禁止しました。そのかわりに、わたしたちは、自分のために、司法救済という国家サービスをもとめる権利をもつことになったのです。まさに、「裁判をうける権利」は、「権利をまもる権利」の中心となるものなのです。

裁判をうける権利とは

日本国憲法が考えている裁判とは、民事裁判（その一種である行政裁判をふくむ）と刑事裁判をふくんでいます。

明治憲法のもとでは、国家の活動にかかわる事件をあつかう行政裁判は、司法裁判所ではなく、行政に属する行政裁判所という特別な裁判所で、ごくかぎられた事件をあつかってもらえるだけでした。これにたいし、日本国憲法は、法律上の問題であれば、原則として、すべての裁判を通常の司法裁判所でおこなうことにし、法の支配を完全にしようとしたのです。こうして、わたしたちは、自分たちの権利が侵されたら、法律の手続きにもとづいて、うったえることができるようになりました。

民事裁判と行政裁判については、自分の権利などが、違法に侵されたときに、裁判所にうったえて、裁判をもと

ことばmemo

1 **臣民** 君主に支配される人々。日本でも明治憲法では、国民をこのようによんでいた。
2 **民事裁判** →148ページ参照。

める権利をもつことを意味します。ぎゃくにいえば、裁判所が裁判をこばむことは、ゆるされないということになります。また、刑事裁判については、独立した裁判所の裁判によるものでなければ、刑罰を科せられないことを意味します。

憲法第37条は、公正な裁判所による裁判をしっかりと保障するために、とくに刑事裁判について、公平で、迅速な公開裁判をうける権利をはじめ、公費による十分な証人尋問をもとめる権利、弁護人を依頼する権利をみとめています。日本の裁判が三審制をとっているのも、正しい裁判がきちんとおこなわれるようにしているのだと考えられます。また、近年、話題になっている裁判員制度の導入が、憲法がみとめている裁判と、どのような関係にあるのかという点も問題とされています。

ことばmemo

3 **刑事裁判** →148ページ参照。
4 **公開裁判** →149ページ参照。
5 **証人尋問** 裁判所などが、証人にたいして問いただすこと。
6 **三審制** →149ページ参照。
7 **裁判員制度** →149ページ参照。

V みんな、自由で平等

←東京高等裁判所等の合同庁舎の外観
東京都千代田区の霞が関には、東京高等裁判所、東京地方裁判所、東京簡易裁判所の合同庁舎がある。憲法は、だれにも裁判をうける権利を保障している。

国に賠償や補償をもとめる権利

【第17条】 何人も、公務員の不法行為により、損害を受けたときは、法律の定めるところにより、国又は公共団体に、その賠償を求めることができる。

【第40条】 何人も、抑留又は拘禁された後、無罪の裁判を受けたときは、法律の定めるところにより、国にその補償を求めることができる。

国家賠償請求権

わたしたちが、ふだん生活しているなかでは、まちがったことをして、人に迷惑をかけたときには、すなおにあやまって、つぐないをするのがふつうです。では、国（の公務員）の不法行為によって、わたしたちが損害をこうむったときには、どうなるでしょうか？

かつては、神にえらばれた（とされていた）国王がまちがいなどするはずがないという理由で、国民が国家に損害賠償をもとめるなどということは、ありえない話でした。このような考え方を、「国家無答責」といいます。

明治憲法においても、国家の権力にかかわる活動については、国家に損害賠償の責任はないものとされていました。しかし、日本国憲法は、第17条で、はっきりと公務員の権力にかかわる活動による損害について、国または公共団体に責任をみとめました。

憲法をうけて、1947（昭和22）年に国家賠償法が制定されました。国家賠償請求権の内容を具体的に定めたものですが、この法律により、公務員個人による不法行為だけでなく、国道などの国が設置した施設による損害にも、賠償請求ができるようになりました。

刑事補償請求権

刑事補償とは、適法な刑事手続きで逮捕され、つかまった被告人が、結果として、裁判で無罪となった場合に、その損失を補償するものです。無罪判決がだされることがあるのは、もともと裁判において当然のことですから、無罪判決がでたからといって、つかまえたこと自体が不法だったということにはなりません。しかし、つかまった人の損失をうめようという観点から、刑事補償がとりいれられました。

明治憲法のもとでも、1931年になって、ようやく、刑事補償法が成立し、ある程度の補償制度はあったのですが、恩恵的で不十分なものでした。日本国憲法は、憲法のうえで刑事補償請求権をみとめたのです。

免田事件で無罪判決
1983年、熊本地方裁判所は、免田事件で、被告人の免田栄氏に無罪の判決をくだした。免田氏には、刑事補償法にのっとって、刑事補償がおこなわれた。この事件で、日本の裁判史上、はじめて死刑囚が再審無罪となった。

Ⅴ　みんな、自由で平等

　憲法をうけて、1950年に刑事補償法が制定されました。刑事補償法は、刑事補償請求権の内容を具体化したものですが、公務員に不法な行為があった場合には、国家賠償も同時に請求できることにし、無罪となった被告人の権利保障を、あつくみとめています。

　また、刑事補償法は、無罪判決があった場合だけでなく、免訴¹や公訴棄却²により、裁判が中絶した場合も、もし中絶がなければ無罪判決がでただろうと十分に考えられるようなときには、刑事補償をみとめています。

　なお、これまでは、少年法における少年鑑別所への「収容」は、憲法第40条の「拘禁」³ではなく、少年法上の不処分決定は、憲法第40条の「無罪」にあたらないとされ、刑事補償がみとめられませんでした。この問題を解決するために、1992（平成4）年に、「少年の保護事件に係る補償に関する法律」が制定されました。

> 刑事補償…
> 無罪！

ことばmemo
1　**免訴**　刑事訴訟において、裁判所が有罪・無罪を判断せずに、訴訟をうちきること。
2　**公訴棄却**　形式や手続きのうえでの訴訟条件がととのわないため、裁判にうったえることを無効とする裁判。
3　**拘禁**　→85ページ参照。

キーワード　［損害賠償と損失補償］

　憲法第17条は、国家などによる損害賠償の責任について定めています。損害賠償とは、不法な行為によって損害をこうむった人が、その損害を弁償してもらうものです。

　いっぽう、憲法第40条の「補償」や第29条第3項の「正当な補償」は、損失補償のことです。損失補償とは、国家などによる適法な行為によって生じた、特別の犠牲をうめあわせするものです。

国民の3つの義務

【第26条】 ②すべて国民は、法律の定めるところにより、その保護する子女に普通教育を受けさせる義務を負ふ。義務教育は、これを無償とする。
【第27条】 ①すべて国民は、勤労の権利を有し、義務を負ふ。
【第30条】 国民は、法律の定めるところにより、納税の義務を負ふ。

憲法における国民の「義務」

日本国憲法第3章は、国民の権利だけでなく、義務にかんする規定もおいています。明治憲法の時代には、憲法で定められた兵役の義務と納税の義務、そして勅令で定められた教育の義務が、臣民の三大義務とよばれていました。日本国憲法では、第9条に戦争放棄・戦力不保持が定められましたから、兵役の義務は当然にとりのぞかれ、教育の義務（第26条）と納税の義務（第30条）に、あらたに勤労の義務（第27条）がくわえられて、国民の義務とされています。

このほか、第12条は、国民には不断の努力によって、人権を保持する義務があると定めています。この規定は、国民をしばる具体的な義務を定めているのではなく、第97条にあるように、人権が、人類の長年にわたる努力の成果として獲得されたものなので、これからもそれをたもちつづけていく国民の努力が必要なのだという、「心がまえ」をとくものと理解されています。

そのいっぽうで、国民ではなく、公務員が、人権をふくむ憲法全体をまもるよう、憲法によって義務づけられていることに注意が必要です。第99条にあるように、「天皇又は摂政及び国務大臣、国会議員、裁判官その他の公務員」は、「憲法を尊重し擁護する義務」を負い、憲法の内容を確実に実現していくことがもとめられているのです。

教育、納税、勤労の義務

憲法に定められている教育、納税、勤労の義務も、直接に国民をしばるのではなく、国民にたいして心がまえをしめしたもの、あるいは法律で義務を定めていくことを憲法で予告するものと理解されています。

教育をうけさせる義務は、おなじ条文にある教育をうける権利を、じっさいに確保するために定められたものです。この規定をうけて、教育基本法や学校教育法は、9年間の普通教育を子どもにうけさせる保護者の義務を定め

ことばmemo

1 **兵役** 軍隊にはいり、軍の仕事につくこと。
2 **勅令** 天皇の命令。
3 **臣民** 君主に支配される人々。明治憲法では、国民をこのようによんでいた。
4 **公務員** →139ページ参照。
5 **教育をうける権利** →98ページ参照。
6 **教育基本法** →99ページ参照。
7 **学校教育法** 日本国憲法と教育基本法にもとづき、日本の学校教育制度の基本を定めた法律。1947年に制定された。

税務署で確定申告をする人たち 国の財政は、国民のおさめる税金によって運営されている。1年間の一人ひとりの収入についても、税金がかかる。サラリーマンの場合、税金は給料から直接ひかれるが、それ以外の人は、それぞれ確定申告という手続きをして、税金をおさめる。

ています。このほか、子どもをやとって、はたらかせる者が、その子の義務教育をさまたげることの禁止や、経済的な理由で、子どもを学校に行かせるのがむずかしい保護者にたいして、必要な援助をあたえる市町村の義務についても定めています。

勤労の義務は、はたらく能力のある者は、自分ではたらいて生活を維持すべきだということをしめすにすぎず、国家が国民にたいして、はたらくことを強制する意味ではないと理解されています。しかし今日では、はたらけるのにはたらかない人には、生活保護[8]などの社会保障による給付を制限できるとする意見が有力です。じっさいの法律にも、はたらく能力を活用することを条件に、給付をおこなうと定めるものがあります。

納税の義務は、国の財政[9]が、国民のおさめる税金によって運営されていることから、国民の当然の義務であり、憲法に定めていなくても生じるものと理解されています。条文には「国民」とありますが、ここには個人のほかに会社などもふくまれ、さらには日本に住んでいる外国人にも義務がおよぶとされています。

憲法第84条は、あらたに税金をかけたり、税金の内容をかえたりするときには、法律によらなければならないと定めています。これを、「租税法律主義[10]」といいます。第30条も、納税の義務の内容は「法律の定めるところによ」るとし、国民の生活に深くかかわる税金にかんすることは、国民の代表である国会できめなければならないことを定めています。

ことばmemo

[8] 生活保護 →96ページ参照。

[9] 財政 →144ページ参照。

[10] 租税法律主義 →144ページ参照。

基本的人権

基本的人権には、さまざまな種類があります。それを分類する人の考え方によって、分類のしかたもさまざまです。

この本では、まず包括的基本権としての幸福追求権をとりあげました。つづいて、自由権、法のもとの平等、社会権、参政権、国務請求権（受益権）というように、順番に説明してきました。ここまでみてきた基本的人権について、まとめてみることにしましょう。

[包括的基本権]

日本国憲法第13条は、「すべて国民は、個人として尊重される」と定め、憲法がよって立つ個人主義を宣言しています。また、第13条の保障する幸福追求権は、一つひとつの基本的人権の条文にあげられていない、「新しい人権」をみとめる根拠と考えられています。ここから、プライバシーの権利や自己決定権などが、みちびきだされます。

[自由権]

「国家からの自由」ともいわれ、基本的人権の中心となる権利です。大きく分けると、精神の自由、経済活動の自由、身体の自由があります。

精神の自由は、思想・良心の自由、信教の自由、学問の自由、表現の自由をふくみます。また、経済活動の自由は、居住・移転の自由、職業選択の自由、財産権の保障をふくみ、身体の自由は、奴隷的拘束からの自由、被疑者の権利、被告人の権利をふくみます。

一般に精神の自由は、経済活動の自由よりも上の地位にあり、司法審査においても、あつく保障されなければならないと考えられています。

[法のもとの平等]

憲法第14条は、すべての国民は法のもとに平等であるとし、公私にわたり、差別されないことを定めています。これにより、国会が制定する法律の内容も、内閣や裁判所がおこなう法律の適用も、平等なものでなければならないことになります。

憲法は、第16条で、請願における差別待遇を禁止し、第24条で、結婚と家族における男女の平等を、第44条で、参政権の資格についての平等を、かさねて定めています。

[社会権]

「国家による自由」を基本にした権利です。自由権を行使することによって生まれた貧富の差をなくし、人が生きるための、最低限の生活を平等に保障してもらうように、国家にもとめることができるというものです。生存権や教育をうける権利、労働基本権（勤労者の団結権・団体交渉権・団体行動権）などがあります。

[参政権]

「国家への自由」を、あらわした権利です。日本国憲法のもとでは、国民主権にもとづく民主主義のしくみがとられています。ですから、自分たちのことは、自分たち（の代表）で話しあって、きめなければなりません。代表をえらぶ権利としての選挙権、代表に立候補する被選挙権、公務員の職につく公務就任権があります。

憲法は、第15条で、国政選挙について、第93条で、地方選挙について定めています。また、請願権や最高裁判所の裁判官の国民審査権、憲法改正の国民投票なども、ひろい意味で、参政権にふくめることができます。

[国務請求権（受益権）]

「権利をまもる権利」といえるものです。憲法上の権利や自由を侵害された人を、すくってもらうように、国家にうったえる権利です。裁判をうける権利、国家賠償請求権、刑事補償請求権があります。

ここにあげた自由や権利は、どれも、人間が人間らしく生きていくために、なくてはならないものです。主権者であるわたしたちは、国家権力によって、これらの自由や権利が不当に制限されたり、侵害されたりすることがないように、しっかり見まもっていく必要があります。

それとともに、どんな人であれ、すがたや考え方はちがっていても、おなじ自由で、平等な人間なのです。ですから、差別やいじめなどをすることなく、おたがいに尊重しあって、なかよく、いっしょに生きていかなければなりません。

◆ 日本国憲法の基本的人権

権利		内容（条数）
包括的基本権		生命・自由・幸福追求権（第13条）
自由権	精神の自由	思想・良心の自由（第19条） 信教の自由（第20条） 表現の自由（第21条） 学問の自由（第23条）
	経済活動の自由	居住・移転の自由（第22条） 職業選択の自由（第22条） 財産権の保障（第29条）
	身体の自由	奴隷的拘束からの自由（第18条） 法定手続きの保障（第31条） 被疑者の権利（第33条〜第36条） 被告人の権利（第36条〜第39条）
平等権		法のもとの平等（第14条） 請願における差別待遇の禁止（第16条） 家庭生活における男女平等（第24条） 参政権の平等（第44条）
社会権		生存権（第25条） 教育をうける権利（第26条） 勤労の権利（第27条） 労働基本権（第28条）
参政権		選挙権（第15条・第44条・第93条） 請願権（第16条） 最高裁判所裁判官の国民審査権（第79条） 特別法の住民投票権（第95条） 憲法改正の国民投票権（第96条）
国務請求権（受益権）		裁判をうける権利（第32条） 国家賠償請求権（第17条） 刑事補償請求権（第40条）

死刑は、ゆるされるの？

死刑廃止への世界のうごき

基本的人権を、もっとも直接的に制限するやり方は、刑罰をあたえることです。死刑は、犯罪をおかした人の命をうばうもので、極刑ともよばれるように、刑罰のなかでももっともきびしいものです。

世界には、この死刑を廃止した国と、のこしている国とがあります。しかし、1989（平成元）年に国際連合（国連）で死刑廃止条約が採択され、死刑を廃止する国がしだいに多くなってきています。

アムネスティ・インターナショナルによると、死刑をすべて廃止した国は、2004年現在で81か国。イギリス、フランス、ドイツ、カナダ、南アフリカ、オーストラリア、カンボジアなどです。そのほか通常の犯罪で死刑を廃止している国が、14か国、過去10年以上死刑を執行していない国が、23か国あります。以上をあわせると、118か国になります。

いっぽう、死刑をのこしている国も、少なくありません。アメリカ、エチオピア、ガーナ、エジプト、サウジアラビア、インド、中国、韓国など、87か国で、このなかには日本もふくまれます。

死刑についての2つの意見

日本では、まだ死刑をみとめる意見が多く、国も、国連の死刑廃止条約を批准していません。その理由としては、まず日本国憲法第31条が、「何人も、法律の定める手続によらなければ、その生命若しくは自由を奪はれ、又はその他の刑罰を科せられない」と定めていることがあげられます。憲法は、死刑をみとめているというのです。また、死刑制度をもうけることが、死刑にあたるような、残虐な犯罪をふせぐ力になるともいっています。

これにたいし、死刑の廃止をとなえる人たちもいます。その理由としては、憲法第36条が、「公務員による拷問及び残虐な刑罰は、絶対にこれを禁ずる」と定めていることがあげられます。死刑は、一つしかない人間の命をうばいさるものであり、これほど残虐な刑罰はないというのです。また、死刑制度をもうけても、残虐な犯罪をふせぐ力になるかどうかはわからず、あやまった裁判の結果、死刑の判決がくだされ、執行されたときには、とりかえしがつかないともいっています。

死刑はゆるされるのか、ゆるされないのか？　あなたは、どのように考えますか？

VI 民主主義をまもる国のしくみ

国会議事堂と見学の人々

権力の集中をふせぐ

三権分立

　すべての権力を1つの機関に集中させると、その機関が、好き勝手にものごとをきめて、やりたい放題をやりがちになります。かりに、まちがった行いをしても、だれもそれを注意したり、やめさせたりすることができなくなるでしょう。

　たとえば、人のものをぬすんだり、人を殺したりするのは悪いことで、いまでは刑法上の犯罪です。ところが、一つの機関が、法律をつくる権力も、法律を執行する権力も、法律にもとづいてあらそいを裁判する権力も、すべてもっていたらどうなるでしょう。人のものをぬすんでも、人を殺しても、自分のつごうのいいように法律をつくったり、裁判をおこなったりして、処罰されないことになってしまいます。

　むかしは、このような、すべての権力をもった絶対君主とよばれる国王たちがいました。りっぱな国王もいたでしょうが、多くの国王は、やりたい放題で、人々を苦しめてきました。そこで人々は、人間は生まれながらにして平等であるという主張をかかげ、自由を獲得するために、市民革命をおこしました。この市民革命をささえた考え方の一つが、権力分立で、フランスのモンテスキューらがとなえました。

　権力分立は、国民にたいする専制や圧政をふせぎ、国民の自由と権利をまもるという近代の立憲主義にもとづいて、権力を一つのところに集中させず、分散させようというものです。とくに国家権力を、立法権、行政権、司法権の3つに分けて、それぞれを別の機関ににになわせようとする考え方を、「三権分立」とよんでいます。

　日本国憲法には、三権分立ということばはでてきません。しかし、立法権を国会に（第41条）、行政権を内閣に（第65条）、司法権を裁判所に（第76条）になわせることで、三権分立の考え方を実現しようとしています。

抑制と均衡

　三権分立の考え方には、権力を分けるだけでなく、さらに、おたがいを抑制（チェック）するしくみをつくって、それぞれの権力が行きすぎないように、均衡（バランス）をたもつこともふくまれます。これを、抑制と均衡（チェック・アンド・バランス）といいます。

ことばmemo
1 **刑法** 犯罪とそれにたいする刑罰を定めた法律。1907年に制定され、その後何度も改正されている。
2 **市民革命** →12ページ参照。
3 **立憲主義** →13ページ参照。

人物memo
1 モンテスキュー → 13ページ参照。

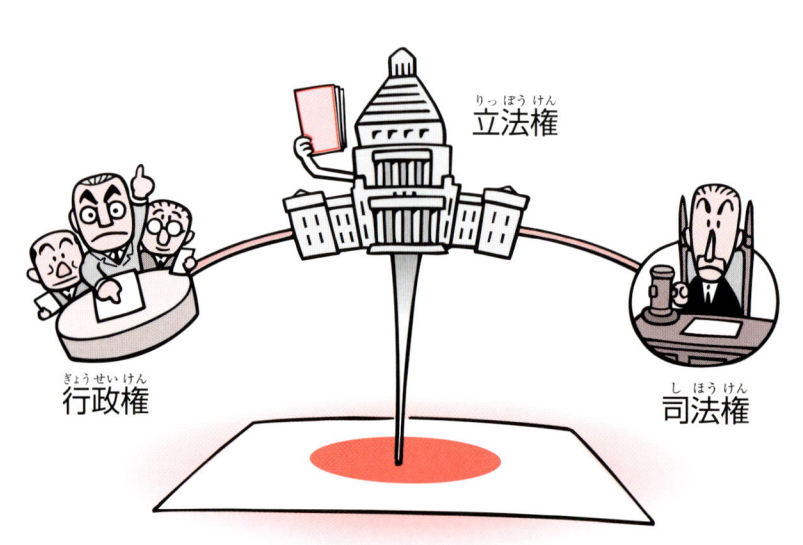

立法権
行政権
司法権

◆ 三権の抑制と均衡

立法権　国会
- 選挙
- 国会召集の決定
- 衆議院の解散
- 内閣不信任の決議
- 内閣総理大臣の指名
- 違憲立法の審査
- 裁判官の弾劾裁判

国民主権
- 世論
- 国民審査

行政権　内閣
- 最高裁判所長官の指名
- その他の裁判官の任命
- 行政処分の違憲審査
- 行政訴訟の終審裁判

司法権　裁判所

↑国会議事堂

↑首相官邸

↑最高裁判所

　日本国憲法のもとでは、国民の代表機関である国会は、法律や予算をきめ、内閣総理大臣を指名することで、内閣を民主的にコントロールします。また、内閣は、議院内閣制[4]によって、国会にたいして連帯して責任を負い、衆議院による内閣不信任決議権[5]と内閣による衆議院解散権[6]によって、おたがいに抑制と均衡をはかっています。

　さらに裁判所には、国会や内閣の活動が、憲法にあっているかどうかを判断する違憲審査権[7]があります。いっぽう、国会には、問題のある裁判官をやめさせる弾劾裁判権があり、内閣には、最高裁判所の裁判官の任命権があります。やはり、おたがいの機関が、抑制と均衡をはかっているのです。とくに違憲審査権は、民主的な国会の定めた法律でさえ、憲法に違反する場合には無効にすることができるもので、わたしたちの人権を保障するために、重要な役割をはたしています。

ことばmemo

4　議院内閣制　→140ページ参照。

5　内閣不信任決議権　→140ページ参照。

6　衆議院解散権　→141ページ参照。

7　違憲審査権　→150ページ参照。

Ⅵ　民主主義をまもる国のしくみ

憲法たんけん隊

この目でたしかめよう！ **三権分立**

一目でわかる三権分立

　東京都千代田区永田町は、日本の政治の中心地。国会議事堂や首相官邸があり、「永田町」といえば、政治の世界の代名詞になっています。この永田町の北には最高裁判所があり、東南には霞が関の官庁街がひろがっています。

　国会議事堂、首相官邸、最高裁判所は、それぞれ立法権、行政権、司法権の中心となるところ。地図を片手に、三権の中心地を歩いてみるのもいいですね。でも、国会議事堂のまわりだけでも、1.5kmもありますから、じっさいに歩くのはたいへんです。そこで、鳥になったつもりで、空から永田町かいわいをながめてみましょう。すると、三権分立が、一目で見わたせるのです。

⬇**空からながめた永田町かいわい**　国会議事堂（上の略図の①）をかこむようにして、北に最高裁判所（②）、南西に首相官邸（③）がある。東南にひろがるのは、霞が関の官庁街（④）だ。2004年3月撮影。

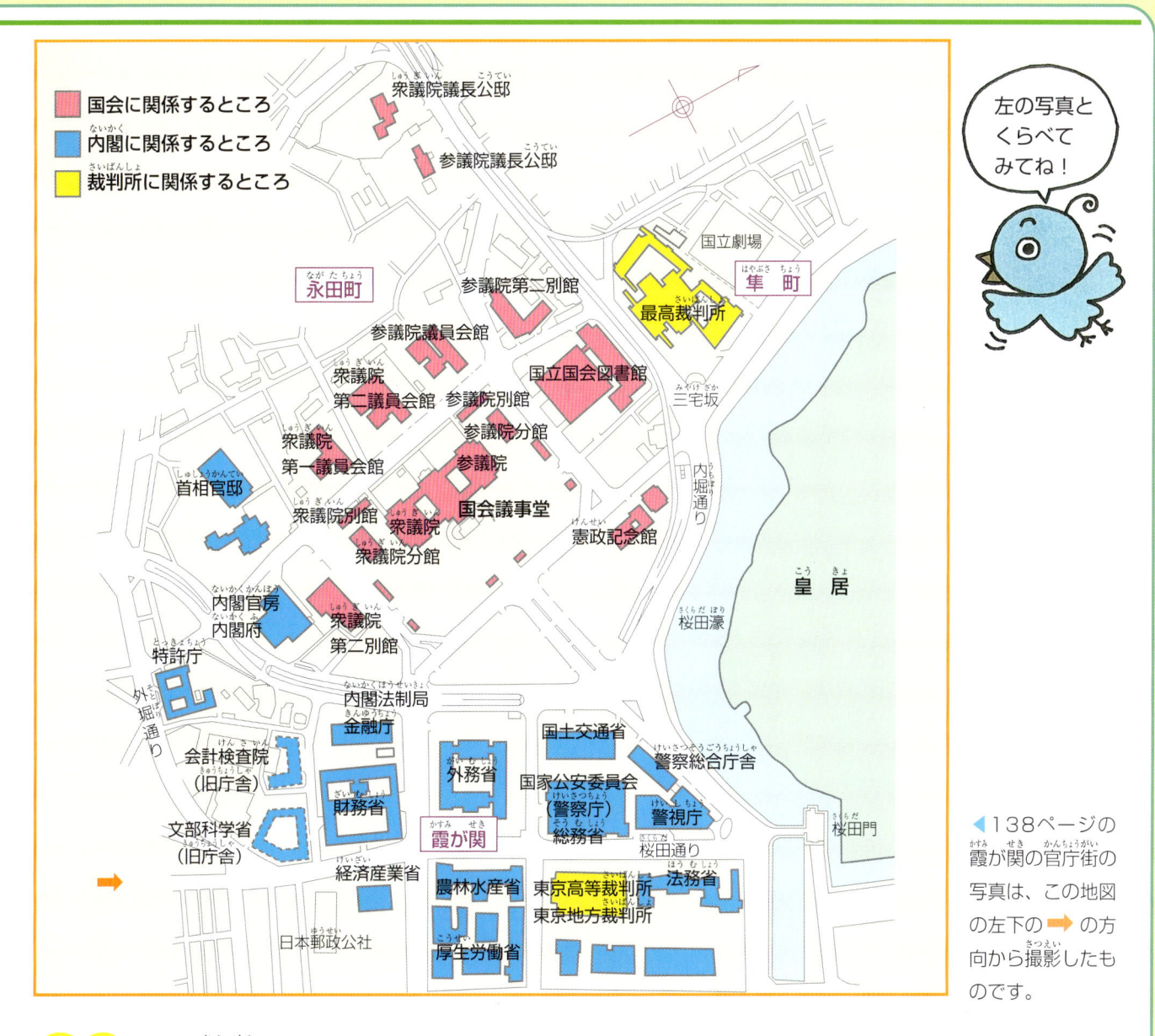

色で分ける三権分立

　永田町かいわいを空からながめてみたら、今度はこの一帯を、三権で色分けしてみましょう。国会に関係するところは立法権で、赤。内閣に関係するところは行政権で、青。裁判所に関係するところは司法権で、黄色というぐあいです。

　じつは、参議院のホームページ（アドレスは194ページ参照）に、小中学生むけの「参議院キッズページ」があります。ここに、「国会のまわりの地図を色分けしてみよう」として、国会とその周辺の白地図がのっているのです。みなさんも、挑戦して、できたかどうかを、上の地図でたしかめてください。

◀138ページの霞が関の官庁街の写真は、この地図の左下の➡の方向から撮影したものです。

国会って、なにをするところ？

【第41条】 国会は、国権の最高機関であつて、国の唯一の立法機関である。

国会と立法権

日本国憲法第4章は、国会について定めています。憲法は、代表民主制[1]（議会制民主主義）をとりいれており、わたしたち国民は、自分たちの代表者を選挙でえらび、かれらの行動をつうじて、国の政治に参加します。国会は、そのような国民の代表者である国会議員があつまって、国民のために、さまざまなものごとを民主的にきめる場所なのです。

憲法は、第41条で、国会は「国権の最高機関」であると定めています。「最高機関」といっても、国会が、他の国家権力にくらべて、より高い地位にあるという意味ではありません。国会は、三権のなかでも、もっとも国民に近いところにあり、国の政治の中心になるものだといっているのです。

憲法は、さらに、国会は「国の唯一の立法機関」であると定めています。国会は、法律をつくることのできる、ただ一つの場所だというのです。

明治憲法のもとでは、帝国議会の権限はかぎられており、天皇の立法権に協賛[2]できるだけでした。天皇は、法律を最後は自分できめることができたのです。しかも、天皇には、法律にかわる勅令や命令を定めることがみとめられていました。

日本国憲法は、明治憲法と異なり、立法にかんして、民主的な国会以外の機関がかかわることができないように定めたのです。

ことばmemo
1 **代表民主制** →25ページ参照。
2 **協賛** 帝国議会が、法律・予算などの成立に同意すること。
3 **勅令** 議会の協賛なしに、天皇の大権で制定・公布された命令。

←**国会の開会式** 国会の開会式は、国会議事堂の参議院本会議場でおこなわれる。衆議院と参議院の両議院の議員があつまり、天皇も出席して「おことば」をのべる。

◆ 法律が成立するまで

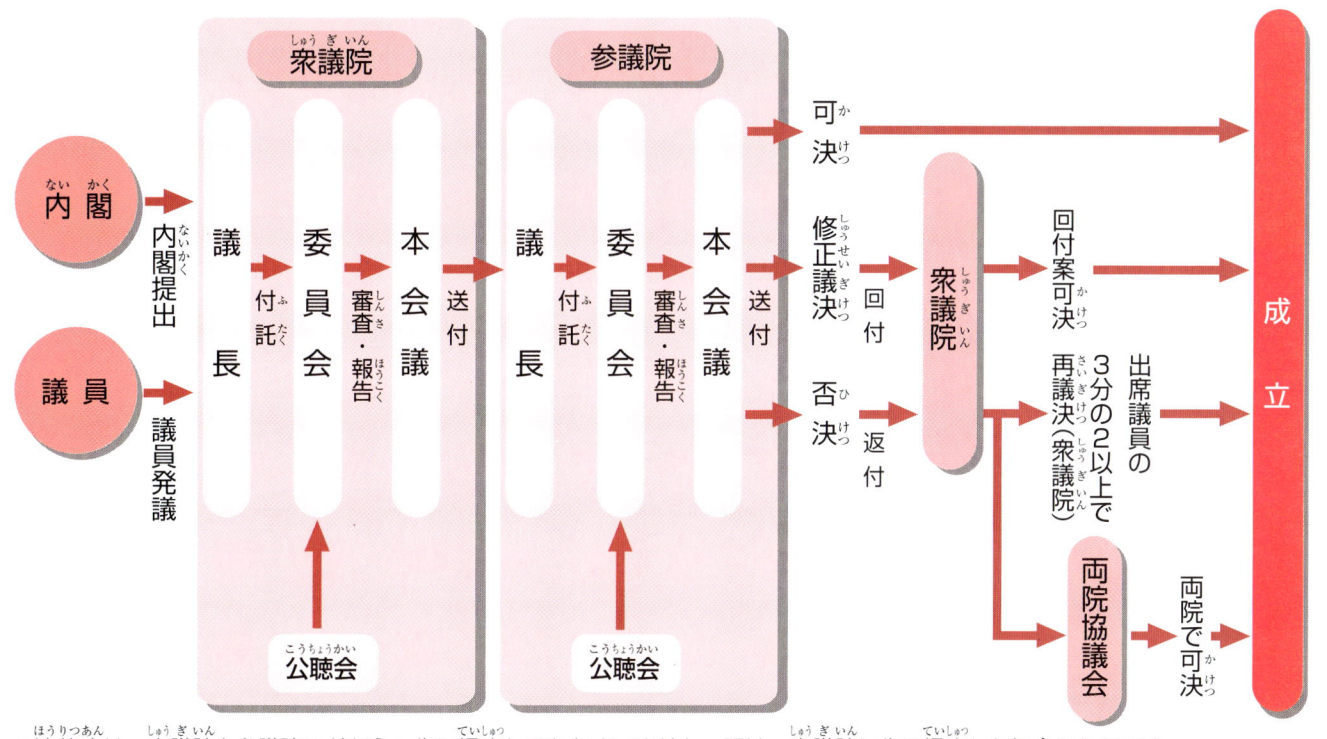

```
内閣 → 内閣提出 ┐
              ├→ 衆議院（議長→付託→委員会 審査・報告→本会議→送付）→ 参議院（議長→付託→委員会 審査・報告→本会議）
議員 → 議員発議 ┘                    ↑公聴会                                    ↑公聴会

参議院本会議の結果：
・可決 →（直接）成立
・修正議決 → 回付 → 衆議院 → 回付案可決 → 成立
                         → 出席議員の3分の2以上で再議決（衆議院）→ 成立
                         → 両院協議会 → 両院で可決 → 成立
・否決 → 返付 → 出席議員の3分の2以上で再議決（衆議院）→ 成立
            → 両院協議会 → 両院で可決 → 成立
```

Ⅵ 民主主義をまもる国のしくみ

＊法律案は、衆議院と参議院のどちらへ先に提出してもかまいません。図は、衆議院に先に提出した場合のものです。

国会の仕事

　法律の制定のほかにも、国会は、わたしたちの生活と切りはなすことのできない、さまざまな重要な仕事をおこなっています。

　まず、予算の審議です（第60条）。予算とは、国の仕事をするために必要な見つもりのことです。国民からあつめられた税金が、むだづかいされず、きちんと国の仕事のために使われるように、内閣からだされた予算案を話しあって、きめるのです。予算をじっさいに使うのは、内閣を中心とする行政機関です。国会に、予算を審議する権限をみとめたのには、国民の代表者をつうじて、行政権を民主的にコントロールするという意味もあります。

　つぎに、政治の責任者である内閣総理大臣（首相）の指名です（第67条）。

内閣総理大臣は、行政権をになう内閣を組織して、じっさいの政治をおこないます。国会に、内閣総理大臣の指名権をみとめたのにも、行政権を民主的にコントロールするという意味があります。

　その他の国会の仕事としては、内閣が外国とむすぶ条約の承認（第61条）や、憲法改正の発議（第96条）などがあります。さらに、立法活動を正しくおこなうために、さまざまな調査をする国政調査権（第62条）や、問題のある裁判官をやめさせる弾劾裁判権（第64条）などもみとめられています。

　国会は、三権のなかでも、もっとも民主的な機関として、つねに憲法と国民全体の利益のために活動しなければなりません。主権者である国民も、自分たちの生活にかかわることですから、しっかりと国会のはたらきをチェックしなければなりません。

ことばmemo

4　予算　→145ページ参照。

5　内閣総理大臣　→136ページ参照。

6　憲法改正の発議　→160ページ参照。

国会のしくみ

【第42条】 国会は、衆議院及び参議院の両議院でこれを構成する。

二院制

日本国憲法は、ヨーロッパやアメリカの民主主義の伝統をうけついで、国会を衆議院と参議院の二院とする二院制（両院制）をとっています。二院制をとる世界の議会は、ふつう、一般の国民からえらばれる下院（第一院）と、特別な人たちからえらばれる上院（第二院）とからなりたっています。

二院制をとることで、一院の行きすぎをふせぎ、話しあいやチェックの機会をふやし、きちんとした判断をすることができるようになります。また、2つの院の構成をかえることで、さまざまな考え方がとりいれやすくなります。権力分立についてお話ししたところで、抑制と均衡にふれましたが、その考え方を議会の内部にとりこんだものともいえます。

明治憲法でも、二院制を採用していました。帝国議会は、かぎられた臣民からえらぶ衆議院と、貴族からえらぶ貴族院とからなりたっていて、両院は対等でした。日本国憲法のもととなったＧＨＱ草案では、貴族院をなくする一院制が考えられていましたが、日本国憲法は、二院制を採用することにしました。

衆議院と参議院については、それぞれ異なった任期や選挙方法などが定められています。2つの議院は、それぞれのはたす役割をしっかり自覚して、独自性をもった活動をしなければなりません。参議院が衆議院のたんなるコピーとなってはならないのです。

衆議院の優越

衆議院議員の任期は4年ですが、任期のとちゅうでやめさせる解散の制度があります。ところが、参議院議員の任期は6年で、解散はありません。

こうしたちがいがあるのは、衆議院議員のほうが、任期が短く、新しい議員を選挙する機会が多いからです。そのぶん、参議院議員より国民と強くむすびついていて、そのときどきの国民の意思を反映しやすく、より民主的であるわけです。参議院には、長い任期でじっくりと仕事をしてもらい、衆議院の活動をチェックしてもらうことが期待されています。

より国民とのむすびつきが強い衆議

ことばmemo

1 抑制と均衡 →122ページ参照。
2 ＧＨＱ草案 →16ページ参照。
3 任期 ある役目をつとめる、きめられた期間。

◆ 衆議院と参議院

	衆議院	参議院
議員定数	480人	242人
任期	4年	6年（3年ごとに半数改選）
被選挙権	25歳以上	30歳以上
選挙区	小選挙区制…300人（全国を300区）／比例代表制…180人（全国を11区）	選挙区制…146人（都道府県で47区）／比例代表制…96人（全国を1区）

→**内閣不信任決議案の可決** 衆議院本会議場で内閣不信任の決議案が可決され、万歳をする議員たち。内閣にたいする信任・不信任の決議権は、衆議院にだけみとめられている。

院には、参議院にはない特別な権限がみとめられています。内閣不信任決議権[4]（第69条）は衆議院にだけあり、予算先議権[5]（第60条第1項）も衆議院にあります。また、法律・予算の議決（第59条・第60条第2項）、条約の承認（第61条）、内閣総理大臣の指名（第67条）について、衆議院と参議院の意見が対立したときには、最終的に衆議院の判断を国会の決定とすることになっています。これらのことを、「衆議院の優越」といいます。

衆議院の解散は、ほんとうはだれがおこなうのでしょう？ 日本国憲法は、はっきりと定めていませんが、一般には内閣にその権限があると考えられています。そして、内閣の「助言と承認」にもとづいて、政治にかんする権限をもたない天皇が、かたちのうえで衆議院の解散をおこないます。いっぽう、衆議院には、内閣不信任決議権があるので、衆議院と内閣は、それぞれおたがいに抑制と均衡をはかり、正しい国の政治の運営をめざしています。

> ことば*memo*
> 4 **内閣不信任決議権**
> →140ページ参照。
> 5 **予算先議権** 衆議院が参議院より先に予算を審議できる権限。
> 6 **解散** →141ページ参照。

衆議院の解散

衆議院にだけある解散[6]の制度は、衆議院の意見と内閣の意見が対立したときに、衆議院議員の4年の任期が終わる前に、衆議院議員全員をやめさせるものです。解散後は、新しい衆議院議員が選挙されますが、選挙によって、衆議院の意見と内閣の意見のどちらを支持するのかを、主権者である国民にとうという意味があります。

衆議院の優越！

国民がえらぶ国会議員

【第43条】 ①両議院は、全国民を代表する選挙された議員でこれを組織する。

国会議員の選挙

国会を組織しているのは、国民によって選挙された「全国民を代表する」国会議員です。「全国民を代表する」とは、一部の人や団体の利益のためだけでなく、国民全体の利益のためにはたらくことが期待されており、国民の意思、つまり民意をあらわしているということです。

↓**国政選挙の開票風景**
民主主義の中心となる選挙は、公正におこなわれなければならない。投票のあとの開票作業も、選挙管理委員会の管理のもとで、厳正におこなわれる。

国王による支配が、市民革命により終わったあとも、しばらくは、金持ちの男性だけに選挙権がみとめられていました。日本では、1925（大正14）年に25歳以上のすべての男性に選挙権がみとめられました。そして、1945（昭和20）年になって、はじめて男女をとわず、満20歳以上*のすべての国民に選挙権がみとめられるようになり、普通選挙が確立されました。

日本国憲法のもとでは、この普通選挙にくわえて、一人一票の平等選挙、だれがだれに投票したかを秘密にする秘密選挙、議員を直接選挙する直接選挙といった原則がとられています（第15条・第44条）。こうした原則により、すべての国民の代表としてふさわしい国会議員を、国民自身が自由にえらぶことができるのです。選挙は、民主主義の中心となるものであり、主権者である国民のとうとい権利ですから、積極的に選挙に参加することが大事です。

*2016年6月、選挙権を満18歳に引き下げる公職選挙法の改正法が施行されました。

選挙のしくみ

選挙は、全国をいくつかの選挙区に分けたうえでおこなわれます（第43条第2項・第47条）。憲法をうけて、くわしいことは公職選挙法などに定められています。

1つの選挙区で1人の議員をえらぶ制度を、小選挙区制といい、1つの選挙区で2人以上の議員をえらぶ制度を、大選挙区制といいます。衆議院では、大選挙区制の一種である中選挙区制がおこなわれてきましたが、1994（平成6）年に、小選挙区制に比例代表制をくわえた小選挙区比例代表並立制がとりいれられました。比例代表制とは、有権者が支持する政党に投票し、政党ごとの得票率におうじて議席を配分する制度です。参議院では、都道府県を選挙区とする（つまり47区）*選挙区選出議員選挙と、全国を1つの選挙区とする（つまり1区）比例代表選出議員選挙でおこなわれています。

衆議院議員の定数は480人で、そのうち300人は小選挙区、180人は比例代表区でえらばれます。また、参議院議員の定数は242人で、そのうち96人は比例代表、146人は選挙区でえらばれます。

国会議員の特権

国会議員は、国民のための重要な仕事をおこなうため、不逮捕特権や免責特権などの特権がみとめられています。これらは、地方議会議員にはみとめられていないものです。

不逮捕特権（第50条）とは、国会議員は、国会の会期中は、原則として逮捕されないというものです。また、免責特権（第51条）とは、国会議員は、議院でおこなった発言・表決については、原則として、議院の外で責任をとわれることはないというものです。国会議員は、すべての国民の代表として、国会の仕事をきちんとこなさなければなりません。そこで、国会での仕事中は、なににもじゃまをされないように、このような特権がみとめられているのです。

これほどの特権をもつ国会議員ですから、しっかりとまじめに自分の仕事をしなければなりません。むかしから、「ノブレス・オブリージュ」といって、特別の地位にある人は、道徳上の特別の義務を負うとされています。

ことばmemo

1 **公職選挙法** 衆議院議員・参議院議員、地方公共団体の長と議会の議員の選挙について定めた法律。1950年に公布された。

2 **定数** きめられている数。

3 **表決** 議員などが、ある議案について、賛成か反対かをあきらかにすること。

4 **ノブレス・オブリージュ** フランス語で、高い身分にともなう道徳上の義務のこと。もともとは、むかしの貴族階級についていわれた心がまえをしめしている。

キーワード [一票の重みと格差]

平等選挙により、だれもが一人一票をもつことができるようになりました。ところが、その一票の重みが、はげしい人口移動などのせいで、ときには選挙区ごとで、異なる場合がでてきます。これでは、ほんとうの意味での選挙の平等とはいえないとして、多くの憲法訴訟が提起されています。最高裁判所も、1976（昭和51）年と1985年に、衆議院議員総選挙について違憲と判断しました。

*2015年、一部の県の選挙区が1つにまとめられ、45区に改正されました。

国会の運営

【第56条】 ②両議院の議事は、この憲法に特別の定のある場合を除いては、出席議員の過半数でこれを決し、可否同数のときは、議長の決するところによる。

国会の活動

国会には、常会、臨時会、特別会があります。

常会は、毎年1回召集されるもので（日本国憲法第52条）、通常国会ともいいます。常会の召集は、毎年1月中におこなわれ、会期は150日と定められています。臨時会（臨時国会）は、内閣が必要とみとめたとき、またはどちらかの議院のきめられた数の議員の要求があったときに召集されます（第53条）。特別会（特別国会）は、衆議院が解散されて、総選挙がおこなわれたあとに召集されるものです（第54条）。

衆議院議員の任期満了にともなう総選挙ののちに召集されるのは、特別会ではなく、臨時会です。召集は、内閣の助言と承認にもとづいて、天皇が形式的におこないます。

参議院には、ほかに緊急集会があります。衆議院が解散されて、総選挙がおこなわれ、特別会が召集されるまでのあいだに緊急事態が生じたときに、内閣だけがもとめることができるものです。緊急集会でとられた措置は、そのときかぎりのもので、つぎの国会開会ののち10日以内に、衆議院の同意がない場合には効力をうしないます。

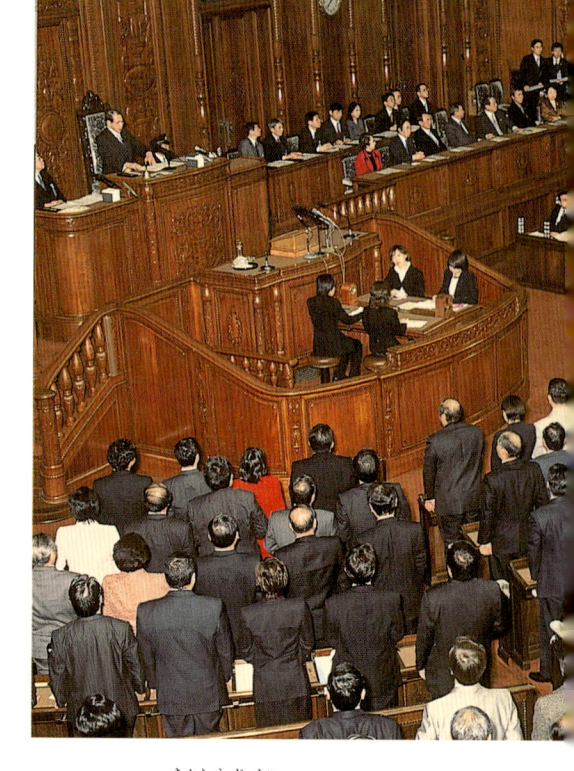

議事の手続き

国会は、議会制民主主義の場であり、国民全体の利益にかかわる重大なことがらをきめるところですから、正しい話しあいや決定のしかたで運営されなければなりません。その正しさが目に見えるようにするだけでなく、主権者である国民に政治を知ってもらうために、両議院の会議は、原則として公開

ことばmemo

1 **召集** 議会をひらくために、国会議員にたいして、きめられた日に議会にあつまるように命令すること。
2 **会期** 国会や地方公共団体の議会が活動できる期間。
3 **解散** →129、141ページ参照。

◆**衆議院本会議場での起立による採決** 国会における採決は、原則として出席した議員の単純多数決でおこなわれる。

とすることとされています（第57条）。

会議をおこなうのに必要な定足数は、それぞれの議院の総議員の3分の1以上で（第56条第1項）、賛成か反対かの議決は、多数決により民主的にきめられます。多数決には、過半数の賛成できめる単純多数決と、賛成の票数に特別な条件を定める特別多数決の2つがあります。憲法では、原則として、議決は出席議員の単純多数決でおこない、賛成と反対がおなじ数の場合には、議長が最終的な決定をすることになっています（第56条第2項）。特別多数決の例としては、憲法改正の発議[5]などがあり、この場合は、それぞれの議院の総議員の3分の2以上の賛成が必要です（第96条第1項）。

多数決主義

多数決は、なぜよいのでしょうか？一人よりも、何人かで考えたほうが、よい考えがうかびやすいということもあるでしょう。みんなにかかわるものごとの決定は、一人にまかせるのではなくて、みんなで考えたほうが納得しやすいということもあるでしょう。とくに、反対意見をのべることができるという点は重要です。今日の多数派が、明日には少数派になるかもしれません。個人の尊厳を重んじる近代の立憲主義の考え方に立てば、どんな人のどんな意見も、原則として尊重される必要があるのです。

それでも、多数派のきめたことが、つねに正しいとはかぎりません。とくに多数派のつごうで少数派を差別したり、抑圧したりするような決定は、個人の尊厳を侵すものです。そのようなまちがった決定をしないように、多数決によって民主的にきめられた国家の活動であっても、憲法に反するものを無効とするしくみとして、裁判所に違憲審査権[6]がみとめられています。

Ⅵ 民主主義をまもる国のしくみ

ことばmemo

[4] **定足数** 議会などでものごとをきめるときに必要な最小限の出席者の数。

[5] **憲法改正の発議** →160ページ参照。

[6] **違憲審査権** →150ページ参照。

キーワード [委員会制度]

国会では、世の中のさまざまなことがらを、たくさんあつかいます。そこで、議院の本会議よりも、問題ごとにもうけられる専門的な委員会で、話しあうことが多くなります。憲法そのものには定められていませんが、国会法により、いろいろな常任委員会と特別委員会がもうけられています。委員会での議論をへて、大部分は本会議にかけられますが、委員会は、ふつう完全公開ではないうえに、委員会のあとの本会議の議論が形式的になりがちで、議会制民主主義との関係で問題があるともいわれます。

憲法たんけん隊
体験してみよう！ 国会で法案審議

参議院では、議長、委員長、委員、大臣などの役割を演じながら、法案ができるまでの過程を学べる「参議院特別体験プログラム」を実施しています。さっそく、参議院にでかけて、法案審議の過程を体験してみましょう。

さあ、模擬会場へ

ここは、国会議事堂のそばの参議院別館5階にある模擬会場。客席（子ども議員席）と委員会スペース、ステージ（本会議場の演壇）の3つに区分されていて、おなじ会場で模擬委員会と模擬本会議が体験できます。

参加者が、子ども議員席にすわると、インストラクターが、体験プログラムの説明をします。
「まず、国会の役割や法律ができるまでをビデオで学び、つぎに委員会での法案審査と本会議場での採決を体験します。では、その前に、議長、委員長などをえらんでおきましょう。議長になりたい人！」

インストラクターのよびかけに、「はーい」「はーい！」と、数人の手があがりました。
「議長は1人ですから、ジャンケンできめましょう。はい、ジャンケン、ポン！」

こんなぐあいに、議長、委員長、委員、大臣などをきめていきます。

委員会で法案審査

この日、委員会で審査するのは「身体障害者補助犬法案」です。出席するのは、委員長、与党と野党の委員たち、厚生労働大臣。

インストラクターのリードで、出席者が席につくと、委員長が開会を宣言します。
「ただいまから厚生労働委員会を開会し、特別体験をはじめます。身体障害者補助犬法案を議題とします。まず、提案者から趣旨説明を聞きます。」

出席者のことばは、用意された台本に書いてあります。ふりがなもついているので、それを、大きな声で読みあげればいいのです。提案者にえらばれた人が、法律案の趣旨説明をおこないます。
「障害をもつ人のなかには、犬にたすけてもらえば、自立して生活できる方がたくさんいます。そうした方がくらしやすい社会にするため、障害者をたすける犬について法律で定める必要があると考えて、この法律案を提出しました。」

このあと、提案者からくわしい内容の説明があり、委員たちと提案者の質疑応答がおこなわれま

> ぼくは議長
> わたしは委員長よ

「参議院特別体験プログラム」について

■対象団体
小学校5年生から中学校3年生までに相当する年齢層の子どもの団体（10人以上）。

■実施方法
平日の午前10時、午後1時、午後3時の3回。所要時間は、国会議事堂参観もふくめて約1時間45分。

■問い合わせ先
参議院テレホンサービス ☎03-3581-3100（利用時間 平日の9：30～17：00）

す。ひととおり質疑応答が終わったところで、委員長が質疑終了をつげ、この法律案についての賛否をといます。
「本案に賛成の方は、手をあげてください。」
委員全員の手があがりました。
「全会一致とみとめます。よって、この法律案は全会一致をもって、原案どおり可決すべきものと決定しました。」
委員長はそうつげて、審査報告書作成の一任をとりつけたうえで、散会を宣言します。

↑本会議での採決は、おしボタンで

↑委員会での採決は、手をあげて

本会議での採決

「これで、委員会審査を終わります。委員会での審査を終えた法案は、本会議にかけられます。」
本会議の開始をつげる本鈴がなり、議長がインストラクターにみちびかれて、議長席につきます。議長が、ギャベルとよぶ木づちをトントンとたたき、開会を宣言します。
本会議では、委員長が、子ども議員に、委員会での審査の経過と結果を報告し、つぎに採決をします。採決に参加するのは、子ども議員全員です。
「これから採決をいたします。本案の賛否について、投票ボタンをおしてください。」
議長のことばで、子ども議員がボタンをおします。すると、投票総数、賛成者数、反対者数が会場にもうけられた表示盤にしめされます。
「投票総数196、賛成142、反対54。よって本案は可決されました。本日はこれで散会いたします。」

投票総数　196
賛成　142
反対　54

可決されました

議長の本会議散会のことばで、体験プログラムが終わります。そのあと、国会議事堂に移動して、本会議場などを見学しました。なんだか国会議員になったような一日でした。

「特別体験プログラム」の模擬法案

模擬法案は、現在、全部で7つ用意されています。すべてじっさいに国会で審議された法案を、小中学生用にアレンジしたもので、★の数が多いほど、内容がむずかしくなります。
1　身体障害者補助犬法案★
2　子どもの読書活動の推進に関する法律案★
3　未成年者禁煙・禁酒法の一部を改正する法律案★★
4　特定電子メールの送信の適正化等に関する法案★★
5　使用済自動車の再資源化等に関する法律案★★
6　裁判員の参加する刑事裁判に関する法律案★★★
7　景観法案・景観法の関係法律整備法案★★★

内閣って、なにをするところ？

【第65条】　行政権は、内閣に属する。

行政権と内閣

　日本国憲法第5章は、内閣について定め、第65条で、行政権は内閣に属するとのべています。行政とは、国会がきめた法律や予算にもとづいて、じっさいに国の政治をおこなうことです。教育も、警察も、外交も、社会福祉も、道路などの建設も、税金の徴収も、すべて内閣を頂点とする官公庁[1]、つまり役所がおこなう仕事は、行政です。

　行政の範囲は、あまりにもひろいので、行政権がなんであるかを、きちんと説明するのは、むずかしいと考えられています。一般に行政権とは、あらゆる国家のはたらきから、立法権と司法権とを差しひいたのこりだ、とする説がとなえられています。

　歴史のうえでは、絶対君主のもっていた権力から、立法権と司法権が分かれて、独立したのち、のこされたものが、いまの行政権へとつながってきた

のです。そのため、じっさいに国民にたいして政治をおこなう行政権に、行きすぎがないように、法の支配と民主的なコントロールが重要となります。

　行政の活動を正しく、透明なものにするために、1993（平成5）年に行政手続法が成立しました。また、国民主権の理念にもとづいて、行政機関のもつ情報を公開するために、1999年に情報公開法[2]が成立し、行政機関がもつ国民のプライバシー情報を保護するために、2003年に個人情報保護法[3]が成立しました。国民にむけて、ひらかれた行政がもとめられているのです。裁判所の違憲審査制[4]は、行政活動についてもおこなわれます。

行政権の頂点としての内閣

　内閣は、内閣総理大臣と、その他の国務大臣で組織されます（第66条第1項）。

　内閣総理大臣は、内閣の首長であり、首相ともよばれます。国会議員のなかから、国会の議決で指名され（第67条1項）、天皇によって任命[5]されます（第6条第1項）。議院内閣制のもとでは、国会の多数派のリーダーが、内閣総理大臣に指名されるのがふつうです。

　明治憲法のもとでは、内閣総理大臣は、他の国務大臣とおなじ地位しかなく、天皇の輔弼[6]にとどまっていました。日本国憲法になって、国務大臣の任命権と罷免権[7]をもつようになり（第68条）、

ことばmemo

1. **官公庁**　国や地方公共団体の行政の仕事をおこなうところ。役所。
2. **情報公開法**　→73ページ参照。
3. **個人情報保護法**　→63ページ参照。
4. **違憲審査制**　→150ページ参照。
5. **任命**　ある職や役目につくように命じること。
6. **輔弼**　そばにいて、その人の仕事をたすけること。また、それをする役目。
7. **罷免権**　ある職や役目をやめさせる権限。

⬅ **閣議のようす** 閣議は、首相官邸の閣議室でおこなわれる。ふつうは公開されないが、2002年、首相官邸が新しくなったときに、初の閣議が公開された。

内閣を代表して議案を国会に提出したり、行政や外交関係について国会に報告したりできるようになりました。また、それぞれの行政機関を指揮監督することもできるようになりました（第72条）。明治憲法にくらべると、はるかにリーダーシップを発揮できるようになったのです。

国務大臣は、閣僚ともよばれ、外務大臣や文部科学大臣というように、それぞれの省庁[8]の長官をかねるのがふつうです。

なお、内閣総理大臣と国務大臣は、文民でなければなりません（第66条第2項）。文民とは、軍人でない人のことです。政治の責任者を文民にすることで、軍の暴走をふせごうというのです。このような考え方を、文民統制（シビリアン・コントロール）といいます。また、国務大臣の過半数は、国会議員でなければならないとされています（第68条第1項）。

ことばmemo

8 **省庁** 国のおもな役所をまとめてよぶときのいい方。庁は、内閣府やそれぞれの省の外局としてもうけられる。

キーワード [閣議]

内閣が、どのようにものごとを決定するかについては、憲法に、とくに定めはありません。内閣法では、内閣は閣議をひらいて、ものごとを決定すると定めており、慣行では、全員一致で決定しています。閣議には、定例閣議や臨時閣議があり、すべての閣僚があつまって、話しあいます。また、持ちまわり閣議といって、書類をそれぞれの閣僚にまわして、意見や署名をもとめるものもあります。

文民でなければならない

内閣と行政のしくみ

【第73条】　内閣は、他の一般行政事務の外、左の事務を行ふ。
　　　　　１　法律を誠実に執行し、国務を総理すること。（以下、省略）

内閣の仕事

　内閣は、どのような仕事をおこなうのでしょうか。日本国憲法第73条は、内閣のおもな仕事として、一般の行政事務のほかに、右の表のようなものをあげています。

　なかでも重要なのは、「法律の執行」と「国務の総理¹」です。内閣は、国会できめられた法律を実行にうつし、国の行政全体をしっかりと見まもっていかなければなりません。

　内閣の仕事には、このほかに、天皇の国事行為²にたいする助言と承認（第７条）、最高裁判所長官の指名（第６条第２項）、その他の裁判官の任命（第79条第１項・第80条第１項）などがあります。

　内閣は、行政権の行使について、国会にたいし連帯責任を負います（第66条第３項）。これは、強大な行政権を、民主的にコントロールするためです。

◆ 内閣の仕事

1. 法律の執行・国務の総理
2. 外交関係の処理
3. 外国との条約の締結
4. 官吏にかんする事務
5. 予算の作成
6. 政令の制定
7. 大赦・特赦などの恩赦の決定

ことばmemo

1. **総理**　すべての事務をとりまとめて、管理すること。
2. **天皇の国事行為**　→38ページ参照。

霞が関の官庁街　東京都千代田区の霞が関には、国の行政機関があつまっている。ひろい桜田通り（写真中央）をはさんで、外務省、財務省、文部科学省（旧庁舎）、農林水産省、産業経済省などの省庁がならぶ。官庁街のむこう（写真左上）に、緑にかこまれた皇居が見える。1999年4月撮影。

内閣府＋12省庁

行政の仕事はとても多いので、内閣だけではこなしきれません。そこで、憲法をうけて、国家行政組織法などの法律によって、内閣を頂点として、多くの行政機関がもうけられ、いろいろな仕事をしています。

これまで行政は、「総理府＋22省庁」でおこなわれてきました。ところが、国の赤字がふえるにつれて、むだをなくそうといううごきがあらわれ、行政改革がさかんにとなえられるようになりました。そこで中央省庁の再編がおこなわれ、2001（平成13）年1月から、「内閣府＋12省庁」となりました。文部科学省なら教育関係、厚生労働省なら医療・保健関係というふうに、専門の省庁が、効率よく仕事ができるように分けられ、国民にさまざまなサービスを提供しています。

> **ことばmemo**
> 3 国家行政組織法 内閣のもとで活動する国の行政組織について定めた法律。1948年に制定された。

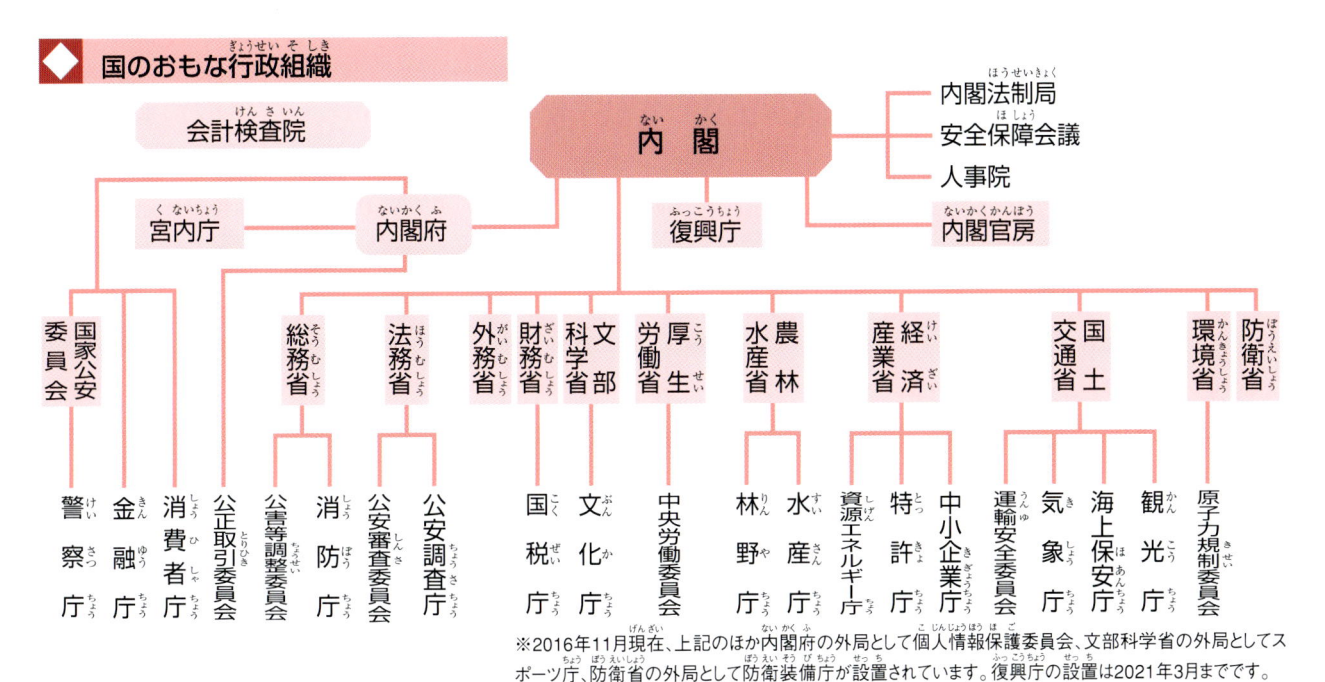

国のおもな行政組織

（図：内閣を頂点とした行政組織図）

- 会計検査院
- 内閣
  - 内閣法制局
  - 安全保障会議
  - 人事院
- 宮内庁
- 内閣府
- 復興庁
- 内閣官房

省庁：
- 国家公安委員会（警察庁）
- 金融庁
- 消費者庁
- 総務省（公正取引委員会、公害等調整委員会、消防庁）
- 法務省（公安審査委員会、公安調査庁）
- 外務省
- 財務省（国税庁）
- 文部科学省（文化庁）
- 厚生労働省（中央労働委員会）
- 農林水産省（林野庁、水産庁）
- 経済産業省（資源エネルギー庁、特許庁、中小企業庁）
- 国土交通省（運輸安全委員会、気象庁、海上保安庁、観光庁）
- 環境省
- 防衛省（原子力規制委員会）

※2016年11月現在、上記のほか内閣府の外局として個人情報保護委員会、文部科学省の外局としてスポーツ庁、防衛省の外局として防衛装備庁が設置されています。復興庁の設置は2021年3月までです。

キーワード [公務員]

ふつう「役所」といわれる官公庁につとめ、税金から給料をもらう人を、公務員といいます。公務員には、国家公務員と地方公務員があります。

国家公務員は、国会、内閣（内閣府と12省庁をふくみます）、裁判所などの国家の機関ではたらく人です。内閣総理大臣や国務大臣、国会議員、裁判官などの特別職と、それ以外の一般職に分かれます。地方公務員は、市役所や町の役場などの地方公共団体の機関ではたらく人で、地方議会議員その他の特別職と、それ以外の一般職に分かれます。

公務員は、国民にたいして権力をもつ地位にあります。そこで憲法は、公務員は全体の奉仕者であって、一部の奉仕者ではないとし（第15条第2項）、公務員が憲法にあった活動をおこなうように、憲法を尊重し、擁護する義務を定めています（第99条）。

全体の奉仕者で〜す

内閣と国会

【第66条】③内閣は、行政権の行使について、国会に対し連帯して責任を負ふ。
【第69条】内閣は、衆議院で不信任の決議案を可決し、又は信任の決議案を否決したときは、10日以内に衆議院が解散されない限り、総辞職をしなければならない。

議院内閣制

議院内閣制は、議会制の母国であるイギリスで生まれたものです。行政権をになう内閣は、議会の信任¹がなければ、成立することができません。議会と内閣との強いむすびつきが、重要と考えられているのです。

日本国憲法は、内閣に、国会にたいして、政治的な連帯責任を負わせています（第66条第3項）。また、国会に、内閣総理大臣を指名させ（第67条第1項）、国務大臣の過半数を国会議員とすることとしています（第68条第1項）。さらに、内閣不信任の決議をおこなう権限を、衆議院にみとめ、つぎにのべる衆議院を解散する権限を、内閣にみとめています（第69条）。内閣と衆議院が、おたがいに解散権と内閣不信任決議権を武器にして、少しでも、国民の意思に近い政策をうちだすことができるようにしているのです。

このように、国会と内閣を強くむすびつけることで、国民は、国会の多数派をつうじて、内閣の信任・不信任を政治的にとうことができます。議院内閣制をとりいれることによって、国民（有権者）－国会－内閣（政府）という、民主的コントロールを強化しているのです。

ことばmemo
1 **信任** 相手のことを信じて、仕事や役目をまかせること。

↑**内閣総理大臣の指名投票** 議院内閣制のもとで、国会は、内閣総理大臣を指名する。内閣総理大臣の指名投票は、記名投票でおこなわれる。

民主的コントロール

衆議院の解散

　議院内閣制との関係で問題になるのは、衆議院の解散です。衆議院の解散とは、衆議院議員の任期が終わる前に、すべての衆議院議員をやめさせる制度です。しかし、だれが、いつ、衆議院を解散することができるのかについて、日本国憲法は、くわしく定めていません。憲法は、衆議院の解散を、天皇の国事行為としていますが（第7条）、もちろん天皇は、国の政治にかんする権限をもっていません。天皇の国事行為は、内閣の助言と承認にもとづいておこなわれますから、じっさいに解散をきめる権限は、内閣（内閣総理大臣ではありません）にあると考えられています。

　また、憲法第69条だけをみると、内閣が衆議院を解散できるのは、衆議院で内閣の信任が拒否されたときだけのようにも読めます。しかし、第7条から、内閣の助言と承認があれば、いつでも解散できると解釈できるので、じっさい、ほとんどの衆議院の解散は、自由におこなわれています。

　といっても、衆議院の解散は、内閣が自分勝手におこなうものであってはなりません。議会制民主主義の考え方にもとづいて、内閣と衆議院とのあいだに意見の対立があった場合に、主権者である国民に最終的な審判をくだしてもらうための制度として運用されなければならないのです。

ことばmemo

2　**衆議院の解散** → 129ページ参照。

3　**任期**　ある役目をつとめる、きめられた期間。

4　**天皇の国事行為** → 38ページ参照。

Ⅵ　民主主義をまもる国のしくみ

◆ 議院内閣制のもとでの国会と内閣

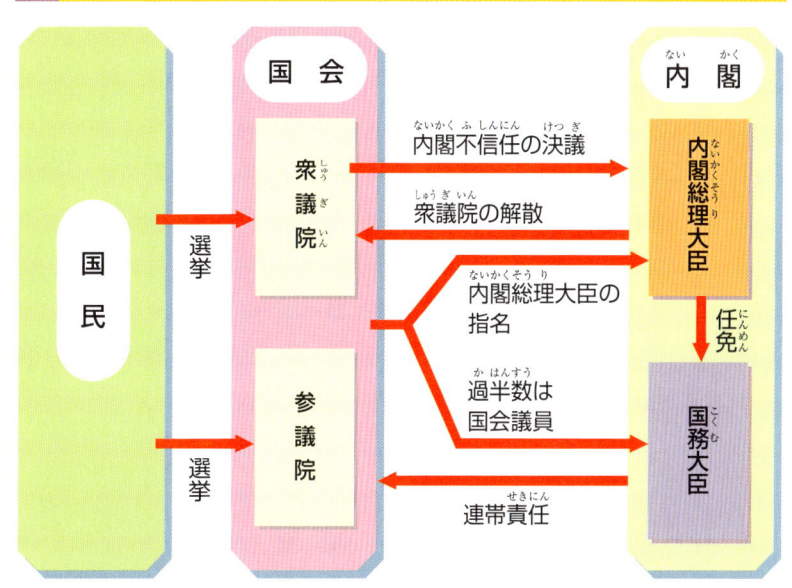

国民 →（選挙）→ 衆議院
国民 →（選挙）→ 参議院

衆議院 →内閣不信任の決議→ 内閣総理大臣
内閣総理大臣 →衆議院の解散→ 衆議院

衆議院・参議院 →内閣総理大臣の指名→ 内閣総理大臣

内閣総理大臣 →任免→ 国務大臣（過半数は国会議員）

国務大臣 →連帯責任→ 国会

キーワード [大統領制]

　アメリカ合衆国などでは、議院内閣制ではなく、大統領制がとられています。大統領制のもとでは、大統領が行政権をもっています。大統領は、議会の議員とは別に、有権者によって選挙されます。大統領（政府）と議会とのあいだには、ふつう、むすびつきはありません。大統領は、議会に責任を負わず、法案を拒否する権限をもっています。そのかわりに、議会を解散することも、法案を提出することもできないのです。こうして、よりきびしい三権分立の制度が採用されています。

　世界には、フランスのように、議院内閣制と大統領制をあわせもち、首相と大統領の両方がいる国もあります。

しらべてみよう！ 政党と政治

政党の役割

政党は、今日の議会政治で、とても重要な役割をもっている集団です。おなじ政策や目標をかかげて、政治を実現していこうとする人たちの集まりであるといえます。

選挙によって国会議員になろうとする候補者の多くは、きまった政党に所属しています。政党に所属しないで選挙にでることもできますが、選挙にはお金もかかるし、宣伝もたいへんです。一人で選挙活動をするよりも、自分とよく似た考えの政党にはいって、選挙戦にのぞむほうが、いろいろと有利でもあります。また、じっさい、国会議員になってからも、おなじ考えをもつ人たちがあつまれば、多数派をつくりやすくなります。

主権者である、わたしたち国民にとっても、政党は、自分たちの政治的な考えを実現してもらうための手段として重要です。政党は、国民と国会とをむすびつけて、国民の意思を政治に反映させていくための道具なのです。

とくに、有権者が政党に投票する比例代表制[1]が選挙にとりいれられてからは、政党の重要性はいっそう高まりました。じっさいの問題として、政党ぬきに現代の政治は、運営できないといっても

いいでしょう。八幡製鉄事件[2]にかんする最高裁判所の判決（1970年）も、「憲法は、政党の存在を当然に予定している」とのべています。

憲法と政党

このように、政党は、現代の政治にとって重要なものですが、もともと私的な集まりにすぎず、憲法のうえの国家機関ではありません。そのため、日本国憲法には、政党そのものについての規定はありません。とはいえ、憲法は、第21条第1項で結社の自由[3]を定めているので、政党も、その結社の一つとして、憲法の保障をうけるものと考えられています。憲法をうけて、いくつかの法律には、政党について定められています。

1994（平成6）年には、政党助成法が制定されました。政党は、税金から、たくさんのお金を手にすることができるようになったわけですが、政党にたいする規制をどのようにするかが、問題になっています。また、政党に所属する国会議員は、政党の考えにしばられ、それに反する行動をとることができないのが、ふつうです。これを「党議拘束」といいますが、個人としての国会議員の意思の自由と、どのように調和させていくかも、重要な問題です。

⬆ **党首討論（クエスチョン・タイム）** 与党と野党の代表が直接むかいあい、政策などについて意見をたたかわせる。イギリスではじまり、日本では1999年にはじめておこなわれた。

政党と議院内閣制

　議院内閣制のもとでは、国会の多数派のリーダーが、内閣総理大臣に指名されるのがふつうです。国会で多数派を形成し、内閣を組織する政党を、与党とよび、それ以外を野党とよびます。

　一つの政党が、多数派を形成できない場合には、複数の政党といっしょに、内閣を組織することになります。これを、「連立政権」といいます。1955（昭和30）年以来、自由民主党（自民党）が、長いあいだ、単独で政権をになってきましたが、1993年の総選挙でやぶれ、自民党以外の政党による連立政権が誕生しました。

　多数派と少数派との関係は、政治をどのように実現していくかということにとっても、重要です。これまでの議院内閣制では、「内閣（政府）」と「国会」という関係が、ふつうでしたが、近ごろでは、「政府＋国会の与党」と「国会の野党」という関係にかわってきています。

ことばmemo

1　**比例代表制** →131ページ参照。
2　**八幡製鉄事件** 八幡製鉄（いまの新日本製鉄）の経営者が、自由民主党に政治献金をしたところ、その会社の株主が、会社の利益に反する行為であるとして、損害賠償をもとめた事件。
3　**結社の自由** →70ページ参照。
4　**議院内閣制** →140ページ参照。

国の財政って、なに？

【第83条】 国の財政を処理する権限は、国会の議決に基いて、これを行使しなければならない。

財政と租税

日本国憲法第7章は、国の財政について定めています。国の財政とは、国が活動していくために必要なお金を手にいれて、管理し、使うことです。そのお金は、おもに国民からの税金でまかなわれます。しかし、国（とくに政府）が、好き勝手に税金をかけたり、税率をあげたりしたら、国民はたいへんこまります。

歴史をみれば、人々は、国王の勝手な課税に対抗するかたちで戦ってきました。多くの市民革命[1]も、そのはじまりには税金の問題がありました。とくに、1776年のアメリカ独立革命での、「代表なければ課税なし」というスローガンは有名です。国民は、自分たちの国を運営するためにかけられる税金は、自分たちを代表する民主的な議会によってコントロールされるべきだと考えるようになったのです。日本国憲法も、財政については、国会が中心になることを定めています（第83条）。

近代の立憲主義の考え方は、国の権力の行きすぎをふせぐことにあります。ですから、あたりまえのことですが、国にかかわるお金の問題についても、憲法でルールを定めているのです。

財政民主主義と租税法律主義

日本国憲法は、民主的な国会が、財政を強くコントロールすることをみとめています。これを、財政民主主義といいます。

税金をかけることは、国民にじかに負担を負わせるものですから、かならず国民の同意がなければなりません。その意味で、税金にかんすることがらは、財務省などの行政機関ではなくて、すべて国会の制定する法律によって定められる必要があります（第84条）。これを、租税法律主義といいます。

そのほか、国の財政についてのルールは、憲法第89条などに定められています。たとえば第89条は、宗教団体や公のものでない事業のために、公金[2]を使用してはならないと定めています。第20条第3項は、個人の信教の自由[3]をまもるために、政教分離をみとめています。宗教団体などに公金を支出することを禁止しているのは、この政教分離を、財政の面からも定めたものと考えられています。

ことばmemo

1 市民革命 →12ページ参照。

2 公金 国や地方公共団体が、活動するためにもっているお金。

3 信教の自由 →66ページ参照。

予算と決算

政府（内閣）は、財政を運営するときには、予算を立てて、国会の承認をえなければなりません（第86条）。予算は、収入（歳入）と支出（歳出）についての、1年間（4月1日から翌年の3月31日まで）の計画です。

1年後、じっさいにおこなわれた収入と支出の合計について、会計検査院が検査をします。会計検査院は、憲法にもとづいてもうけられている行政機関で、内閣にたいして独立した地位をもっています。

内閣は、つぎの年度、国会に、会計検査院の検査報告とともに、決算を提出しなければなりません（第90条）。決算は、1年間の収入と支出をまとめて計算したものです。

これらも、国会が、財政について、民主的なコントロールをおこなっていることのあらわれです。

財政は民主的に

税金は法律で

キーワード　[国債]

国は、国の歳入が、国民からあつめる税金だけでは足りないときには、国債を発行して、国民に借金をします。国債は借金ですから、きまりの期日がきたら、国債を買った人に、お金を返さなければなりません。しかし、そのお金も、けっきょくは国民の税金によってまかなわれるので、将来の国民の負担となってしまいます。そのため、最近では、国債発行の増加が問題とされています。なお、地方公共団体がする借金を地方債といい、国債とあわせて、公債とよんでいます。

Ⅵ　民主主義をまもる国のしくみ

⇒予算委員会のようす
国の予算案は、まず衆議院の予算委員会で審査され、本会議で可決されたのち、参議院に送られる。予算委員会では、予算の審査のほかに、国の政治全体にかんする討議がおこなわれる。

裁判所って、なにをするところ？

【第76条】①すべて司法権は、最高裁判所及び法律の定めるところにより設置する下級裁判所に属する。

司法権と裁判所

日本国憲法は、第6章で司法について定めています。司法とは、お金の貸し借りであらそいになったり、強盗や殺人などの犯罪が生じたときに、法にもとづいてあらそいを解決したり、裁いたりすることをいいます。

司法をおこなうところが裁判所です。明治憲法では、「天皇ノ名ニ於テ」（第57条）、裁判所が司法権を行使していましたが、日本国憲法では、すべて司法権は、裁判所に属することになりました（第76条第1項）。こうして、司法権の独立を保障し、裁判官が、中立で公正な判断をすることができるようにしたのです。

裁判所には、最高裁判所（東京に1か所）と下級裁判所があります。下級裁判所としては、高等裁判所、地方裁判所、家庭裁判所、簡易裁判所の4つがあります。

裁判官

最高裁判所は、長官1人とその他の裁判官14人の合計15人から構成されています。長官は、内閣の指名にもとづいて、天皇が任命し（第6条第2項）、その他の裁判官は、内閣が任命し、天皇が認証します（第79条第1項・裁判所法第39条）。

最高裁判所の裁判官は、国民審査にかけられます（第79条第2項）。最高裁判所の裁判官の任命が、内閣のつごうでおこなわれないように、国民が審査し、民主的なコントロールをおよぼそうというものです。

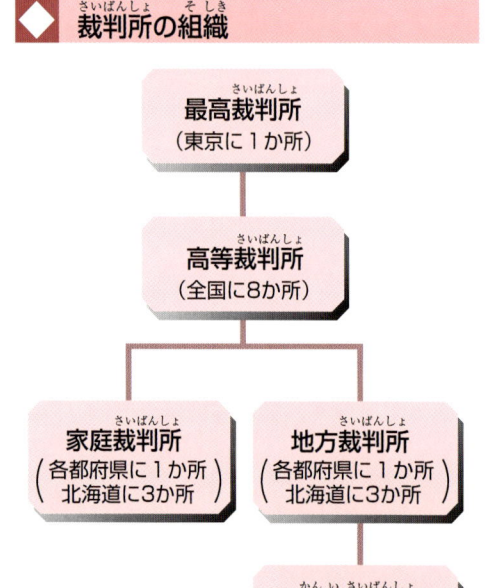

◆ 裁判所の組織

- 最高裁判所（東京に1か所）
  - 高等裁判所（全国に8か所）
    - 家庭裁判所（各都府県に1か所　北海道に3か所）
    - 地方裁判所（各都府県に1か所　北海道に3か所）
      - 簡易裁判所（全国に438か所）

ことばmemo
1 任命　ある地位や職につくように命じること。
2 認証　ある行為が正しい手続きによってなされたことを公の機関が証明すること。

▶最高裁判所の外観
最高裁判所は、すべての裁判所の頂点に立つ。最高裁判所の長官は、内閣の指名にもとづいて天皇が任命し、その他の裁判官は内閣が任命し、天皇が認証する。

　下級裁判所の裁判官は、最高裁判所の指名した者の名簿によって、内閣が任命します。任期は10年で、再任されることができます（第80条第1項）。

司法権の独立

　法の支配を大切にする近代の立憲主義においては、裁判は、正義にかなった、合理的なものでなければなりません。三権分立のたてまえからいっても、国会や内閣からの政治的な圧力に左右されず、裁判官は、公正な判断をおこなわなければなりません。
　日本国憲法は、すべての司法権を裁判所にあたえ（第76条第1項）、明治憲法のもとでの軍法会議のような特別裁判所を禁止し、行政機関が終審として裁判をおこなうことを禁止しています（第76条第2項）。これも、司法権の独立を実現するためです。
　さらに日本国憲法は、すべての裁判官は、独立して仕事をおこない、良心と日本国憲法と法律だけにしたがえばよいと定めています（第76条第3項）。

司法権の独立にとって重要な、一人ひとりの裁判官の仕事の独立も保障しているのです。こうして、裁判所の外からの圧力だけでなく、裁判所のなかでの圧力や影響もなくしたのです。
　また、裁判官には、あつい身分保障がなされ（第78条）、職についているあいだは給料をへらされないことが定められています（第79条第6項・第80条第2項）。裁判官が、よけいな心配をせずに、安心して自分の判断をきちんとできるようにするためです。

ことばmemo
3　立憲主義　→13ページ参照。
4　終審　最後の裁判所の審理。

キーワード　[国民審査制度]

　最高裁判所の裁判官は、任命後はじめておこなわれる総選挙のときなどに、国民審査にかけられます。投票は、投票用紙にしるされた裁判官のうち、やめたほうがよいと思う裁判官に「×」をつけ、やめなくてもよいと思う裁判官には、なにも書かないという方式でおこなわれます。「×」以外のことを書くと無効になり、よくわからなくて、なにも書かなければ、やめなくてもよいとみとめたことになります。ただし、これまでおこなわれた国民審査で、じっさいに裁判官がやめさせられたことはありません。

裁判のしくみ

【第82条】 ①裁判の対審及び判決は、公開法廷でこれを行ふ。

ことばmemo

1 **私人** 公の立場をはなれた一個人。
2 **原告** 民事裁判でうったえた側の人。
3 **被告** 民事裁判でうったえられた側の人。
4 **検察官** 罪をおかした疑いのある人を取り調べて、裁判所にうったえ、その裁判が正しくおこなわれるかどうかを、見まもる役目の人。
5 **被告人** 罪をおかした疑いがあるとして、裁判所にうったえられた人。
6 **起訴** 検察官が、罪をおかした疑いのある人を、裁判所にうったえること。

民事裁判と刑事裁判

裁判には、民事裁判と刑事裁判があります。民事裁判では、お金の貸し借りや契約違反や離婚問題など、私人どうしのあらそいで、原告が被告をうったえ、裁判所に解決してもらいます。おもに民事訴訟法という裁判のルールにしたがって、裁判がおこなわれます。

この民事裁判の一種に、行政裁判があります。行政裁判とは、違法な行政活動について、原告が、国や地方公共団体などを被告としてうったえ、裁判所にただしてもらうものです。おもに行政事件訴訟法という裁判のルールにしたがって、裁判がおこなわれます。

刑事裁判では、強盗や殺人などの犯罪について、検察官が被告人を起訴して、裁判所に有罪か無罪かを決定し、刑罰をあたえてもらいます。おもに刑事訴訟法という裁判のルールにしたがって、裁判がおこなわれます。

裁判所と三審制

下級裁判所のうち、簡易裁判所は、小さな事件をあつかう第一審裁判所で、1人の裁判官が担当します。家庭裁判所は、家事審判法や少年法で定める事件などをあつかう第一審裁判所で、1人の裁判官が担当します。地方裁判所は、通常の事件の第一審裁判所で、1人または3人の裁判官が担当します。高等裁判所は、控訴または抗告事件をあつかう裁判所で、3人または5人の裁判官が担当します。

最高裁判所は、上告または抗告事件などをあつかうほかに、重要な仕事として、最終的な違憲審査権（第81条）を行使します。最高裁判所には、15人の裁判官全員でおこなう大法廷と、5

◆ 三審制のしくみ

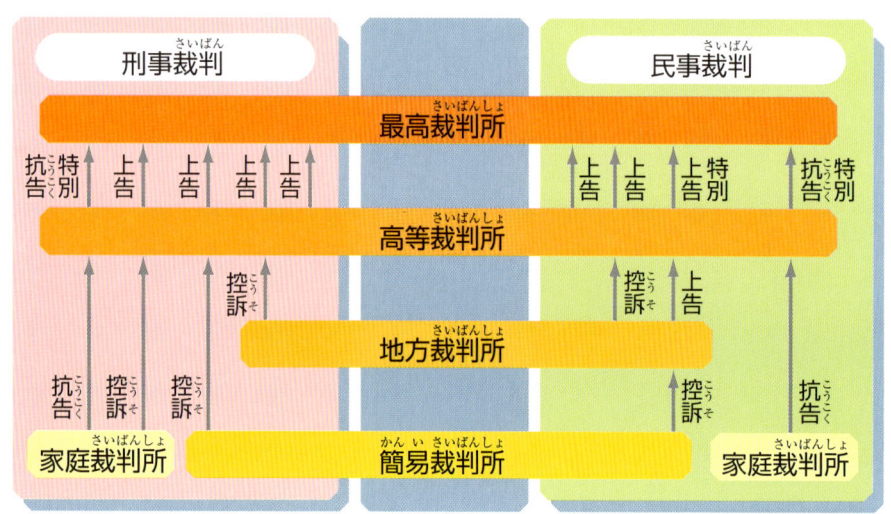

→**傍聴券の抽選を終えた人たち（東京地方裁判所前）**
国民は、自由に裁判を傍聴することができる。傍聴の希望者が多いときには、抽選がおこなわれる。

人の裁判官でおこなう小法廷があります。憲法などにかかわるような重要な裁判の場合には、大法廷がひらかれることになっています。

日本の裁判は、三審制をとっており、一つの事件について、3回まで裁判をうけられます。事件の内容によって異なりますが、裁判は、ふつう、地方裁判所を第一審としてはじまります。地方裁判所の判決に不服であれば、高等裁判所を第二審として控訴することができ、高等裁判所の判決に不服であれば、最高裁判所を終審として上告することができます。このように、裁判でまちがいがおこらないように、3回の裁判がうけられるようになっているのです。ただ、しんちょうな裁判をおこなうために、あまりに時間とお金がかかってしまうのが問題です。

裁判の公開

裁判は、人を裁くものですから、とても大きな権力を行使します。その大きな権力の行きすぎをふせぐためには、主権者である国民の監視のもとにおく必要があります。不当な裁判がおこなわれないように、憲法第82条は、裁判の公開を定めています。これにより、わたしたちは、自由に裁判の傍聴ができるだけでなく、原則として、メモをとることもみとめられています。

裁判の公開は、透明で、公正な裁判と、国民の知る権利を保障するためのものです。最終的にわたしたちの権利や自由をまもってくれるのが裁判所ですから、ぜひ、裁判の傍聴に行ってみましょう。

ことばmemo

7 **控訴** 第一審の判決に不満があるとき、上級裁判所にやりなおしを申し立てること。

8 **抗告** 下級裁判所の命令や決定に不満があるとき、上級裁判所に異議を申し立てること。

9 **上告** 高等裁判所の判決に不満があるとき、最高裁判所にうったえること（刑事裁判の場合）。

キーワード [裁判員制度]

一般の市民がえらばれて、裁判官といっしょに、裁判をおこなう制度があります。イギリスやアメリカの陪審制、ヨーロッパの参審制です。陪審制では、一般の市民からえらばれた陪審員が、正式に起訴をするかどうかとか、うったえの内容が事実かどうかなどをきめます。参審制では、裁判官といっしょに、法の解釈や適用までおこないます。

2001（平成13）年、司法制度改革審議会は、参審制に近い裁判員制度をあらたにもうけることを提案し、2004年には「裁判員の参加する刑事事件に関する法律」が制定されました。みなさんも、いつか裁判員になるかもしれません。

Ⅵ 民主主義をまもる国のしくみ

裁判所は憲法の番人

【第81条】　最高裁判所は、一切の法律、命令、規則又は処分が憲法に適合するかしないかを決定する権限を有する終審裁判所である。

憲法は国の最高法規

　日本国憲法は、国の最高法規であって、これに違反する法律、命令、その他の国家の活動は、違憲であり、無効とされます（第98条第1項）。憲法は、法律や命令などよりも、もっと上位にあって、強い効力をもっているのです。

　その理由は、第一に、憲法は、法律や命令などを定める国家機関そのものをみとめるものであり、憲法があって、はじめて法律や命令などは成立するからです。第二に、憲法は、重要な自由の基礎法であり、個人の自由や権利を国家権力からまもるという、近代の立憲主義[1]の考え方が、もっともよくあらわれているものだからです（第97条）。かんたんに改正できない硬性憲法[2]であるのも（第96条）、最高法規であるためです。

　わたしたちの生活の基礎にある憲法を、わたしたちは、もっとよく知り、大切にしていかなければなりません。

ことばmemo
1　立憲主義　→13ページ参照。
2　硬性憲法　→161ページ参照。

違憲審査制

　日本国憲法は、最高裁判所を頂点とするすべての司法裁判所に、国家の活動が憲法に違反していないかどうかを判断する違憲審査権をあたえました（第81条）。この違憲審査制は、基本的人権をまもるという憲法の最高法規としてのはたらきを保障するための制度です。法律をふくむ国家の活動によって、権利をじっさいに侵された国民は、裁判所にうったえて、救済をうけることができるのです。とくに最高裁判所は、違憲審査権を最終的に決定する権限をもっており、「憲法の番人」としての役割が期待されています。

　多数決が、つねに正しいとはかぎらないように、民主的な国会で定められた法律でも、まちがいをおかすことがないとはいえません。

　わたしたちの政治を考えるうえでは、みんなのことはみんなできめるという民主主義と、個人を尊重するという自由主義的な立憲主義の2つが重要です。日本国憲法は、通常の政治は、民主的な多数決でおこなうことにしています。さらに、民主的な多数決の決定によっても侵すことができない大切なことがらを、あらかじめ憲法に定め、違憲審査制をとりいれることで、多数者の専制や行きすぎをふせごうとしているのです。

←最高裁判所の大法廷
最高裁判所は、15人の裁判官で構成される。違憲審査などの重要な裁判は、裁判官が全員そろう大法廷でおこなわれる。

Ⅵ 民主主義をまもる国のしくみ

最高裁判所は消極的

　違憲審査権は、人権の保障という立憲主義をまもるために重要です。しかし、最高裁判所は、違憲判決をくだすのにあまり積極的ではなく、2004（平成16）年現在までに、8件あるだけです。国民が憲法問題をうったえても、その問題をさけて判断することが多いのです。

　裁判所には、「憲法の番人」の名に値するような判断が期待されています。主権者である国民も、ニュースに注意したり、傍聴に行ったりして、裁判所の判決に関心をもつことが大切です。

◆ 最高裁判所による違憲判決

事件	判決年月日	判決内容
第三者所有物没収事件	1962.11.28	密輸処罰の付加刑として貨物等を没収するさいに、第三者である所有者に告知等の機会をあたえないことは、憲法第29条・第31条に違反。
尊属殺事件	1973.4.4	尊属殺人の刑が死刑または無期懲役というのは、普通殺人の刑にくらべていちじるしく不合理な差別で、憲法第14条に違反。
薬事法事件	1975.4.30	薬局開設の許可基準として距離の制限をもうけていることは、不良薬品の供給防止という立法的目的から不合理で、憲法第22条に違反。
衆議院議員定数不均衡訴訟	1976.4.14 1985.7.17	議員1人あたりの有権者数の格差が合理的期間内に是正されておらず、憲法第14条・第44条に違反。（選挙は有効）
森林分割請求訴訟	1987.4.22	共有林の分割請求にたいする制限は不必要な制限であり、憲法第29条に違反。
愛媛玉串料訴訟	1997.4.2	県の公金を靖国神社に玉串料等として支出したことなどは憲法第20条・第89条に違反。
郵便法事件	2002.9.11	書留の郵便遅配で生じた損害について、国の損害賠償の範囲を紛失・棄損に限定する郵便法の規定は、憲法第17条に違反。

憲法たんけん隊

参加してみよう！ 裁判傍聴見学

神奈川県横浜市にある横浜地方裁判所（横浜地裁）では、中学生・高校生を対象に、「刑事裁判の団体傍聴見学」を実施しています。そこで、ある学校の見学に同行して、裁判を傍聴してみることにしましょう。

裁判を傍聴する前に

横浜地裁は、およそ150年前にアメリカ艦隊のペリーが上陸した場所の近くにあります。ひろい大通りに面した玄関からはいると、そこは明るくひろびろとしたエントランス。見学に参加する人たちがあつまっています。

午前9時20分、裁判所の職員さんが出むかえて、1階にある101法廷に案内してくれます。

「ここが、横浜地裁ではいちばんひろい法廷です。裁判を傍聴する前に、こちらで裁判の流れや法廷のつくりをご説明します。」

職員さんは、そういって、全員に『裁判所ナビ　裁判所ってどんなとこ？』という小冊子をくばってくれました。

「裁判には、民事裁判と刑事裁判がありますが、本日みなさんに傍聴していただくのは、刑事裁判です。刑事裁判は、8ページの図にありますように、冒頭手続き、証拠調べ手続き、弁論手続きとすすみ、最後に裁判官が判決をつげます。」

手続きについて、くわしくのべたあと、職員さんは、法廷のつくりについて説明します。

「正面の少し高いところが、裁判官席。地方裁判所では、1人または3人の裁判官が裁判をおこないます。3人でおこなうときには、中央が裁判長席で、裁判長から見て、右を右陪席、左を左陪席といいます。」

およそ30分ほどで、ガイド役の職員さんの説明が終わると、さあ、いよいよほんものの裁判の傍聴です。エレベーターで、刑事裁判の法廷がある4階へとのぼります。

←**横浜地方裁判所の外観**　横浜地方裁判所は、昭和初期に建てられた旧横浜地方裁判所のおもかげをつたえる3階の低層棟と、近代的な地上13階、地下2階の高層棟からなっている。

さあ、刑事裁判の法廷へ

　法廷には検察官、弁護人をはじめ、書記官や速記官、刑務官につきそわれて被告人も席についていました。見学の人たちが席について間もなく、正面の扉から裁判官がはいってくると、事務官がつげました。
「起立してください。」
　法廷にいる全員が起立し、裁判官が席につくと、全員が腰をおろします。小さなざわめきが静まるのをまって、裁判官がいいました。
「これから、横浜太郎（仮名）にたいする、窃盗事件の審理をはじめます。被告人、前へ。」
　冒頭手続きのはじめにおこなう人定質問です。被告人が被告人席の前に立ちます。
「被告人の名前は？」
と裁判官がとい、被告人が名のると、ついで年齢、本籍、住所、職業をたずねます。
　人定質問が終わると、検察官が起訴状を読みあげます。テレビドラマや映画でよく見る光景ですが、じっさいの裁判では、法廷内にぴーんとはりつめた空気がただよっています。
　冒頭手続きから証拠調べ手続き、弁論手続きへとすすんでいきます。被告人が起訴事実をみとめているため、裁判はたんたんとすすみ、およそ1時間後、裁判官による判決がいいわたされました。
「判決、懲役1年、執行猶予3年とする。」
　被告人が頭をふかぶかとさげ、傍聴席からふっとため息がもれます。緊張がとけた感じです。

身近になった裁判所

「裁判所に来たのは、はじめてでしょう？　どんな感じだった？」
「うーん、思っていたより、やわらかい雰囲気で、裁判所が身近になったような気がします。」
　傍聴が終わったあと、ガイド役の職員さんの問いに答える見学の参加者たち。
　このように、日本各地の裁判所では、裁判所のしくみや役割を正しく理解してもらい、裁判所を身近に感じてもらうために、さまざまな企画を実施しています。もちろん、公開の法廷でおこなわれる裁判なら、原則として、だれでも、自由に傍聴することができます。機会があったら、あなたも、ぜひチャレンジしてみてください。

裁判を傍聴してみよう

　横浜地方裁判所では、ここで紹介した「刑事裁判の団体傍聴見学」のほかに、おりにふれて裁判傍聴見学ツアーを実施しています。5月の「憲法週間　裁判所見学ツアー」、夏休みの「夏休み　ジュニア裁判傍聴ツアー」、そして10月の「法の日週間　裁判傍聴見学ツアー」といったぐあいです。
　これらは、個人やグループで参加できるものです。また、どの見学ツアーでも、職員の案内で法廷施設を見学し、裁判手続きの説明をうけたのち、ほんものの刑事や民事の裁判を傍聴することができます。
■問い合わせ先　横浜地方裁判所　☎045-201-9631

地方自治って、なに？

【第92条】 地方公共団体の組織及び運営に関する事項は、地方自治の本旨に基いて、法律でこれを定める。

地方自治の意味

日本国憲法第8章は、地方自治について定めています。地方自治に、憲法の保障をあたえたのです。

明治憲法のもとでは、権力は、中央にいる天皇とその補佐である政府にあつめられ、地方は、中央の支配を実現するための道具のようなものでしかありませんでした。憲法そのものにも、地方自治の定めはありませんでした。

しかし、わたしたち国民が主権をもつ日本国憲法では、中央政府が強くなりすぎることをふせぐために、地方に権力を分散させました。立憲主義にもとづく、権力分立の考え方の一つのあらわれといっていいでしょう。

その地方に住む人々は、身近な地元のことがらについて、自分たちで考えることができます。それは、国全体のレベルで考えることよりも親しみやすく、民主主義の基本に近いものです。「地方自治は自由の小学校である」という、トックビルのことばは有名です。

じっさい、中央政府が、それぞれの地方の特色や事情を無視して、すべてのことがらをきめるのは不可能です。地方のことは、その地方に住む人々が話しあったほうが、より効果的なはずです。そこで、日本国憲法は、地方公共団体（地方自治体）にたいして、地方自治をみとめたのです。

憲法第92条は、「地方自治の本旨」をあげていますが、その内容は、住民自治と団体自治の2つです。住民自治とは、自治が、その地方に住む住民の意思にもとづいておこなわれることです。また、団体自治とは、地方公共団体が国から独立して、みずからの意思と責任で自治をおこなうことです。ですから、住民自治と団体自治を侵すような国の措置は、憲法違反となります。

地方公共団体とその仕事

地方公共団体には、都道府県と市町村があります。それぞれ議会がおかれ、都道府県知事や市町村長といった首長と、都道府県議会や市町村議会の議員は、住民によって直接選挙されます（第93条）。直接選挙される首長は、アメリカなどの大統領制に近いものですが、議会とのあいだに一定のむすびつきをみとめています。

地方公共団体の首長と地方議会の議員の任期は、4年で、国会議員などをかねることはできません。議員は、そ

ことばmemo

1 権力分立 →122ページ参照。
2 地方公共団体 地方公共団体には、普通地方公共団体（都道府県および市町村）と、特別地方公共団体（東京都の23の特別区など）がある。憲法にいう地方公共団体は、普通地方公共団体をさす。
3 直接選挙 有権者が代表になる人を直接に選挙すること。
4 大統領制 →141ページ参照。

人物memo

1 トックビル 1805～1859年。フランスの歴史家・政治家。アメリカをおとずれ、『アメリカの民主政治』という本をあらわした。引用したことばは、そのなかの文章を短くまとめたもの。

↓地方議会のようす（東京都議会） 地方公共団体には、それぞれ議会がおかれる。地方議会の議員は、住民の直接投票によってえらばれる。

→東京都庁舎 西新宿にある東京都庁舎は、東京都のシンボル。天にむかってそびえたつ、南北2つの塔は、西新宿の高層ビルのなかでも、ひときわ目をひく。

Ⅵ 民主主義をまもる国のしくみ

の地方公共団体の住民で、満25歳以上でなければなりません。首長のうち、都道府県知事は日本国民で満30歳以上、市町村長は日本国民で満25歳以上で、その地方の住民でなくてもよいとされています。

地方公共団体は、住民の生活にむすびついた、さまざまな仕事をします。小中学校の教育をはじめ、ごみの処理や上下水道の整備、消防、福祉など、地方によっては、地域の活性化からスズメバチの巣の駆除まで、さまざまなサービスをおこなっているのです。

また、最近では、地方公共団体の活動が、不正のない、透明なものであることを住民にしめすために、情報公開制度をとりいれています。住民たちの個人情報を保護するための措置も重要となっています。

ことばmemo
5 情報公開制度 →73ページ参照。

地方自治の実現のために

【第94条】 地方公共団体は、その財産を管理し、事務を処理し、及び行政を執行する権能を有し、法律の範囲内で条例を制定することができる。

条例の制定と財政

地方公共団体の議会は、さまざまな仕事をおこなうために、国の法律の範囲のなかで、条例を定めることができます（第94条）。条例は、国が法律を制定できるのとおなじように、地方公共団体が制定できるものです。もちろん、国の法律に違反するような条例は、制定することができません。

地方公共団体が活動をおこなうためには、お金が必要ですから、住民から住民税などの税金をあつめます。しかし、それだけではお金が足りないので、国から、地方交付税交付金[1]やいろいろな補助金[2]をもらっています。また、国とおなじように、国債にあたる地方債を発行して、借金をしたりもしています。

住民には、選挙権とは別に、条例の制定をはじめ、地方公共団体のおこなうことについて、直接請求権がみとめられています。この権利を積極的に使って、地方公共団体が、むだなく、きちんと仕事をするように、地方自治を活発にしていく必要があります。

地方分権

日本国憲法が施行されても、地方公共団体の重要性は、あまり十分に考えられてきませんでした。そのため、地方公共団体そのものの仕事は少なく、ほとんどが、国の仕事の下請けのようなものになっていました。この状態を改善し、憲法の保障する地方自治を実現するために、地方分権をもとめるうごきがさかんになってきました。

1999（平成11）年には、地方自治法の改正をふくむ、地方分権一括法が成

ことばmemo
1. **地方交付税交付金** それぞれの地方公共団体の収入のふぞろいをただすために、国がだすお金。
2. **補助金** ある活動のために、国や地方公共団体がだすお金。

◆ 住民による直接請求の手続き（地方自治法第5章）

請求の種類		必要な署名	請求先	請求後のとりあつかい
条例の制定または改廃の請求		（有権者の）50分の1以上	首長	首長は20日以内に議会にかけ、結果を公表する。
監査請求		50分の1以上	監査委員	監査を実施して、その結果を公表する。
議会の解散請求		3分の1以上	選挙管理委員会	住民投票をおこない、過半数の賛成があれば、解散する。
解職請求	議員・首長	3分の1以上	選挙管理委員会	住民投票をおこない、過半数の賛成があれば、失職する。
	主要公務員	3分の1以上	首長	議会にはかり、3分の2以上出席する議会で、4分の3以上の賛成があれば、失職する。

立し、それまで上下の関係にあった国と地方公共団体が、対等・協力の関係におかれることになりました。これまでの国の仕事の多くが、地方公共団体にまかせられるようになり、地方公共団体は、自由に独自の仕事をすることができるようになったのです。

とくに地方自治法の改正で、「補完性の原則」をとりいれたことは重要です。この原則では、まず、いちばんせまい地域を担当する（地方）政府に、その地域の生活に密着した仕事をわりふります。そうして、生活に密着しない仕事やよりひろい地域にかんする仕事を、順番に、よりひろい地域を担当する（中央）政府にわりふっていくものです。地方のことは、できるだけ地方にまかせてやらせよう、という考えがもとになっています。

直接請求権と住民投票

地方公共団体の首長や地方議員は、住民の直接選挙でえらばれます。それとならんで、住民には、条例の制定や首長・地方議員の解職（リコール）、議会の解散などをもとめる、直接請求権がみとめられています。地方自治では、国の政治と異なり、直接民主主義の考え方が、強くうちだされているのです。

また、憲法第95条では、国会の定める法律のうち、ある地方公共団体だけに適用される特別法については、その地方公共団体の住民による住民投票（レファレンダム）をおこなうこととしています。憲法第41条は、国会は「国の唯一の立法機関」であると定めていますが、第95条は、住民自治が重要であることから、その例外をみとめ

⬆住民投票への参加をよびかける人たち　2000年1月、徳島市で、吉野川可動堰に賛成かどうかをとう住民投票がおこなわれた。市民の熱心なはたらきかけで、反対票は90パーセントにのぼった。

たものと考えられています。1949（昭和24）年の広島平和記念都市建設法が、そのはじめての例です。

最近では、地方公共団体が条例を定めて、ある政策をおこなってよいかどうかということについて、住民投票をおこなうところもあります。

さらに、地方公共団体によっては、地方公共団体の活動が、正しくおこなわれるのを監視するために、オンブズマン制度をとりいれているところもあります。

ことばmemo

3　**直接民主主義**　→25ページ参照。

4　**オンブズマン制度**
行政から独立して、行政を監視し、市民からの苦情を処理する機関。19世紀はじめにスウェーデンではじまり、日本では、1990年に神奈川県川崎市がはじめてとりいれた。

中学生も住民投票ができるの?

未成年者も参加できる住民投票

2002（平成14）年9月29日、秋田県岩城町で、高校生をふくむ18歳以上の住民が参加して、どこの市と合併するかをテーマにした住民投票がおこなわれました。

その後、全国各地で、おなじような住民投票がおこなわれていますが、長野県平谷村では、投票の資格年齢をさらにさげて、2003年4月1日現在で12歳以上の者としました。高校生どころか、中学生まで参加できるようにしたわけです。

この住民投票は、2003年5月11日におこなわれました。平谷村の中学生は、ぜんぶで25人。そのうち、不在者投票をふくめて24人が、貴重な一票を投じました。

投票に参加した中学2年生の女子は、「大人ばかりで（村のものごとが）きまり、いままでいいたいことをいえなかったが、こうして、わたしたちもいうことができた」と感想をのべています。

選挙権は何歳から?

わたしたち国民が、選挙権をもてるのは、何歳からだったでしょう。日本国憲法は、選挙権をもつのは「成年者」（第15条第3項）であるとしています。民法では、「成年」の基準を20歳以上とし、公職選挙法でも1945年以来、選挙人の年齢を20歳以上と定めてきました。

それなのに、未成年の中学生や高校生が、住民投票に参加できるなんて、ふしぎですね。そのわけは、住民投票で結果がでても、それをまもらなければならないという、法律のうえでのきまりがないからです。そのため、住民投票には公職選挙法などの法律は適用されず、市町村は、投票資格を自由にきめることができるのです。

住民投票での投票年齢のひきさげがすすむとともに、選挙権の資格年齢を、18歳にひきさげるべきだという声も大きくなってきました。世界の大多数の国が、18歳以上の国民に選挙権をあたえています。日本の法律でも、18歳になれば、自動車の普通免許がもてるし、結婚すること（女性の場合は16歳）もできるのです。

2015年6月には公職選挙法が改正され、2016年6月から、日本でも18歳以上の国民が選挙に参加できるようになりました。

VII 世界にほこれる日本国憲法

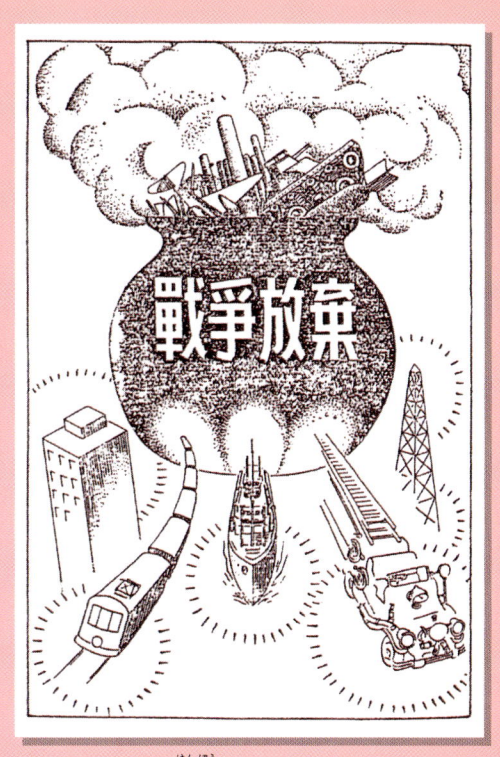

『あたらしい憲法のはなし』(1947年) のさし絵

憲法はかえられるの？

【第96条】①この憲法の改正は、各議院の総議員の3分の2以上の賛成で、国会が、これを発議し、国民に提案してその承認を経なければならない。この承認には、特別の国民投票又は国会の定める選挙の際行はれる投票において、その過半数の賛成を必要とする。
②憲法改正について前項の承認を経たときは、天皇は、国民の名で、この憲法と一体を成すものとして、直ちにこれを公布する。

憲法改正の手続き

わたしたちの日本国憲法は、国の最高法規[1]であり、国の基本的なあり方を定めたいちばん重要な法律です。そのような憲法は、かえることができないのでしょうか？

じつは、憲法はかえられるのです。ただし、憲法改正については、第96条で特別な手続きが定められています。

ふつうの法律は、国会の衆議院と参議院で、出席した議員の過半数が賛成すれば、改正することができます。しかし、憲法改正の手続きだけは、とくにきびしくなっているのです。

まず、憲法改正を発議するのは国会ですが、そのためには衆議院と参議院の両議院で、すべての議員の3分の2以上の賛成をえなければなりません。発議とは、憲法改正案を決定し、国民に提案することです。さらに、その改正案を国民投票にかけ、有権者の過半数が承認したときに、はじめて憲法改正は成立します。そして最後に、天皇により、国民の名で公布されるのです。

国民主権と国民投票

憲法は、国の最高法規ですから、ほかのどの法律も、憲法に違反することはゆるされません。国会で多数派をしめ、権力をにぎった人たちが、ある法律をとおそうとしたときに、憲法がじゃまになったら、憲法のほうをかえてしまおうとするかもしれません。しかし、そのときどきの権力者のつごうで、憲法がかんたんに改正されるようであってはこまります。

そこで、憲法を改正するためには、すべての国会議員の3分の2以上の賛成と、国民（有権者）の過半数の承認が必要であるとしたのです。

とくに国民投票には重要な意味があります。日本国憲法は、原則として議会政治による間接民主制[2]をとりいれていますが、憲法改正については、国民投票が必要であるとして、直接民主制[3]を採用しているのです。

なぜでしょうか？　それは、日本国憲法の三大基本原理の一つである、国民主権[4]の考え方によるものです。憲法

ことばmemo
1 国の最高法規 → 10、150ページ参照。
2 間接民主制 →25ページ参照。
3 直接民主制 →25ページ参照。
4 国民主権 →24、34ページ参照。

発議！

改正については、国民の意思が、しっかりと国にとどく必要がありますから、国民が直接投票をおこなうことにしたのです。憲法を改正するか、しないかについて、最終的にきめる権利は、主権者である国民一人ひとりがもっているのです。

改正できないこともある

このような改正の手続きさえふめば、憲法は、どのようにでもかえられるのでしょうか？

どのようにでもかえられるという人もいます。しかし、ふつうは、日本国憲法の基本となる考え方は、かえることができないと理解されています。具体的にいえば、日本国憲法の三大基本原理である国民主権、基本的人権の尊重5、平和主義6です。この３つの考え方をかえることは、ゆるされないということなのです。

さらに、憲法改正の手続きをきめた第96条も、かえることはできないと考えられています。とくに国民投票をもうけていることは、国民主権をうたう憲法の本質ですから、これをなくすことはできないのです。

◆ 憲法改正の手続き

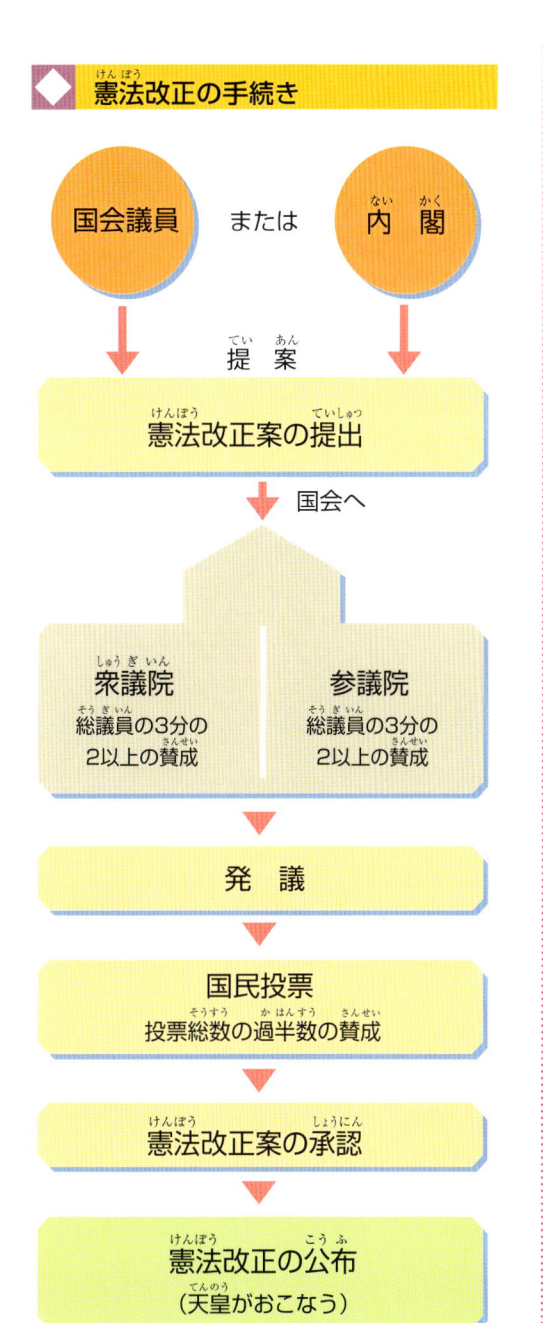

国会議員 または 内閣
↓ 提案
憲法改正案の提出
↓ 国会へ
衆議院 総議員の3分の2以上の賛成 ／ 参議院 総議員の3分の2以上の賛成
↓
発議
↓
国民投票 投票総数の過半数の賛成
↓
憲法改正案の承認
↓
憲法改正の公布（天皇がおこなう）

ことばmemo
5 基本的人権 →26、54ページ参照。
6 平和主義 →28、48ページ参照。

三大基本原理は大事！
●国民主権
●基本的人権の尊重
●平和主義
大事ダョ

キーワード [硬性憲法と軟性憲法]

日本国憲法のように、憲法改正の手続きを、ふつうの法律の改正よりもきびしくした憲法を、硬性憲法といいます。これにたいして、憲法改正の手続きをとくべつきびしくしていないものを、軟性憲法といいます。現在、世界各国の憲法のほとんどが、硬性憲法となっています。ある政党が、一時的に多数派をしめても、かんたんに憲法をかえることができないようにしたのが、硬性憲法の特徴といえます。

憲法はまもられてきたの？

ことばmemo

1 **核拡散防止条約** アメリカ、ソ連（いまのロシアなど）、中国、イギリス、フランスの5か国以外の国が、核をもつことを防止するための条約。1968年、62か国のあいだで調印された。日本は1976年に批准。

2 **軍縮** 兵器や兵士など、戦争のためのそなえを少なくすること。

3 **湾岸戦争** 1990年、イラクがクウェートを侵攻したため、アメリカを中心とした多国籍軍がイラクを攻撃し、翌年クウェートから撤退させた戦い。

4 **国連平和維持活動** 国際連合（国連）が、世界の平和と安全をまもるためにおこなう活動の一つで、停戦の監視などをおもな目的とする。PKOは、peace-keeping operations of the UN の略。

平和憲法の役割

　日本国憲法が生まれてから50年以上、日本はどのような戦争にも参加していません。この事実は、日本国憲法が、平和憲法としての役割をはたしてきたことをしめしています。

　第二次世界大戦後、世界の平和と安全をまもるために、国際連合（国連）がつくられたのに、地球のうえでは、たびたび戦争がくりかえされてきました。どの戦争にもくわわらなかった国は、日本のほかに、スウェーデン、フィンランド、スイスなど、ごくわずかです。日本の平和憲法は、戦争へのブレーキとなってきたのです。

　また、あらたな大問題である「核」にたいしても、平和憲法は力を発揮してきました。1971（昭和46）年、日本は、核兵器を「もたず、つくらず、もちこませず」という非核三原則をきめました。さらに核拡散防止条約[1]など、世界の平和と軍縮[2]にも、平和憲法の精神は生かされているのです。

自衛隊と第9条

　ところで、自衛隊については、1954年に発足したときから、第9条で禁じている「戦力」にあたり、違憲であるという強い声があります。これにたいし、政府は、憲法は「自衛のための必要最小限度の実力」まで禁じてはいないという立場をとってきました。

　いま自衛隊は、外国に出動しています。自衛隊を合憲とする政府も、自衛隊の海外派遣は、憲法に違反するといってきました。ところが、1991（平成3）年の湾岸戦争[3]以来、国連平和維持活動[4]（PKO）への参加が議論になり、翌年、「国際連合平和維持活動等に対する協力に関する法律」（PKO協力法）が成立すると、この法律にもとづき世界各地に自衛隊が派遣されるようになりました。

　2001年9月11日、アメリカで同時多発テロがおきると、政府はテロ対策特別措置法を制定し、翌年、海上自衛隊のイージス艦をインド洋に派遣しました。2003年3月にはじまったイラク戦争にたいしては、イラク復興支援特別措置法を成立させ、翌年1月から、イラクに自衛隊を常駐させています。また、2003年6月には、有事法制関連三法を成立させ、ほかの国から武力攻撃をうけたり、それが予測されるときに、自衛隊などの政府の機関や地方公共団体、民間企業などがスムーズに活動できるようにしました。

➡️ **インド洋にむかう自衛隊のイージス艦**
2002年12月6日、海上自衛隊のイージス艦「きりしま」が、神奈川県・横須賀港からインド洋にむけて出発した。アフガニスタンを攻撃する米軍の後方支援のためである。

日米安保体制と第9条

　日本は、自衛のために、アメリカと日米安全保障条約（日米安保条約）をむすんでいますが、これについても違憲論がとなえられています。

　日米安保条約は、1951年、サンフランシスコ平和条約と同時にむすばれました。冷戦のなかで、米軍が日本に駐留し、どこにでも基地をおけることになったのです。

　1960年、はげしい反対運動がくりひろげられるなかで、日米安保条約は改定され、アメリカとの軍事関係は、いっそう拡大・強化されました。この新しい条約のもとで、自衛隊はしだいに増強され、日本の米軍基地が大きな役割をはたしてきたのです。

　ところが、1989年に冷戦が終わり、それまでソ連（いまのロシアなど）と対抗してきた日米安保体制も、役割を大きくかえることとなりました。日米安保条約を、日本の防衛のためだけでなく、日本の周辺で問題がおこったと

◆ おもな国の国防予算（2003年度）

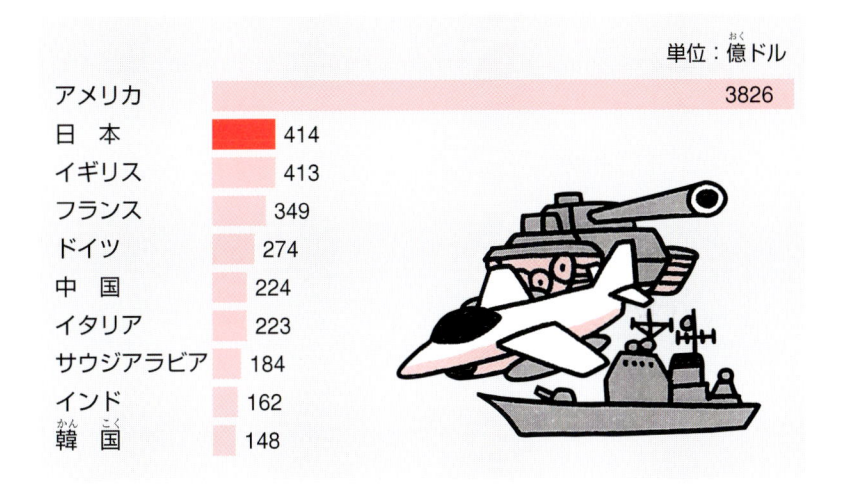

単位：億ドル

アメリカ	3826
日本	414
イギリス	413
フランス	349
ドイツ	274
中国	224
イタリア	223
サウジアラビア	184
インド	162
韓国	148

きに、役だつものにしようといううごきがあらわれました。1999年、周辺事態法などのガイドライン関連法が成立し、もしやのときには、自衛隊が米軍の後方支援をおこなうことができるようになりました。

　これにたいし、冷戦が終わったのだから、軍縮をおこない、米軍の基地もへらすべきだという声があがっています。とくに米軍の基地が集中する沖縄では、基地を縮小し、なくそうという運動がつづけられています。

ことばmemo

5　**冷戦**　第二次世界大戦後、アメリカを中心とする国々と、ソ連を中心とする国々とのあいだでくりひろげられた、はげしい対立のこと。直接武力をもちいず、経済や外交などであらそったところから、このようによばれた。

6　**後方支援**　戦う軍隊にたいし、後方から給油や輸送、医療などの活動をおこなうこと。

護憲？ それとも改憲？

2つの憲法調査会

　日本国憲法は、公布されたときは国民に大歓迎されました。しかし、数年のうちに、憲法を見なおそうといううごきがでてきました。とくに政府は見なおしに熱心で、これまで2つの憲法調査会がもうけられています。

　最初の憲法調査会は、内閣にもうけられ、1957（昭和32）年に活動をはじめました。7年後の1964年に報告書をだしましたが、「改憲か、護憲か」のどちらにもまとめることができず、両方の意見をのせて、「改憲が必要であるとする委員が多数」としました。

　政府は、じつは憲法改正が必要であるという報告書を期待していました。しかし、砂川事件の違憲判決や日米安保条約改定反対の国民運動など、護憲への世論の高まりもあり、憲法改正をあきらめなければならなかったのです。

　2度目の憲法調査会がもうけられたのは、2000（平成12）年のことです。今度は内閣ではなく、国会に属する調査会として、衆議院と参議院のそれぞれにつくられました。この憲法調査会の設置についても、改憲をのぞむ与党の意向がはたらいていますが、これは前年に成立した周辺事態法とかかわりがあります。この法律が、もう解釈改憲の限界をこえてしまったから、条文の改正を討論しようというわけです。

　憲法調査会は、憲法改正案を提案する権限はもたず、5年をかけて調査をおこない、結果を議長に提出することになっています。

ことばmemo

1　**砂川事件**　1955～57年、米軍立川基地の拡張をめぐり、地元の東京都砂川町（いまの立川市）の住民らと警官のあいだで、何度もあらそいがおこった。この事件に関連して、米軍の駐留が裁判であらそわれ、東京地方裁判所は、第一審で、米軍は憲法第9条で禁じている「戦力」にあたるとして、違憲の判断をくだした。

2　**解釈改憲**　憲法の条文をうまく解釈することで、憲法を改正したとおなじようにしてしまうこと。これにたいし、憲法の条文をかえる改正のしかたを、明文改憲という。

↓**憲法調査会の地方公聴会のようす（宮城県仙台市）**　憲法調査会では、各地で公聴会をひらいて、国民から憲法にかんする意見をきく。ほかに、憲法学者らを参考人としてよんで、意見をきき、議論の参考にしている。

議論の中心は第9条

改憲を主張する人たちが、いちばん問題にするのは第9条です。

いまの条文は、いろいろな解釈をよんできたうえに、政府の自衛隊や日米安全保障へのとりくみばかりが先走って、憲法とのあいだに大きなへだたりができてしまいました。

そこで改憲派は、このさい、すっきりと「自衛のための戦争ならばおこなってもよい。そのための戦力と交戦権はもってもよい」とつけくわえること、さらに「集団的自衛権はもてる。国連の要請があれば、海外のどこにでも自衛隊を派遣できる」ということも明記したいと主張しています。

日米安保条約の改定や周辺事態法の議論では、「極東の範囲はどこまでか」という論争がありました。日米安保条約では、日本は、極東の平和と安全をたもつために、アメリカに基地を提供しなければならないとされているからです。しかし、憲法さえ改正すれば、世界のどこに派遣しても、問題がなくなるわけです。

このような改憲派の主張にたいして、護憲派は強く反発しています。改正反対の理由は、戦争放棄の平和憲法をまもらなければならないということであり、日本はアメリカのいいなりに、戦争をする国になってはならないということです。

改憲派からは、第9条のほかに、天皇制や基本的人権、国会、内閣、地方自治などについても、条文の修正や追加をする案がだされています。しかし、護憲派は、それらは第9条改正の議論にはいるためのつけたしにすぎず、不備は法律で補強できる、と反発します。「改憲か、護憲か」の議論の中心は、あくまでも第9条なのです。

Ⅶ 世界にほこれる日本国憲法

ことばmemo

3 **極東の範囲** 政府は、「フィリピン以北並びに日本とその周辺地域で、韓国、台湾地域も含む」としてきた。しかし、在日米軍は、じっさいにはベトナム戦争や湾岸戦争で、日本を出発して戦いにくわわった。

キーワード [個別的自衛権と集団的自衛権]

自衛隊の発足以来、政府は、国家が自衛隊をもつのは当然であり、「必要最小限度の実力」はみとめられるとしてきました。ここにいう自衛権は、国家が武力攻撃をうけたときに、自分の国や国民をまもるために、やむをえず行使するものであり、個別的自衛権とよばれます。

これにたいし、自分の国と友好関係にある国が攻撃をうけたときに、自分の国が攻撃されていなくとも、反撃することができる権利を、集団的自衛権といいます。政府は、これまで、憲法上、集団的自衛権はみとめられないとする立場をとってきました。

＊2016年3月に、集団的自衛権の行使を可能とする安全保障関連法が施行されました。

世界にひろがる第9条

世界も第9条に注目

1999（平成11）年5月、オランダのハーグ市で、NGO（非政府組織）によるハーグ平和アピール市民会議がひらかれました。この会議には、世界の100をこえる国々から、約1万人の人々が参加し、「21世紀の平和と正義」をテーマに、熱心に話しあいました。

その結果、採択されたのが、「21世紀の平和と正義のための課題（ハーグ・アジェンダ）」です。そのなかには、「公正な世界秩序のための基本10原則」がふくまれており、その第1項は、「すべての国の議会は、日本国憲法第9条が定めているように、政府の戦争参加を禁止する決議をすべきである」とのべています。日本国憲法第9条が、高く評価されたわけです。

NGOの活動家たちは、地雷を処理したり、難民キャンプに食料や薬を送ったり、危険な現場で行動している人道支援のプロです。その世界的な会議で、第9条が注目されたのです。

第9条を地球憲法に

ハーグ平和アピール市民会議の10年近く前から、第9条に感動して、世界にひろめる運動をしているアメリカ人がいます。オハイオ大学名誉教授のオーバービー氏です。オーバービー氏は、青年時代に朝鮮戦争の兵隊として、沖縄の嘉手納基地に配属され、爆撃機のパイロットだったという経歴の持ち主です。ベトナム戦争での殺しあいに疑問をもち、戦争反対をとなえるようになりました。

湾岸戦争がおきた1991年に、オーバービー氏は、アメリカで「第9条の会」を結成し、「武力で紛争を解決してはいけない」と、アメリカ国内や世界各国で活動をはじめました。

2003年秋、オーバービー氏は、日本各地を講演してまわり、「アメリカのイラク攻撃はまちがっている」「このままでは第9条の精神が破壊される」とうったえました。

ことばmemo
1 NGO 非政府組織。nongovermental organization の略。国際赤十字、アムネスティ・インターナショナル、グリーン・ピースなど、さまざまなNGOがある。
2 湾岸戦争 →162ページ参照。

人物memo
1 オーバービー 1926年〜。オハイオ大学名誉教授。『第9条を地球憲法に』などの著書がある。

→ハーグ平和アピール市民会議で対談するノーベル平和賞受賞者

1999年のハーグ平和アピール市民会議には、NGOの活動家だけでなく、ノーベル平和賞の受賞者も参加した。左からグアテマラのメンチュ（1992年受賞）、南アフリカのツツ（1984年受賞）、東ティモールのホルタ（1996年受賞）の各氏。

Ⅶ 世界にほこれる日本国憲法

「第9条を地球憲法に」、これが、オーバービー氏の強いねがいです。

「アーティクル・ナイン」は国際語

日本国憲法第9条は、英語で「アーティクル・ナイン」とよばれて、世界の共通語となっています。外国の子どもたちも読んでいる、英語訳の第9条を、つぎにかかげておきましょう。下は、日本語の条文です。

Article 9.

Aspiring sincerely to an international peace based on justice and order, the Japanese people forever renounce war as a sovereign right of the nation and the threat or use of force as means of settling international disputes.

In order to accomplish the aim of the preceding paragraph, land, sea, and air forces, as well as other war potential, will never be maintained. The right of belligerency of the state will not be recognized.

英語訳注
1. aspire 動 熱望する
2. justice 名 正義
3. renounce 動 放棄する
4. sovereign 形 主権のある
5. threat 名 おどし
6. settle 動 解決する
7. dispute 名 紛争
8. accomplish 動 なしとげる
9. preceding 形 上記の
10. potential 名 潜在力
11. belligerency 名 交戦
12. recognize 動 みとめる

【第9条】①日本国民は、正義と秩序を基調とする国際平和を誠実に希求し、国権の発動たる戦争と、武力による威嚇又は武力の行使は、国際紛争を解決する手段としては、永久にこれを放棄する。
②前項の目的を達するため、陸海空軍その他の戦力は、これを保持しない。国の交戦権は、これを認めない。

憲法とうろん会 これからの憲法について考えよう

どうするの？ 第9条

哲也：日本国憲法といえば、なんといっても第9条だね。いろんな議論があるし、これから討論しようよ。自衛隊は、どんどん大きくなって、日本の防衛費は、いまでは世界のトップクラスだ。どう思う？

康介：ぼくは、第9条はかえたほうがよいと思う。

哲也：どんなふうに？

康介：第1項は、そのままにしておく。そして、第2項を「自衛のための戦力はもってもよい」とかえるんだ。

美穂：ふ～ん、平和主義をすてるわけ？ わたしは、ぜったい反対。

康介：戦争をしかけるための、戦力じゃないんだよ。平和主義にかわりはないじゃないか。だって、日本は独立国なんだから、国を自分でまもるのは、当然だろう？

ゆり：わたしも、自衛のための戦力は、必要じゃないかと思うな。ほら、PKOだって、平和のために活動するんでしょう。平和のためなら、自衛隊も参加したほうがいい。わたしは、第9条に第3項をくわえて、「国連の要請があれば、自衛隊を派遣できる」としたいな。

美穂：だけど、自衛隊のイラク派遣って、憲法違反じゃないの？

ゆり：ちがうわ。戦争に行ったんじゃなくて、人道復興支援だもの、国際貢献よ。

美穂：武器をもって、人道支援？ それって、なんだかへん。それに、イラクからのニュースをテレビや新聞で見ていると、世界が、どんどん第9条から遠ざかっているみたいで、とてもこわい。

康介：テロこそ、平和の敵じゃないの？ 世界の安全をおびやかしているだろう。平和を勝ちとるためには、ぜったい武力も必要だと思う。日本も、なんでも外国まかせにはできないはずだよ。

美穂：わたしは、武力を使うことより、平和をうったえていくことのほうが、大切だと思う。第9条とか、国連憲章の精神をひろめようという運動もおきているわ。2004年に、作家の大江健三郎さんら9人が発起人になって、日本でも「九条の会」ができたでしょう。講演会は、どこでも超満員だって。

哲也：世界でも、徴兵制をなくす国がふえて、軍縮や非武装中立の方向へすすんでいる。日本が第9条をかえるのは、平和主義とぎゃくにすすむことになるんじゃないかな。

新しい権利って、なに？

順子：ところで、環境保護って大切よね。これを、きちんと憲法にいれないといけないと思うの、環境権として。

哲也：たとえば、どういう権利なの？

順子：きれいな空気や水でくらす権利。それからバランスのとれた自然、生態系っていうんだけど、これを永久に国民がまもる権利。

哲也：それって、第13条の幸福追求権にふくまれ

順子：るんじゃない？
そうなんだけど、新しくくわえたほうがいいと思うの。だって、列島改造や公害で、日本の自然がずいぶん破壊されたでしょう。憲法をつくったときには、こんなことは予想できなかったはずよ。だから、これからは、環境権って必要だと思うわ。外国には、憲法に環境権をいれてる国って、いっぱいあるみたいよ。

哲也：ほかに、新しい権利ってあるの？

順子：プライバシーの権利もいれたい。他人に知られたくないことって、だれにでもあるじゃない？　それと、自分の生き方をじゃまされたときに、自分をまもってくれるのもプライバシーの権利だと思う。

哲也：個人の尊重って、第13条にあるよね。それで、十分じゃないかなあ。あとは法律でまもればいいんだよ。

順子：憲法で、はっきりさせておきたいのよ。もう一つ、知る権利っていうのもいれたい。

改正して、ほんとによくなるの？

哲也：ほかに、改正したらいいって思うこと、ある？

ゆり：日本の歴史や文化、伝統のことって、いまの憲法にあまり書かれてないじゃない？　前文に、しっかりとりいれたいわ、日本の憲法なんだから。

康介：テレビで政治家がいってたけど、天皇は国の象徴ってところが、あいまいだから、元首にしたらいいって。これ、どういうことか、よくわからない。

美穂：明治憲法では、天皇は元首だったわよね。

康介：え？　あの政治家は、明治憲法とおなじにしろといっていたわけ？

美穂：そうかもね。

順子：内閣総理大臣を国民投票でえらぶようにしたいっていう主張もあるわね。首相公選制っていうの。

哲也：そうしたら、内閣についての条文がかわることになるね。

康介：条文を改正して、それから新しい権利も追加する……。これじゃ、まるで憲法をつくりなおすみたいな大仕事だな。

ゆり：ずっと護憲か、改憲かの論争だったのに、創憲とか加憲とか、いろいろでてきて、なんだかおもしろい。

康介：もともとこの憲法は、アメリカからおしつけられたんだろう？　60年近く、ぜんぜん改正されなかったのが、おかしいくらい。時代がかわってるんだから、もう大改正しても、いいんだよ。

順子：そう。憲法の文章って、大急ぎで英語から翻訳したっていうでしょう。表現が不自然で、かたすぎるような気がする。

哲也：でも、憲法は国の最高法規なんだから、そのときどきのつごうにあわせてはいけないと思うよ。とくに三大基本原理は、永久の精神なんだから。

美穂：憲法をかえたい人たちのねらいは、第9条だと思う。だから、ねらいがわからないように、ほかの改正点をいっぱい主張して、憲法全体が古くなったとか、時代にあわないとか、いってるんじゃないかな。だって、世界中で紛争がおきてるいま、第9条は、とっても新鮮にみえるもの。

ゆり：20歳になったら、わたしたちも選挙権をもつのね。そのころ憲法は、どうなっているのかなあ。

改正するの？　しないの？

憲法をまもるのは、だれ？

憲法第99条の意味は？

天皇は、1989（平成元）年、即位したあとの儀式で、「日本国憲法をまもり、責務をはたす」とのべました。あたりまえのことなのですが、重いことばです。

そもそも、憲法第99条は、つぎのように定めています。
「天皇又は摂政及び国務大臣、国会議員、裁判官その他の公務員は、この憲法を尊重し擁護する義務を負ふ。」

ひとつ、この条文を読みかえてみましょう。
「天皇や摂政は、この憲法を尊重し、擁護する義務を負う。」
「国務大臣は、この憲法を尊重し、擁護する義務を負う。」
「国会議員は、この憲法を尊重し、擁護する義務を負う。」
「裁判官は、この憲法を尊重し、擁護する義務を負う。」
「その他の公務員は、この憲法を尊重し、擁護する義務を負う。」

これは、翻訳家の池田香代子さんの『やさしいことばで日本国憲法』（マガジンハウス）にならったものです。なるほど、こうすれば、だれが憲法をまもらなければならないのかが、よくわかります。

わたしたちがまもる憲法

これまで何度もお話ししてきたように、立憲主義にもとづく近代憲法は、国民の自由や権利をまもるために生まれました。そのために、権力をもつ者に歯止めをかけて、国民の自由や権利を侵害させないようにしたのです。

ですから、憲法は、もともと国民にむけられたものではなく、権力をもつ者にたいしてむけられたものということができます。日本国憲法が、
「国民は、この憲法を尊重し、擁護する義務を負う。」
といっていないのは、そのためです。

憲法をまもらなければならないのは、だれかといえば、それは、天皇や摂政であり、国務大臣であり、国会議員、裁判官、そしてその他の公務員です。

わたしたち国民は、これらの人たちが、きちんと憲法をまもっているかどうか、憲法に反するようなことをいったり、やったりしていないかどうかを、しっかりと見まもっていかなければなりません。それが、わたしたち国民が憲法をまもるということなのです。

VIII 資料

日本国憲法の原本。1946年11月3日の公布の日に撮影されたもの

日本国憲法

1946（昭和21）年11月3日公布
1947（昭和22）年5月3日施行

［上　諭］

　朕は、日本国民の総意に基いて、新日本建設の礎が、定まるに至つたことを、深くよろこび、枢密顧問の諮詢及び帝国憲法第73条による帝国議会の議決を経た帝国憲法の改正を裁可し、ここにこれを公布せしめる。

　　　御名御璽
　　　昭和21年11月3日

　　内閣総理大臣兼　　　吉田　茂
　　外務大臣
　　国務大臣　男爵　　幣原喜重郎
　　司法大臣　　　　　木村篤太郎
　　内務大臣　　　　　大村清一
　　文部大臣　　　　　田中耕太郎
　　農林大臣　　　　　和田博雄
　　国務大臣　　　　　斎藤隆夫
　　逓信大臣　　　　　一松定吉
　　商工大臣　　　　　星島二郎
　　厚生大臣　　　　　河合良成
　　国務大臣　　　　　植原悦二郎
　　運輸大臣　　　　　平塚常次郎
　　大蔵大臣　　　　　石橋湛山
　　国務大臣　　　　　金森徳次郎
　　国務大臣　　　　　膳　桂之助

［前　文］

　日本国民は、正当に選挙された国会における代表者を通じて行動し、われらとわれらの子孫のために、諸国民との協和による成果と、わが国全土にわたつて自由のもたらす恵沢を確保し、政府の行為によつて再び戦争の惨禍が起ることのないやうにすることを決意し、ここに主権が国民に存することを宣言し、この憲法を確定する。そもそも国政は、国民の厳粛な信託によるものであつて、その権威は国民に由来し、その権力は国民の代表者がこれを行使し、その福利は国民がこれを享受する。これは人類普遍の原理であり、この憲法は、かかる原理に基くものである。われらは、これに反する一切の憲法、法令及び詔勅を排除する。

　日本国民は、恒久の平和を念願し、人間相互の関係を支配する崇高な理想を深く自覚するのであつて、平和を愛する諸国民の公正と信義に信頼して、われらの安全と生存を保持しようと決意した。われらは、平和を維持し、専制と隷従、圧迫と偏狭を地上から永遠に除去しようと努めてゐる国際社会において、名誉ある地位を占めたいと思ふ。われらは、全世界の国民が、ひとしく恐怖と欠乏から免かれ、平和のうちに生存する権利を有することを確認する。

凡例
1）原典の日本国憲法は、歴史的かなづかいで、ルビはふられていませんが、むずかしい漢字には現代かなづかいでルビをふりました。
2）原典の日本国憲法の漢字は、旧字体ですが、新字体にあらためました。
3）原典の日本国憲法は、漢数字をもちいていますが、算用数字にあらためました。
4）各条文には、その内容がわかるように［　］でかこんで、条文見出しをつけました。
5）各条文には、①②③などと項番号をふりました。
6）本文についている赤い数字は、注番号です。

［上諭］注
1　朕　天皇などの天子が、自分をさして、いうことば。われ、わたし。
2　総意　みんなの意思。
3　礎　ものごとの、もとになるもの。
4　枢密顧問　枢密院の顧問官。
5　諮詢　意見を聞くこと。
6　帝国憲法第73条　大日本帝国憲法の憲法改正の手続きについて定めた条項。
7　議決　話しあって、きめること。
8　裁可　自分できめて、許可すること。
9　公布　成立した法律などを公表し、国民に知らせること。
10　御名御璽　天皇の名前と印。「御名」は、じっさいは「裕仁」（昭和天皇の名前）と書かれている。

［前文］注
1　協和　心をあわせて、なかよくすること。
2　恵沢　めぐみ。
3　惨禍　いたましい、わざわい。
4　主権　国の政治のあり方をきめる力。
5　厳粛　おごそかで、心がひきしまるようす。
6　信託　信頼して、まかせること。
7　福利　幸福と利益。
8　享受　うけとって、自分のものとすること。
9　普遍　すべてのものに共通していること。
10　法令　法律、命令、規則、条例などをまとめていうことば。
11　詔勅　天皇の考えをあらわす公式の文書。
12　恒久　永久にかわらないこと。
13　崇高　けだかく、とうといこと。
14　信義　やくそくをまもり、つとめをはたすこと。
15　専制　支配者が自分勝手に政治をおこなうこと。
16　隷従　つかえ、したがうこと。
17　圧迫　力でおさえつけること。
18　偏狭　かたよっていて、せまいこと。

われらは、いづれの国家も、自国のことのみに専念して他国を無視してはならないのであつて、政治道徳の法則は、普遍的なものであり、この法則に従ふことは、自国の主権を維持し、他国と対等関係に立たうとする各国の責務であると信ずる。

日本国民は、国家の名誉にかけ、全力をあげてこの崇高な理想と目的を達成することを誓ふ。

第1章　天皇

第1条［天皇の地位・国民主権］ 天皇は、日本国の象徴であり日本国民統合の象徴であつて、この地位は、主権の存する日本国民の総意に基く。

第2条［皇位の継承］ 皇位は、世襲のものであつて、国会の議決した皇室典範の定めるところにより、これを継承する。

第3条［国事行為に対する内閣の助言・承認と責任］ 天皇の国事に関するすべての行為には、内閣の助言と承認を必要とし、内閣が、その責任を負ふ。

第4条［天皇の権能の限界、国事行為の委任］ ①天皇は、この憲法の定める国事に関する行為のみを行ひ、国政に関する権能を有しない。
②天皇は、法律の定めるところにより、その国事に関する行為を委任することができる。

第5条［摂政］ 皇室典範の定めるところにより摂政を置くときは、摂政は、天皇の名でその国事に関する行為を行ふ。この場合には、前条第1項の規定を準用する。

第6条［天皇の任命権］ ①天皇は、国会の指名に基いて、内閣総理大臣を任命する。
②天皇は、内閣の指名に基いて、最高裁判所の長たる裁判官を任命する。

第7条［天皇の国事行為］ 天皇は、内閣の助言と承認により、国民のために、左の国事に関する行為を行ふ。
1　憲法改正、法律、政令及び条約を公布すること。
2　国会を召集すること。
3　衆議院を解散すること。
4　国会議員の総選挙の施行を公示すること。
5　国務大臣及び法律の定めるその他の官吏の任免並びに全権委任状及び大使及び公使の信任状を認証すること。
6　大赦、特赦、減刑、刑の執行の免除及び復権を認証すること。
7　栄典を授与すること。
8　批准書及び法律の定めるその他の外交文書を認証すること。
9　外国の大使及び公使を接受すること。
10　儀式を行ふこと。

第8条［皇室の財産授受］ 皇室に財産を譲り渡し、又は皇室が、財産を譲り受け、若しくは賜与することは、国会の議決に基かなければならない。

第2章　戦争の放棄

第9条［戦争の放棄、戦力の不保持、交戦権の否認］ ①日本国民は、正義と秩序を基調とする国際平和を誠実に希求し、国権の発動たる戦争と、武力による威嚇又は武力の行使は、国際紛争を解決する手段としては、永久にこれを放棄する。
②前項の目的を達するため、陸海空軍その他の戦力は、これを保持しない。国の交戦権は、これを認めない。

19　**主権**　国が自分の意思で国民や領土を支配する権利。ここでは、注4と異なる意味でもちいられている。
20　**責務**　責任をもって、はたさなければならないつとめ。

第1章　注

1　**象徴**　あることがらや考えなどを、かたちや色などにたとえて、あらわすこと。また、あらわしたもの。シンボル。
2　**統合**　いくつかのものを一つにまとめあわせること。
3　**世襲**　その家の地位や財産、職業などを、親から子へと、代々うけつぐこと。
4　**皇室典範**　皇室にかんすることがらをきめた法律。1947年に制定された。
5　**継承**　先の人の身分や権利、財産などをうけつぐこと。
6　**国事**　国の政治にかんすることがら。
7　**権能**　あることがらについて能力を行使する権利。
8　**法律**　国事行為の臨時代行に関する法律など。
9　**委任**　他の人に仕事や役目をまかせること。
10　**摂政**　天皇にかわって国事をおこなう人。天皇が未成年であったり、病気や事故で仕事をおこなえない場合に、任命される。
11　**準用**　あることがらにかんする規定を、それと似たことがらに、あてはめること。
12　**政令**　内閣がきめる命令。
13　**条約**　国と国のあいだで、文書でむすんだやくそく。
14　**召集**　議会をひらくために、国会議員に議院にあつまるよう命じること。
15　**解散**　任期が終わっていないのに、すべての衆議院議員の資格をうしなわせること。
16　**公示**　ひろく一般の人々に知らせること。
17　**国務大臣**　内閣を構成する大臣。ふつう内閣総理大臣以外の大臣をいう。
18　**法律**　裁判所法など。
19　**官吏**　政府の仕事をする役人。国家公務員。
20　**任免**　役目につけさせることとやめさせること。
21　**全権委任状**　外国との交渉をおこなう使節に、いっさいの交渉の権限をあたえることをしめした文書。
22　**大使**　国を代表して、外国へ送られ、外交の仕事をおこなう使節。
23　**公使**　大使につぐ外交使節。
24　**信任状**　外交使節として正式に任命したことを証明する文書。
25　**認証**　正式な文書であることをみとめること。
26　**大赦**　国にめでたいことがあったときなどにおこなわれる恩赦の一つ。法律できめた罪について、罪をゆるすこと。
27　**特赦**　恩赦の一つ。とくにきめた人にたいして、

第3章　国民の権利及び義務

第10条　[国民の要件]　日本国民たる要件は、法律でこれを定める。

第11条　[基本的人権の享有]　国民は、すべての基本的人権の享有を妨げられない。この憲法が国民に保障する基本的人権は、侵すことのできない永久の権利として、現在及び将来の国民に与へられる。

第12条　[自由・権利の保持責任と濫用禁止]　この憲法が国民に保障する自由及び権利は、国民の不断の努力によつて、これを保持しなければならない。又、国民は、これを濫用してはならないのであつて、常に公共の福祉のためにこれを利用する責任を負ふ。

第13条　[個人の尊重と公共の福祉]　すべて国民は、個人として尊重される。生命、自由及び幸福追求に対する国民の権利については、公共の福祉に反しない限り、立法その他の国政の上で、最大の尊重を必要とする。

第14条　[法の下の平等、貴族制度の禁止、栄典]　①すべて国民は、法の下に平等であつて、人種、信条、性別、社会的身分又は門地により、政治的、経済的又は社会的関係において、差別されない。
②華族その他の貴族の制度は、これを認めない。
③栄誉、勲章その他の栄典の授与は、いかなる特権も伴はない。栄典の授与は、現にこれを有し、又は将来これを受ける者の一代に限り、その効力を有する。

第15条　[公務員の選定罷免権、公務員の本質、普通選挙・秘密投票の保障]
①公務員を選定し、及びこれを罷免することは、国民固有の権利である。
②すべて公務員は、全体の奉仕者であつて、一部の奉仕者ではない。
③公務員の選挙については、成年者による普通選挙を保障する。
④すべて選挙における投票の秘密は、これを侵してはならない。選挙人は、その選択に関し公的にも私的にも責任を問はれない。

第16条　[請願権]　何人も、損害の救済、公務員の罷免、法律、命令又は規則の制定、廃止又は改正その他の事項に関し、平穏に請願する権利を有し、何人も、かかる請願をしたためにいかなる差別待遇も受けない。

第17条　[国及び公共団体の賠償責任]　何人も、公務員の不法行為により、損害を受けたときは、法律の定めるところにより、国又は公共団体に、その賠償を求めることができる。

第18条　[奴隷的拘束・苦役からの自由]　何人も、いかなる奴隷的拘束も受けない。又、犯罪に因る処罰の場合を除いては、その意に反する苦役に服させられない。

第19条　[思想・良心の自由]　思想及び良心の自由は、これを侵してはならない。

第20条　[信教の自由、政教分離]　①信教の自由は、何人に対してもこれを保障する。いかなる宗教団体も、国から特権を受け、又は政治上の権力を行使してはならない。
②何人も、宗教上の行為、祝典、儀式又は行事に参加することを強制されない。
③国及びその機関は、宗教教育その他いかなる宗教的活動もしてはならない。

第21条　[集会・結社・表現の自由、検閲の禁止、通信の秘密]　①集会、結社及び言論、出版その他一切の表現の自由は、これを保障する。
②検閲は、これをしてはならない。通信の秘密は、これを侵してはならない。

第22条　[居住・移転・職業選択の自由、外国移住・国籍離脱の自由]　①何

＊2016年6月、選挙権を満18歳に引き下げる公職選挙法の改正法が施行されました。

28　**栄典**　国や社会のためにつくした人をたたえるために、国があたえる待遇や称号。
29　**批准書**　条約をむすぶときに、国がよいとみとめたことをしめす文書。
30　**法律**　外務公務員法など。
31　**接受**　うけいれること。
32　**賜与**　身分の高い人が、下の人にあたえること。

第2章　注

1　**基調**　考え方や行動の底にある基本となるもの。
2　**希求**　ねがい、もとめること。
3　**国権の発動**　国の権力にもとづいて行動をおこすこと。
4　**威嚇**　おどすこと。
5　**国際紛争**　国と国のあいだにおこるもめごと。
6　**放棄**　資格や権利をすててしまうこと。
7　**戦力**　戦争をおこなう力。
8　**交戦権**　国が戦争をおこなう権利。

第3章　注

1　**要件**　必要な条件。
2　**法律**　国籍法。
3　**享有**　生まれながらもっていること。
4　**不断**　つづいていて、たえることがないこと。
5　**濫用**　むやみやたらにもちいること。
6　**公共の福祉**　社会全体に共通する幸福や利益。
7　**立法**　法律をつくること。
8　**信条**　かたく信じていることがら。
9　**門地**　家がら。
10　**華族**　明治憲法のもとで、皇族の下、士族の上におかれ、貴族としてあつかわれた特別な身分。
11　**貴族**　社会的な特権をもつ階級の人々。
12　**栄誉**　たいへんな名誉。
13　**特権**　ある特別な人だけにあたえられている権利。
14　**公務員**　国や地方公共団体の公の仕事をする人。
15　**罷免**　公務員をやめさせること。
16　**固有**　もともとそなわっていること。
17　**奉仕者**　国や社会や人々のために、利害を考えずにつくす人。
18　**成年者**　法律のうえで満20歳以上の人。＊
19　**普通選挙**　ある年齢になれば、だれでも平等に選挙に参加できる制度。
20　**平穏**　平和で、おだやかであること。
21　**請願**　国民が国や地方公共団体にたいし、文書で希望をのべること。
22　**不法行為**　法律に反したおこない。
23　**法律**　国家賠償法など。
24　**公共団体**　ある目的のために、国から行政上の権限や特権をあたえられた団体。地方公共団体や公共組合などがある。
25　**賠償**　他の人にあたえた損害をつぐなうこと。
26　**奴隷的拘束**　奴隷のように、とらえられて、行動の自由をうばわれること。
27　**処罰**　罰をくわえること。

人も、公共の福祉に反しない限り、居住、移転及び職業選択の自由を有する。
②何人も、外国に移住し、又は国籍を離脱する自由を侵されない。

第23条 ［学問の自由］ 学問の自由は、これを保障する。

第24条 ［家庭生活における個人の尊厳・両性の平等］ ①婚姻は、両性の合意のみに基いて成立し、夫婦が同等の権利を有することを基本として、相互の協力により、維持されなければならない。
②配偶者の選択、財産権、相続、住居の選定、離婚並びに婚姻及び家族に関するその他の事項に関しては、法律は、個人の尊厳と両性の本質的平等に立脚して、制定されなければならない。

第25条 ［生存権、国の社会保障的義務］ ①すべて国民は、健康で文化的な最低限度の生活を営む権利を有する。
②国は、すべての生活部面について、社会福祉、社会保障及び公衆衛生の向上及び増進に努めなければならない。

第26条 ［教育を受ける権利、教育の義務］ ①すべて国民は、法律の定めるところにより、その能力に応じて、ひとしく教育を受ける権利を有する。
②すべて国民は、法律の定めるところにより、その保護する子女に普通教育を受けさせる義務を負ふ。義務教育は、これを無償とする。

第27条 ［勤労の権利・義務、労働条件の基準、児童酷使の禁止］ ①すべて国民は、勤労の権利を有し、義務を負ふ。
②賃金、就業時間、休息その他の勤労条件に関する基準は、法律でこれを定める。
③児童は、これを酷使してはならない。

第28条 ［勤労者の団結権及び団体行動権］ 勤労者の団結する権利及び団体交渉その他の団体行動をする権利は、これを保障する。

第29条 ［財産権］ ①財産権は、これを侵してはならない。
②財産権の内容は、公共の福祉に適合するやうに、法律でこれを定める。
③私有財産は、正当な補償の下に、これを公共のために用ひることができる。

第30条 ［納税の義務］ 国民は、法律の定めるところにより、納税の義務を負ふ。

第31条 ［法定手続きの保障］ 何人も、法律の定める手続によらなければ、その生命若しくは自由を奪はれ、又はその他の刑罰を科せられない。

第32条 ［裁判を受ける権利］ 何人も、裁判所において裁判を受ける権利を奪はれない。

第33条 ［逮捕の要件］ 何人も、現行犯として逮捕される場合を除いては、権限を有する司法官憲が発し、且つ理由となつてゐる犯罪を明示する令状によらなければ、逮捕されない。

第34条 ［抑留・拘禁の要件、不法拘禁に対する保障］ 何人も、理由を直ちに告げられ、且つ、直ちに弁護人に依頼する権利を与へられなければ、抑留又は拘禁されない。又、何人も、正当な理由がなければ、拘禁されず、要求があれば、その理由は、直ちに本人及びその弁護人の出席する公開の法廷で示されなければならない。

第35条 ［住居の不可侵］ ①何人も、その住居、書類及び所持品について、侵入、捜索及び押収を受けることのない権利は、第33条の場合を除いては、正当な理由に基いて発せられ、且つ捜索する場所及び押収する物を明示する令状がなければ、侵されない。
②捜索又は押収は、権限を有する司法官憲が発する各別の令状により、こ

28 **苦役** 苦しい労働。
29 **思想** 人がもつ、社会や生き方などについての考え方。
30 **良心** よいか悪いかを判断し、よいことをしようとする心のはたらき。
31 **信教** 宗教を信じること。
32 **祝典** 祝いの式。
33 **結社** ある目的のために、人々があつまり、団体をつくること。
34 **言論** ことばで意見や思想をあらわすこと。
35 **出版** 本などを印刷して、売りだすこと。
36 **検閲** 国が、本や新聞、映画などの内容を、強制的にしらべること。
37 **通信の秘密** 郵便や電話、インターネットなどの内容について、他人には秘密であること。
38 **国籍** その国の国民であるという身分や資格。
39 **離脱** それまで属していたところから、ぬけだすこと。
40 **婚姻** 結婚すること。
41 **両性の合意** 男性と女性の考えがあうこと。
42 **配偶者** 結婚している相手のこと。
43 **財産権** 財産を自分のものとする権利。
44 **相続** 財産や権利をうけつぐこと。
45 **尊厳** とうとく、おごそかなこと。
46 **立脚** ある立場によって立つこと。
47 **社会福祉** 貧しい人や心身に障害のある人をたすけ、社会全体の福祉の向上をめざすこと。
48 **社会保障** 国民が病気や失業、老いなどでこまったときに、国が生活を保障するしくみ。
49 **公衆衛生** 病気の予防や食品衛生など、国民が健康な生活を送れるようにつとめること。
50 **法律** 教育基本法、学校教育法など。
51 **普通教育** その社会でくらす人に必要な知識や教養がえられる教育。
52 **義務教育** 国民が子女にうけさせなければならない普通教育。小学校や中学校での教育が、それにあたる。
53 **無償** お金をもらわないこと。ただ。
54 **勤労** はたらくこと。
55 **賃金** はたらいて、もらうお金。
56 **就業時間** はたらいている時間。
57 **勤労条件** 賃金、労働時間、休日など、はたらくときの条件。
58 **法律** 労働基準法など。
59 **酷使** ひどい使い方をすること。
60 **団結する権利** はたらく人々が、自分たちの権利をまもるために、労働組合をつくり、それにくわわる権利。
61 **団体交渉** 労働組合がやとい主と、はたらく条件などについて話しあいをすること。
62 **団体行動をする権利** はたらく人々が、はたらく条件をよくするために、ストライキなどをおこなう権利。
63 **適合** 条件などにあてはまること。
64 **法律** 民法、刑法など。
65 **私有財産** 個人がもっている財産。

れを行ふ。

第36条　［拷問・残虐刑の禁止］　公務員による拷問及び残虐な刑罰は、絶対にこれを禁ずる。

第37条　［刑事被告人の権利］　①すべて刑事事件においては、被告人は、公平な裁判所の迅速な公開裁判を受ける権利を有する。
②刑事被告人は、すべての証人に対して審問する機会を充分に与へられ、又、公費で自己のために強制的手続により証人を求める権利を有する。
③刑事被告人は、いかなる場合にも、資格を有する弁護人を依頼することができる。被告人が自らこれを依頼することができないときは、国でこれを附する。

第38条　［自己に不利益な供述、自白の証拠能力］　①何人も、自己に不利益な供述を強要されない。
②強制、拷問若しくは脅迫による自白又は不当に長く抑留若しくは拘禁された後の自白は、これを証拠とすることができない。
③何人も、自己に不利益な唯一の証拠が本人の自白である場合には、有罪とされ、又は刑罰を科せられない。

第39条　［遡及処罰の禁止・二重処罰の禁止］　何人も、実行の時に適法であつた行為又は既に無罪とされた行為については、刑事上の責任を問はれない。又、同一の犯罪について、重ねて刑事上の責任を問はれない。

第40条　［刑事補償］　何人も、抑留又は拘禁された後、無罪の裁判を受けたときは、法律の定めるところにより、国にその補償を求めることができる。

第4章　国会

第41条　［国会の地位・立法権］　国会は、国権の最高機関であつて、国の唯一の立法機関である。

第42条　［両院制］　国会は、衆議院及び参議院の両議院でこれを構成する。

第43条　［両議院の組織］　①両議院は、全国民を代表する選挙された議員でこれを組織する。
②両議院の議員の定数は、法律でこれを定める。

第44条　［議員及び選挙人の資格］　両議院の議員及びその選挙人の資格は、法律でこれを定める。但し、人種、信条、性別、社会的身分、門地、教育、財産又は収入によつて差別してはならない。

第45条　［衆議院議員の任期］　衆議院議員の任期は、4年とする。但し、衆議院解散の場合には、その期間満了前に終了する。

第46条　［参議院議員の任期］　参議院議員の任期は、6年とし、3年ごとに議員の半数を改選する。

第47条　［選挙に関する事項］　選挙区、投票の方法その他両議院の議員の選挙に関する事項は、法律でこれを定める。

第48条　［両議院議員兼職の禁止］　何人も、同時に両議院の議員たることはできない。

第49条　［議員の歳費］　両議院の議員は、法律の定めるところにより、国庫から相当額の歳費を受ける。

第50条　［議員の不逮捕特権］　両議院の議員は、法律の定める場合を除いては、国会の会期中逮捕されず、会期前に逮捕された議員は、その議院の要求があれば、会期中これを釈放しなければならない。

第51条　［議員の発言・表決の無責任］　両議院の議員は、議院で行つた演説、討論又は表決について、院外で責任を問はれない。

66　補償　損害などをうめあわせること。
67　法律　所得税法、消費税法など。
68　納税　税金をおさめること。
69　法律　刑事訴訟法など。
70　現行犯　いまおこなわれている、または、いまおこない終わった犯罪。また、その犯人。
71　司法官憲　法律にもとづくことをおこなう公務員。ここでは、裁判官のこと。
72　令状　人やものにたいする強制的な処分をするために、裁判官がだす文書。
73　弁護人　裁判で被告人(84)の利益をまもる仕事をする人。ふつうは弁護士のなかからえらばれる。
74　抑留　わりと短いあいだ、強制的にひきとめておくこと。
75　拘禁　とらえて、留置場などにひきとめておくこと。その期間は抑留より長い。
76　法廷　裁判官が裁判をするところ。
77　侵入　むりやり、はいりこむこと。
78　捜索　警察などが、罪の疑いのある人や証拠をさがすために、家などを強制的にしらべること。
79　押収　警察などが、証拠となるものをさしおさえること。
80　各別　それぞれ別の。
81　拷問　自白をさせるために、体をいためつけること。
82　残虐　むごたらしいこと。
83　刑事事件　刑法によってさばかれる犯罪にかんする事件。殺人、傷害、窃盗など。
84　被告人　犯罪をおかしたとして裁判所にうったえられ、裁判をうけている人。
85　迅速　すばやいこと。
86　公開裁判　公開されていて、だれでも見たり、聞いたりすることのできる裁判。
87　証人　裁判所で、自分の見たり、聞いたりしたことをのべる人。
88　審問　裁判所が、当事者や関係者にといただすこと。
89　公費　国や公共団体の費用。
90　強制的手続　裁判所の命令。
91　供述　裁判所で、事実や意見をのべること。
92　脅迫　相手をおどして、むりやり、なにかをさせようとすること。
93　自白　自分のおかした罪や秘密について、すすんで話すこと。
94　適法　法律にかなっていること。
95　法律　刑事補償法、刑事訴訟法など。

第4章　注

1　国権　国のもっている権力。
2　立法機関　国の法律を定めるはたらきをするところ。
3　定数　きめられた数。
4　法律　公職選挙法。
5　選挙人　選挙をする権利をもつ人。
6　任期　その職についている、きめられた期間。
7　満了　きめられた期間が終わること。

第52条　［常会］　国会の常会は、毎年１回これを召集する。

第53条　［臨時会］　内閣は、国会の臨時会の召集を決定することができる。いづれかの議院の総議員の４分の１以上の要求があれば、内閣は、その召集を決定しなければならない。

第54条　［衆議院の解散と特別会、参議院の緊急集会］　①衆議院が解散されたときは、解散の日から40日以内に、衆議院議員の総選挙を行ひ、その選挙の日から30日以内に、国会を召集しなければならない。

②衆議院が解散されたときは、参議院は、同時に閉会となる。但し、内閣は、国に緊急の必要があるときは、参議院の緊急集会を求めることができる。

③前項但書の緊急集会において採られた措置は、臨時のものであつて、次の国会開会の後10日以内に、衆議院の同意がない場合には、その効力を失ふ。

第55条　［議員の資格争訟］　両議院は、各々その議員の資格に関する争訟を裁判する。但し、議員の議席を失はせるには、出席議員の３分の２以上の多数による議決を必要とする。

第56条　［定足数、表決］　①両議院は、各々その総議員の３分の１以上の出席がなければ、議事を開き、議決することができない。

②両議院の議事は、この憲法に特別の定のある場合を除いては、出席議員の過半数でこれを決し、可否同数のときは、議長の決するところによる。

第57条　［会議の公開、会議録の公表、表決の記載］　①両議院の会議は、公開とする。但し、出席議員の３分の２以上の多数で議決したときは、秘密会を開くことができる。

②両議院は、各々その会議の記録を保存し、秘密会の記録の中で特に秘密を要すると認められるもの以外は、これを公表し、且つ一般に頒布しなければならない。

③出席議員の５分の１以上の要求があれば、各議員の表決は、これを会議録に記載しなければならない。

第58条　［役員の選任、議院規則・懲罰］　①両議院は、各々その議長その他の役員を選任する。

②両議院は、各々その会議その他の手続及び内部の規律に関する規則を定め、又、院内の秩序をみだした議員を懲罰することができる。但し、議員を除名するには、出席議員の３分の２以上の多数による議決を必要とする。

第59条　［法律案の議決、衆議院の優越］　①法律案は、この憲法に特別の定のある場合を除いては、両議院で可決したとき法律となる。

②衆議院で可決し、参議院でこれと異なつた議決をした法律案は、衆議院で出席議員の３分の２以上の多数で再び可決したときは、法律となる。

③前項の規定は、法律の定めるところにより、衆議院が、両議院の協議会を開くことを求めることを妨げない。

④参議院が、衆議院の可決した法律案を受け取つた後、国会休会中の期間を除いて60日以内に、議決しないときは、衆議院は、参議院がその法律案を否決したものとみなすことができる。

第60条　［衆議院の予算先議と優越］　①予算は、さきに衆議院に提出しなければならない。

②予算について、参議院で衆議院と異なつた議決をした場合に、法律の定めるところにより、両議院の協議会を開いても意見が一致しないとき、又は参議院が、衆議院の可決した予算を受け取つた後、国会休会中の期間を除いて30日以内に、議決しないときは、衆議院の議決を国会の議決とする。

第61条　［条約の承認と衆議院の優越］　条約の締結に必要な国会の承認につ

8　改選　議員の任期が終わったのち、あたらしく選挙でえらびだすこと。

9　選挙区　選挙をおこなう単位として、区分けされた地域。

10　投票　選挙のとき、えらびたい人や政党の名前を紙に書いて、きめられた場所にだすこと。

11　法律　公職選挙法と政治資金規正法。

12　法律　国会法など。

13　国庫　国のお金を保管するところ。

14　歳費　国会議員に国がしはらう１年間の手当て。

15　会期　国会がおこなわれている期間。

16　釈放　とらえられている人を自由にしてやること。

17　表決　ある議案について、賛成か反対かの意思をあらわすこと。

18　院外　議院の外。

19　常会　定期的にひらかれる会議。ここでは、通常国会のこと。

20　臨時会　その時におうじて、ひらかれる会議。ここでは、臨時国会のこと。

21　総選挙　衆議院議員全員を、あらたに選挙でえらびだすこと。

22　閉会　会議が終わること。

23　但書　書きだしに「但し」ということばをつかい、前の文に説明をつけくわえた文。

24　措置　うまくきまりがつくように、とりはからうこと。

25　効力　ある効果をもたらすことのできる力。

26　争訟　うったえをおこして、あらそうこと。

27　議席　議員としての資格。

28　議事　議会にあつまって、相談すること。また、そのことがら。

29　過半数　全体の半分よりも多い数。

30　可否　賛成と反対と。

31　公開　だれでも見たり、聞いたりできるようにすること。

32　秘密会　公開しないでおこなわれる会議。

33　保存　そのままの状態でとっておくこと。

34　頒布　ひろくくばって、行きわたらせること。

35　記載　書類などに書きしるすこと。

36　選任　人をえらんで、その職や役目につかせること。

37　規律　行動のよりどころとなるようなきまり。

38　規則　衆議院規則、参議院規則など。

39　懲罰　不正なおこないにたいして、いましめのために罰をあたえること。国会では、戒告、陳謝、登院停止、除名の４つがある。

40　除名　名簿から名前を消して、なかまからはずすこと。ここでは、議員の資格をなくすこと。

41　可決　会議で話しあい、それでよいときめること。

42　法律　国会法など。

43　協議会　話しあって、きめるための会議。

44　休会　会議をひらかずに、休むこと。

45　否決　会議で、ある案をみとめないときめること。

Ⅷ　資料

いては、前条第２項の規定を準用する。

第62条　[議院の国政調査権]　両議院は、各々国政に関する調査を行ひ、これに関して、証人の出頭及び証言並びに記録の提出を要求することができる。

第63条　[国務大臣の議院出席の権利・義務]　内閣総理大臣その他の国務大臣は、両議院の一に議席を有すると有しないとにかかはらず、何時でも議案について発言するため議院に出席することができる。又、答弁又は説明のため出席を求められたときは、出席しなければならない。

第64条　[弾劾裁判所]　①国会は、罷免の訴追を受けた裁判官を裁判するため、両議院の議員で組織する弾劾裁判所を設ける。
②弾劾に関する事項は、法律でこれを定める。

第5章　内閣

第65条　[行政権と内閣]　行政権は、内閣に属する。

第66条　[内閣の組織、文民資格、国会に対する連帯責任]　①内閣は、法律の定めるところにより、その首長たる内閣総理大臣及びその他の国務大臣でこれを組織する。
②内閣総理大臣その他の国務大臣は、文民でなければならない。
③内閣は、行政権の行使について、国会に対し連帯して責任を負ふ。

第67条　[内閣総理大臣の指名、衆議院の優越]　①内閣総理大臣は、国会議員の中から国会の議決で、これを指名する。この指名は、他のすべての案件に先だつて、これを行ふ。
②衆議院と参議院とが異なつた指名の議決をした場合に、法律の定めるところにより、両議院の協議会を開いても意見が一致しないとき、又は衆議院が指名の議決をした後、国会休会中の期間を除いて10日以内に、参議院が、指名の議決をしないときは、衆議院の議決を国会の議決とする。

第68条　[国務大臣の任免]　①内閣総理大臣は、国務大臣を任命する。但し、その過半数は、国会議員の中から選ばれなければならない。
②内閣総理大臣は、任意に国務大臣を罷免することができる。

第69条　[内閣不信任決議と解散又は総辞職]　内閣は、衆議院で不信任の決議案を可決し、又は信任の決議案を否決したときは、10日以内に衆議院が解散されない限り、総辞職をしなければならない。

第70条　[内閣総理大臣の欠缺又は総選挙と内閣の総辞職]　内閣総理大臣が欠けたとき、又は衆議院議員総選挙の後に初めて国会の召集があつたときは、内閣は、総辞職をしなければならない。

第71条　[総辞職後の内閣による職務執行]　前２条の場合には、内閣は、あらたに内閣総理大臣が任命されるまで引き続きその職務を行ふ。

第72条　[内閣総理大臣の職務権限]　内閣総理大臣は、内閣を代表して議案を国会に提出し、一般国務及び外交関係について国会に報告し、並びに行政各部を指揮監督する。

第73条　[内閣の職務権限]　内閣は、他の一般行政事務の外、左の事務を行ふ。
1　法律を誠実に執行し、国務を総理すること。
2　外交関係を処理すること。
3　条約を締結すること。但し、事前に、時宜によつては事後に、国会の承認を経ることを必要とする。
4　法律の定める基準に従ひ、官吏に関する事務を掌理すること。

46　予算　国や地方公共団体の１年間の収入と支出の見つもり。
47　締結　条約や協定をむすぶこと。
48　出頭　役所などからよびだしをうけて、でかけること。
49　証言　裁判所で、自分の見たり、聞いたりしたことをのべること。
50　議案　会議で話しあい、きめるためにだされた案。
51　答弁　質問に答えること。
52　罷免の訴追　裁判官の弾劾の申し立てをし、その罷免をもとめること。
53　弾劾裁判所　罷免の訴追をうけた裁判官を裁判するために、国会にもうけられた裁判所のこと。
54　法律　国会法、裁判官弾劾法など。

第5章　注

1　行政権　行政の仕事をおこなう権限。
2　内閣　国の行政権をになう最高の機関。
3　法律　内閣法。
4　首長　上に立って、団体や組織をまとめる人。
5　文民　軍人でない人。
6　連帯　二人以上の人が、いっしょに責任をとること。
7　案件　問題となっていることがら。議論すべきことがら。
8　任命　ある職や役目につくように命令すること。
9　任意　その人の意思にまかせること。
10　不信任　信任されないこと。
11　信任　信じて、仕事などをまかせること。
12　総辞職　内閣総理大臣と国務大臣がそろって、内閣をやめること。
13　欠けたとき　亡くなったり、資格をうしなったりしたとき。
14　職務　つとめとして、それぞれがうけもっている仕事。
15　国務　国の行政にかんする仕事。
16　外交関係　外国とのさまざまなつきあいや、かかわりあい。
17　行政各部　国の行政にかかわる、それぞれの部署。
18　指揮監督　多くの人々を指図したり、とりしまったりすること。
19　執行　じっさいにとりおこなうこと。
20　総理　すべての事務をとりまとめて、管理すること。
21　事前　ものごとがおこなわれる前。
22　時宜　ちょうどよい時期。
23　事後　ものごとがおこなわれた後。
24　掌理　とりあつかうこと。
25　主任　ある仕事を中心になっておこなう人。
26　署名　自分の名前を書くこと。
27　連署　おなじ書面に二人以上の人が名前を書きしるすこと。
28　訴追　裁判所にうったえること。

5　予算を作成して国会に提出すること。
6　この憲法及び法律の規定を実施するために、政令を制定すること。但し、政令には、特にその法律の委任がある場合を除いては、罰則を設けることができない。
7　大赦、特赦、減刑、刑の執行の免除及び復権を決定すること。

第74条　[法律・政令の署名・連署]　法律及び政令には、すべて主任の国務大臣が署名し、内閣総理大臣が連署することを必要とする。

第75条　[国務大臣の訴追]　国務大臣は、その在任中、内閣総理大臣の同意がなければ、訴追されない。但し、これがため、訴追の権利は、害されない。

第6章　司　法

第76条　[司法権・裁判所、特別裁判所の禁止、裁判官の独立]　①すべて司法権は、最高裁判所及び法律の定めるところにより設置する下級裁判所に属する。
②特別裁判所は、これを設置することができない。行政機関は、終審として裁判を行ふことができない。
③すべて裁判官は、その良心に従ひ独立してその職権を行ひ、この憲法及び法律にのみ拘束される。

第77条　[最高裁判所の規則制定権]　①最高裁判所は、訴訟に関する手続、弁護士、裁判所の内部規律及び司法事務処理に関する事項について、規則を定める権限を有する。
②検察官は、最高裁判所の定める規則に従はなければならない。
③最高裁判所は、下級裁判所に関する規則を定める権限を、下級裁判所に委任することができる。

第78条　[裁判官の身分の保障]　裁判官は、裁判により、心身の故障のために職務を執ることができないと決定された場合を除いては、公の弾劾によらなければ罷免されない。裁判官の懲戒処分は、行政機関がこれを行ふことはできない。

第79条　[最高裁判所の裁判官、国民審査、定年、報酬]　①最高裁判所は、その長たる裁判官及び法律の定める員数のその他の裁判官でこれを構成し、その長たる裁判官以外の裁判官は、内閣でこれを任命する。
②最高裁判所の裁判官の任命は、その任命後初めて行はれる衆議院議員総選挙の際国民の審査に付し、その後10年を経過した後初めて行はれる衆議院議員総選挙の際更に審査に付し、その後も同様とする。
③前項の場合において、投票者の多数が裁判官の罷免を可とするときは、その裁判官は、罷免される。
④審査に関する事項は、法律でこれを定める。
⑤最高裁判所の裁判官は、法律の定める年齢に達した時に退官する。
⑥最高裁判所の裁判官は、すべて定期に相当額の報酬を受ける。この報酬は、在任中、これを減額することができない。

第80条　[下級裁判所の裁判官、任期、定年、報酬]　①下級裁判所の裁判官は、最高裁判所の指名した者の名簿によつて、内閣でこれを任命する。その裁判官は、任期を10年とし、再任されることができる。但し、法律の定める年齢に達した時には退官する。
②下級裁判所の裁判官は、すべて定期に相当額の報酬を受ける。この報酬は、在任中、これを減額することができない。

第81条　[法令審査権と最高裁判所]　最高裁判所は、一切の法律、命令、規

第6章　注

1　**司法権**　法律にもとづいて裁判をおこなう権限。
2　**法律**　裁判所法など。
3　**下級裁判所**　最高裁判所の下におかれる裁判所。高等裁判所、地方裁判所、家庭裁判所、簡易裁判所がある。
4　**特別裁判所**　特別な事件についてだけ、裁判をする裁判所。明治憲法のもとでは、行政裁判所や軍法会議があった。
5　**行政機関**　行政の仕事をおこなう機関。内閣や省庁などをさす。
6　**終審**　裁判における最後の審理。
7　**職権**　職務をおこなううえでもっている権限。
8　**拘束**　行動や判断の自由を制限すること。
9　**訴訟**　裁判所に裁判をしてもらいたいと、ねがいでること。
10　**弁護士**　裁判のとき、うったえられた人やうったえた人の権利や利益をまもるために、弁護をする職業の人。
11　**規則**　最高裁判所裁判事務処理規則など。
12　**検察官**　被疑者（罪をおかした疑いのある人）をしらべて、裁判所にうったえ、その裁判が正しくおこなわれるよう監督する役目の人。
13　**規則**　下級裁判所裁判事務処理規則など。
14　**心身の故障**　精神や身体がそこなわれ、うまくはたらかなくなること。
15　**執る**　とりおこなう。
16　**懲戒処分**　不正・不当なおこないにたいして、こらしめ、いましめること。
17　**法律**　裁判所法など。
18　**員数**　きまった数。
19　**国民の審査**　その裁判官が役目にあっているかどうか、国民が投票をして、きめること。
20　**退官**　官職をしりぞくこと。
21　**報酬**　仕事などをした人に、お礼としてだすお金。
22　**在任**　仕事や役についていること。
23　**減額**　額をへらすこと。
24　**再任**　任期が終わったあと、つづけておなじ仕事や役目につくこと。
25　**法律**　裁判所法など。
26　**適合**　よくあてはまること。
27　**終審裁判所**　裁判における最後の審理をおこなう裁判所。
28　**対審**　裁判であらそう人どうしが、法廷に立ち

則又は処分が憲法に適合するかしないかを決定する権限を有する終審裁判所である。

第82条　[裁判の公開]　①裁判の対審及び判決は、公開法廷でこれを行ふ。
②裁判所が、裁判官の全員一致で、公の秩序又は善良の風俗を害する虞があると決した場合には、対審は、公開しないでこれを行ふことができる。但し、政治犯罪、出版に関する犯罪又はこの憲法第3章で保障する国民の権利が問題となつてゐる事件の対審は、常にこれを公開しなければならない。

第7章　財政

第83条　[財政処理の基本原則]　国の財政を処理する権限は、国会の議決に基いて、これを行使しなければならない。

第84条　[課税の要件]　あらたに租税を課し、又は現行の租税を変更するには、法律又は法律の定める条件によることを必要とする。

第85条　[国費の支出及び国の債務負担]　国費を支出し、又は国が債務を負担するには、国会の議決に基くことを必要とする。

第86条　[予算]　内閣は、毎会計年度の予算を作成し、国会に提出して、その審議を受け議決を経なければならない。

第87条　[予備費]　①予見し難い予算の不足に充てるため、国会の議決に基いて予備費を設け、内閣の責任でこれを支出することができる。
②すべて予備費の支出については、内閣は、事後に国会の承諾を得なければならない。

第88条　[皇室財産・皇室費用]　すべて皇室財産は、国に属する。すべて皇室の費用は、予算に計上して国会の議決を経なければならない。

第89条　[公の財産の支出又は利用の制限]　公金その他の公の財産は、宗教上の組織若しくは団体の使用、便益若しくは維持のため、又は公の支配に属しない慈善、教育若しくは博愛の事業に対し、これを支出し、又はその利用に供してはならない。

第90条　[決算検査、会計検査院]　①国の収入支出の決算は、すべて毎年会計検査院がこれを検査し、内閣は、次の年度に、その検査報告とともに、これを国会に提出しなければならない。
②会計検査院の組織及び権限は、法律でこれを定める。

第91条　[財政状況の報告]　内閣は、国会及び国民に対し、定期に、少くとも毎年1回、国の財政状況について報告しなければならない。

第8章　地方自治

第92条　[地方自治の基本原則]　地方公共団体の組織及び運営に関する事項は、地方自治の本旨に基いて、法律でこれを定める。

第93条　[地方公共団体の機関、その直接選挙]　①地方公共団体には、法律の定めるところにより、その議事機関として議会を設置する。
②地方公共団体の長、その議会の議員及び法律の定めるその他の吏員は、その地方公共団体の住民が、直接これを選挙する。

第94条　[地方公共団体の権能]　地方公共団体は、その財産を管理し、事務を処理し、及び行政を執行する権能を有し、法律の範囲内で条例を制定することができる。

第95条　[特別法の住民投票]　一の地方公共団体のみに適用される特別法は、法律の定めるところにより、その地方公共団体の住民の投票においてその過半数の同意を得なければ、国会は、これを制定することができない。

あって、審理をすすめること。
29　判決　裁判所が、法律にしたがって、罪があるかどうかをきめること。
30　善良の風俗　社会のなかのよいしきたりやならわし。
31　政治犯罪　国の政治のうえでのきまりを侵すような犯罪。

第7章　注

1　財政　国や地方公共団体が、仕事をするためにお金のやりくりをすること。
2　行使　じっさいに使うこと。
3　租税　国や地方公共団体に人々がおさめるお金。税金。
4　現行　いまおこなわれていること。
5　法律　地方自治法、財政法など。
6　国費　国がだすお金。
7　支出　お金をしはらうこと。
8　債務　借りたお金を返さなければならない義務。
9　会計年度　収入や支出を計算するときの1年の区切り。国の会計年度は、4月1日からつぎの年の3月31日までとされている。
10　予見　ものごとがおこる前に、知ること。
11　予備費　国や地方公共団体の予算で、いざというときのためにとっておくお金。
12　承諾　人のたのみごとや、ねがいごとを聞きいれること。
13　皇室財産　天皇と皇族がもっている財産。
14　公金　国や地方公共団体が仕事をするためにもっているお金。
15　便益　便利で有益なこと。
16　維持　ものごとを、そのままもちつづけること。
17　慈善　こまっている人をたすけること。
18　博愛　すべての人をわけへだてなく愛すること。
19　決算　国や地方公共団体で、1年間の収入と支出をまとめて計算すること。
20　会計検査院　国の決算を検査する機関。
21　法律　会計検査院法など。

第8章　注

1　地方公共団体　都道府県と市町村のこと。地方自治体。
2　地方自治　その地域に住んでいる人々が、自分たちの意思にもとづいて、政治をおこなうこと。
3　本旨　本来の目的。
4　法律　地方自治法など。
5　議事機関　話しあって、ものごとをきめるところ。
6　吏員　地方公共団体の職員。地方公務員。
7　条例　地方公共団体が、その議会で定めたきまり。
8　適用　法律などをじっさいにあてはめて、使うこと。
9　特別法　とくにきめられた地域や人、ことがらだけに適用される法律。

第9章　改正

第96条　[憲法改正の発議、国民投票及び公布]　①この憲法の改正は、各議院の総議員の３分の２以上の賛成で、国会が、これを発議し、国民に提案してその承認を経なければならない。この承認には、特別の国民投票又は国会の定める選挙の際行はれる投票において、その過半数の賛成を必要とする。
②憲法改正について前項の承認を経たときは、天皇は、国民の名で、この憲法と一体を成すものとして、直ちにこれを公布する。

第9章　注
1. 総議員　すべての議員。
2. 発議　意見をだすこと。ここでは、憲法の改正案をきめること。
3. 国民投票　国の政治の重要なことがらについて、国民が投票してきめること。
4. 一体を成す　一つのものとなる。

第10章　最高法規

第97条　[基本的人権の本質]　この憲法が日本国民に保障する基本的人権は、人類の多年にわたる自由獲得の努力の成果であつて、これらの権利は、過去幾多の試錬に堪へ、現在及び将来の国民に対し、侵すことのできない永久の権利として信託されたものである。

第98条　[最高法規、条約及び国際法規の遵守]　①この憲法は、国の最高法規であつて、その条規に反する法律、命令、詔勅及び国務に関するその他の行為の全部又は一部は、その効力を有しない。
②日本国が締結した条約及び確立された国際法規は、これを誠実に遵守することを必要とする。

第99条　[憲法尊重擁護の義務]　天皇又は摂政及び国務大臣、国会議員、裁判官その他の公務員は、この憲法を尊重し擁護する義務を負ふ。

第10章　注
1. 獲得　手にいれること。
2. 幾多　数多く。たくさん。
3. 試錬　決心の強さなどをきびしくためすこと。
4. 最高法規　すべての法律のなかで、もっとも高い地位にある法律。
5. 条規　文書になったきまり。
6. 国際法規　国際社会のきまりやおきて。
7. 遵守　法律などにそむかず、よくまもること。
8. 擁護　かばって、まもること。

第11章　補則

第100条　[憲法施行期日、準備手続]　①この憲法は、公布の日から起算して６箇月を経過した日から、これを施行する。
②この憲法を施行するために必要な法律の制定、参議院議員の選挙及び国会召集の手続並びにこの憲法を施行するために必要な準備手続は、前項の期日よりも前に、これを行ふことができる。

第101条　[経過規定(1)——参議院未成立の間の国会]　この憲法施行の際、参議院がまだ成立してゐないときは、その成立するまでの間、衆議院は、国会としての権限を行ふ。

第102条　[経過規定(2)——第１期の参議院議員の任期]　この憲法による第１期の参議院議員のうち、その半数の者の任期は、これを３年とする。その議員は、法律の定めるところにより、これを定める。

第103条　[経過規定(3)——公務員の地位]　この憲法施行の際現に在職する国務大臣、衆議院議員及び裁判官並びにその他の公務員で、その地位に相応する地位がこの憲法で認められてゐる者は、法律で特別の定をした場合を除いては、この憲法施行のため、当然にはその地位を失ふことはない。但し、この憲法によつて、後任者が選挙又は任命されたときは、当然その地位を失ふ。

第11章　注
1. 起算　ある点をはじめとして数えること。
2. 在職　その職業や役目についていること。
3. 相応　ふさわしいこと。
4. 後任者　ある人がついていた職業や役目に、その人がかわってつくこと。

大日本帝国憲法

1889（明治22）年2月11日公布
1890（明治23）年11月29日施行

第1章　天皇

第1条　大日本帝国ハ万世一系ノ天皇之ヲ統治ス
第2条　皇位ハ皇室典範ノ定ムル所ニ依リ皇男子孫 之ヲ継承ス
第3条　天皇ハ神聖ニシテ侵スヘカラス
第4条　天皇ハ国ノ元首ニシテ統治権ヲ総攬シ此ノ憲法ノ条規ニ依リ之ヲ行フ
第5条　天皇ハ帝国議会ノ協賛ヲ以テ立法権ヲ行フ
第6条　天皇ハ法律ヲ裁可シ其ノ公布 及執行ヲ命ス
第7条　天皇ハ帝国議会ヲ召集シ其ノ開会閉会停会 及衆議院ノ解散ヲ命ス
第8条　①天皇ハ公共ノ安全ヲ保持シ又ハ其ノ災厄ヲ避クル為緊急ノ必要ニ由リ帝国議会閉会ノ場合ニ於テ法律ニ代ルヘキ勅令ヲ発ス
②此ノ勅令ハ次ノ会期ニ於テ帝国議会ニ提出スヘシ若議会ニ於テ承諾セサルトキハ政府ハ将来ニ向テ其ノ効力ヲ失フコトヲ公布スヘシ
第9条　天皇ハ法律ヲ執行スル為ニ又ハ公共ノ安寧秩序ヲ保持シ及臣民ノ幸福ヲ増進スル為ニ必要ナル命令ヲ発シ又ハ発セシム但シ命令ヲ以テ法律ヲ変更スルコトヲ得ス
第10条　天皇ハ行政各部ノ官制 及文武官ノ俸給ヲ定メ及文武官ノ任免ス但シ此ノ憲法又ハ他ノ法律ニ特例ヲ掲ケタルモノハ各々其ノ条項ニ依ル
第11条　天皇ハ陸海軍ヲ統帥ス
第12条　天皇ハ陸海軍ノ編制 及常備兵額ヲ定ム
第13条　天皇ハ戦ヲ宣シ和ヲ講シ及諸般ノ条約ヲ締結ス
第14条　①天皇ハ戒厳ヲ宣告ス
②戒厳ノ要件及効力ハ法律ヲ以テ之ヲ定ム
第15条　天皇ハ爵位 勲章及其ノ他ノ栄典ヲ授与ス
第16条　天皇ハ大赦 特赦 減刑 及復権ヲ命ス
第17条　①摂政ヲ置クハ皇室典範ノ定ムル所ニ依ル
②摂政ハ天皇ノ名ニ於テ大権ヲ行フ

第2章　臣民権利義務

第18条　日本臣民タルノ要件ハ法律ノ定ムル所ニ依ル
第19条　日本臣民ハ法律命令ノ定ムル所ノ資格ニ応シ均ク文武官ニ任セラレ及其ノ他ノ公務ニ就クコトヲ得
第20条　日本臣民ハ法律ノ定ムル所ニ従ヒ兵役ノ義務ヲ有ス
第21条　日本臣民ハ法律ノ定ムル所ニ従ヒ納税ノ義務ヲ有ス
第22条　日本臣民ハ法律ノ範囲内ニ於テ居住及移転ノ自由ヲ有ス
第23条　日本臣民ハ法律ニ依ルニ非スシテ逮捕監禁 審問 処罰ヲ受クルコトナシ
第24条　日本臣民ハ法律ニ定メタル裁判官ノ裁判ヲ受クルノ権ヲ奪ハルルコトナシ
第25条　日本臣民ハ法律ニ定メタル場合ヲ除ク外其ノ許諾ナクシテ住所ニ侵入セラレ及捜索セラルルコトナシ

凡例

1) 原典の大日本帝国憲法は、歴史的かなづかいで、ルビはふられていませんが、むずかしい漢字には現代かなづかいでルビをふりました。
2) 原典の大日本帝国憲法の漢字は、旧字体ですが、新字体にあらためました。
3) 原典の大日本帝国憲法は、漢数字をもちいていますが、算用数字にあらためました。
4) 各条文には、①②③などと項番号をふりました。
5) 本文についている赤い数字は、注番号です。

第1章　注

1　**万世一系**　永遠に一つの血すじがつづくこと。
2　**統治**　国を支配し、おさめること。
3　**皇位**　天皇の地位。
4　**皇室典範**　皇室にかんすることがらをきめた法律。ここでは、1889年に制定された旧皇室典範。
5　**皇男子孫**　天皇とその一族の男子の子孫。
6　**神聖**　とうとくて、侵してはならないこと。
7　**元首**　一国の首長。
8　**総攬**　一手ににぎること。
9　**条規**　文書になったきまり。
10　**協賛**　いうことに賛成し、実行をたすけること。ここでは、天皇のきめた法律・予算の成立に同意すること。
11　**裁可**　自分できめて、許可すること。
12　**公布**　成立した法律などを公表し、国民に知らせること。
13　**召集**　議会をひらくために、国会議員に議院にあつまるよう命じること。
14　**停会**　議会が一時、活動をやめること。
15　**災厄**　不幸なできごと。わざわい。
16　**勅令**　議会の協賛なしに、天皇の大権（40）で制定・公布された命令。
17　**安寧秩序**　社会の秩序がたもたれ、おだやかなこと。
18　**臣民**　君主に支配される人々。ここでは、天皇と皇族をのぞいた国民。
19　**官制**　行政をおこなう官庁についてのきまり。
20　**文武官**　行政にたずさわる役人と軍事にたずさわる役人。
21　**俸給**　給料。
22　**任免**　役目につかせることと、やめさせること。
23　**統帥**　軍隊をひきい、したがえること。
24　**編制**　軍隊などをまとまったものにすること。
25　**常備兵額**　つねにそなえておく兵士の人数。
26　**戦ヲ宣シ**　戦争することを相手の国にいいわたすこと。
27　**和ヲ講シ**　戦争をやめて、なかなおりすること。

第26条　日本臣民ハ法律ニ定メタル場合ヲ除ク外信書ノ秘密ヲ侵サルルコトナシ

第27条　①日本臣民ハ其ノ所有権ヲ侵サルルコトナシ
②公益ノ為必要ナル処分ハ法律ノ定ムル所ニ依ル

第28条　日本臣民ハ安寧秩序ヲ妨ケス及臣民タルノ義務ニ背カサル限ニ於テ信教ノ自由ヲ有ス

第29条　日本臣民ハ法律ノ範囲内ニ於テ言論著作 印行集会及結社ノ自由ヲ有ス

第30条　日本臣民ハ相当ノ敬礼ヲ守リ別ニ定ムル所ノ規程ニ従ヒ請願ヲ為スコトヲ得

第31条　本章ニ掲ケタル条規ハ戦時又ハ国家事変ノ場合ニ於テ天皇大権ノ施行ヲ妨クルコトナシ

第32条　本章ニ掲ケタル条規ハ陸海軍ノ法令又ハ紀律ニ抵触セサルモノニ限リ軍人ニ準行ス

第3章　帝国議会

第33条　帝国議会ハ貴族院衆議院ノ両院ヲ以テ成立ス

第34条　貴族院ハ貴族院令ノ定ムル所ニ依リ皇族 華族 及勅任セラレタル議員ヲ以テ組織ス

第35条　衆議院ハ選挙法ノ定ムル所ニ依リ公選セラレタル議員ヲ以テ組織ス

第36条　何人モ同時ニ両議院ノ議員タルコトヲ得

第37条　凡テ法律ハ帝国議会ノ協賛ヲ経ルヲ要ス

第38条　両議院ハ政府ノ提出スル法律案ヲ議決シ及各々法律案ヲ提出スルコトヲ得

第39条　両議院ノ一ニ於テ否決シタル法律案ハ同会期中ニ於テ再ヒ提出スルコトヲ得ス

第40条　両議院ハ法律又ハ其ノ他ノ事件ニ付各々其ノ意見ヲ政府ニ建議スルコトヲ得但シ其ノ採納ヲ得サルモノハ同会期中ニ於テ再ヒ建議スルコトヲ得ス

第41条　帝国議会ハ毎年之ヲ召集ス

第42条　帝国議会ハ3箇月ヲ以テ会期トス必要アル場合ニ於テハ勅命ヲ以テ之ヲ延長スルコトアルヘシ

第43条　①臨時緊急必要アル場合ニ於テ常会ノ外臨時会ヲ召集スヘシ
②臨時会ノ会期ヲ定ムルハ勅命ニ依ル

第44条　①帝国議会ノ開会閉会会期ノ延長及停会ハ両院同時ニ之ヲ行フヘシ
②衆議院解散ヲ命セラレタルトキハ貴族院ハ同時ニ停会セラルヘシ

第45条　衆議院解散ヲ命セラレタルトキハ勅命ヲ以テ新ニ議員ヲ選挙セシメ解散ノ日ヨリ5箇月以内ニ之ヲ召集スヘシ

第46条　両議院ハ各々其ノ総員3分ノ1以上出席スルニ非サレハ議事ヲ開キ議決ヲ為スコトヲ得ス

第47条　両議院ノ議事ハ過半数ヲ以テ決ス可否同数ナルトキハ議長ノ決スル所ニ依ル

第48条　両議院ノ会議ハ公開ス但シ政府ノ要求又ハ其ノ院ノ決議ニ依リ秘密会ト為スコトヲ得

第49条　両議院ハ各々天皇ニ上奏スルコトヲ得

第50条　両議院ハ臣民ヨリ呈出スル請願書ヲ受クルコトヲ得

第51条　両議院ハ此ノ憲法及議院法ニ掲クルモノノ外内部ノ整理ニ必要ナル

28	条約	国と国とのあいだで、文書でむすんだやくそく。
29	締結	条約などをとりむすぶこと。
30	戒厳	戦争がおきたときなどに、国やある地域を軍隊がとりしまり、用心すること。
31	宣告	大事なことをつげ、知らせること。
32	爵位	公爵、侯爵、伯爵、子爵、男爵の位。
33	栄典	国や社会のためにつくした人をたたえるために、国があたえる地位や称号。
34	授与	ものをさずけ、あたえること。
35	大赦	国にめでたいことがあったときなどにおこなわれる恩赦の一つ。法律できめた罪について、罪をゆるすこと。
36	特赦	恩赦の一つ。とくにきめた者にたいして、罪をゆるすこと。
37	減刑	恩赦の一つ。刑のいいわたしをうけた者にたいして、罪を軽くすること。
38	復権	恩赦の一つ。刑のいいわたしによってうしなった資格などを回復させること。
39	摂政	天皇にかわって、国の政治をおこなう人。
40	大権	天皇が国や国民にたいしてもつ支配権。

第2章　注

1	公務	公の仕事。
2	兵役	軍隊にはいり、軍隊の仕事につくこと。
3	納税	税金をおさめること。
4	監禁	人をある場所にとじこめ、でられないようにすること。
5	審問	裁判官が取り調べのため、といただすこと。
6	処罰	罰をくわえること。
7	許諾	許可をあたえること。
8	捜索	容疑者（罪をおかした疑いのある人）や証拠をさがすために、家などを強制的にしらべること。
9	信書	手紙。
10	公益	世の中の人々の利益になること。
11	信教	宗教を信じること。
12	著作	書物などを書きあらわすこと。
13	印行	書物などを印刷して、発行すること。
14	結社	ある目的のために、人々があつまり、団体をつくること。
15	敬礼	うやまうこと。
16	請願	国民が国などにたいして、文書で希望をのべること。
17	国家事変	国にとって異常なできごとがおこること。
18	紀律	集団生活で、まもるように定められたきまり。
19	抵触	法律などにふれること。
20	準行	他のものを基準にしておこなうこと。

第3章　注

1	貴族院令	貴族院の組織について定めた勅令。
2	皇族	天皇をのぞく天皇家の一族。
3	華族	明治憲法のもとで、皇族の下、士族の上

諸規則ヲ定ムルコトヲ得

第52条 両議院ノ議員ハ議院ニ於テ発言シタル意見及表決ニ付院外ニ於テ責ヲ負フコトナシ但シ議員自ラ其ノ言論ヲ演説刊行 筆記又ハ其ノ他ノ方法ヲ以テ公布シタルトキハ一般ノ法律ニ依リ処分セラルヘシ

第53条 両議院ノ議員ハ現行犯罪 又ハ内乱外患ニ関ル罪ヲ除ク外会期中其ノ院ノ許諾ナクシテ逮捕セラルルコトナシ

第54条 国務大臣及政府委員ハ何時タリトモ各議院ニ出席シ及発言スルコトヲ得

第4章　国務大臣及枢密顧問

第55条 ①国務各大臣ハ天皇ヲ輔弼シ其ノ責ニ任ス
②凡テ法律勅令其ノ他国務ニ関ル詔勅ハ国務大臣ノ副署ヲ要ス

第56条 枢密顧問ハ枢密院官制ノ定ムル所ニ依リ天皇ノ諮詢ニ応ヘ重要ノ国務ヲ審議ス

第5章　司法

第57条 ①司法権ハ天皇ノ名ニ於テ法律ニ依リ裁判所之ヲ行フ
②裁判所ノ構成ハ法律ヲ以テ之ヲ定ム

第58条 ①裁判官ハ法律ニ定メタル資格ヲ具フル者ヲ以テ之ニ任ス
②裁判官ハ刑法ノ宣告 又ハ懲戒ノ処分ニ由ルノ外其ノ職ヲ免セラルルコトナシ
③懲戒ノ条規ハ法律ヲ以テ之ヲ定ム

第59条 裁判ノ対審 判決ハ之ヲ公開ス但シ安寧秩序又ハ風俗ヲ害スルノ虞アルトキハ法律ニ依リ又ハ裁判所ノ決議ヲ以テ対審ノ公開ヲ停ムルコトヲ得

第60条 特別裁判所ノ管轄ニ属スヘキモノハ別ニ法律ヲ以テ之ヲ定ム

第61条 行政官庁ノ違法処分ニ由リ権利ヲ傷害セラレタリトスルノ訴訟ニシテ別ニ法律ヲ以テ定メタル行政裁判所ノ裁判ニ属スヘキモノハ司法裁判所ニ於テ受理スルノ限ニ在ラス

第6章　会計

第62条 ①新ニ租税ヲ課シ及税率ヲ変更スルハ法律ヲ以テ之ヲ定ムヘシ
②但シ報償ニ属スル行政上ノ手数料及其ノ他ノ収納金ハ前項ノ限ニ在ラス
③国債ヲ起シ及予算ニ定メタルモノヲ除ク外国庫ノ負担トナルヘキ契約ヲ為スハ帝国議会ノ協賛ヲ経ヘシ

第63条 現行ノ租税ハ更ニ法律ヲ以テ之ヲ改メサル限ハ旧ニ依リ之ヲ徴収ス

第64条 ①国家ノ歳出歳入ハ毎年予算ヲ以テ帝国議会ノ協賛ヲ経ヘシ
②予算ノ款項ヲ超過シ又ハ予算ノ外ニ生シタル支出アルトキハ後日帝国議会ノ承諾ヲ求ムルヲ要ス

第65条 予算ハ前ニ衆議院ニ提出スヘシ

第66条 皇室経費ハ現在ノ定額ニ依リ毎年国庫ヨリ之ヲ支出シ将来増額ヲ要スル場合ヲ除ク外帝国議会ノ協賛ヲ要セス

第67条 憲法上ノ大権ニ基ツケル既定ノ歳出及法律ノ結果ニ由リ又ハ法律上政府ノ義務ニ属スル歳出ハ政府ノ同意ナクシテ帝国議会之ヲ廃除シ又ハ削減スルコトヲ得ス

第68条 特別ノ須要ニ因リ政府ハ予メ年限ヲ定メ継続費トシテ帝国議会ノ協賛ヲ求ムルコトヲ得

におかれ、貴族としてあつかわれた特別な身分。
4 　**勅任**　天皇の勅令により国家公務員になること。
5 　**選挙法**　衆議院議員選挙法など。
6 　**公選**　人々の選挙によりえらばれること。
7 　**否決**　会議で、ある案をみとめないときめること。
8 　**建議**　議院が政府に意見をしめすこと。
9 　**採納**　とりあげて、もちいること。
10　**会期**　国会などの議会がひらかれている期間。
11　**常会**　毎年きまった時期にひらかれる通常国会。
12　**臨時会**　必要におうじてひらかれる臨時国会。
13　**解散**　任期が終わっていないのに、すべての衆議院議員の資格をうしなわせること。
14　**議事**　議会にあつまって、相談すること。
15　**過半数**　全体の半分よりも多い数。
16　**可否**　賛成と反対と。
17　**秘密会**　公開しないでおこなわれる会議。
18　**上奏**　天皇に意見などをのべること。
19　**呈出**　さしだすこと。提出。
20　**議院法**　帝国議会にかんし、その構成や運営などを定めた法律。
21　**表決**　議会などで、ある案について賛成か反対かをきめること。
22　**院外**　議院の外。
23　**刊行**　書物などを印刷して、世にだすこと。
24　**現行犯罪**　いまおこなわれている、または、いまおこない終わった犯罪。
25　**内乱外患**　国内であらそいごとがおきることと外国からせめられることと。
26　**国務大臣**　内閣を構成する大臣。ふつう内閣総理大臣以外の大臣をいう。

第4章　注

1 　**輔弼**　天皇の政治をたすけるために、意見をのべること。
2 　**詔勅**　天皇の考えをあらわす公式の文書。
3 　**副署**　国務大臣が、天皇の署名にそえて、署名すること。
4 　**枢密顧問**　枢密院の顧問官。
5 　**諮詢**　意見を聞くこと。

第5章　注

1 　**刑法**　犯罪とそれにたいする刑罰をきめた法律。
2 　**宣告**　裁判官が、法廷で判決などをいいわたすこと。
3 　**懲戒**　義務に違反した人に罰をあたえて、こらしめること。
4 　**対審**　裁判であらそう人どうしが、法廷で立ちあって、審理をすすめること。
5 　**風俗**　日ごろのくらしのうえでのしきたり。
6 　**特別裁判所**　特別な事件についてだけ、裁判をする裁判所。明治憲法のもとでは、行政裁判所や軍法会議がこれにあたる。
7 　**管轄**　ある権限をもって、とりしまること。
8 　**訴訟**　裁判所に裁判をしてもらいたいとねがいでること。

第69条　避クヘカラサル予算ノ不足ヲ補フ為ニ又ハ予算ノ外ニ生シタル必要ノ費用ニ充ツル為ニ予備費ヲ設クヘシ

第70条　①公共ノ安全ヲ保持スル為緊急ノ需用アル場合ニ於テ内外ノ情形ニ因リ政府ハ帝国議会ヲ召集スルコト能ハサルトキハ勅令ニ依リ財政上必要ノ処分ヲ為スコトヲ得

②前項ノ場合ニ於テハ次ノ会期ニ於テ帝国議会ニ提出シ其ノ承諾ヲ求ムルヲ要ス

第71条　帝国議会ニ於テ予算ヲ議定セス又ハ予算成立ニ至ラサルトキハ政府ハ前年度ノ予算ヲ施行スヘシ

第72条　①国家ノ歳出歳入ノ決算ハ会計検査院之ヲ検査確定シ政府ハ其ノ検査報告ト倶ニ之ヲ帝国議会ニ提出スヘシ

②会計検査院ノ組織及職権ハ法律ヲ以テ之ヲ定ム

第7章　補則

第73条　①将来此ノ憲法ノ条項ヲ改正スルノ必要アルトキハ勅命ヲ以テ議案ヲ帝国議会ノ議ニ付スヘシ

②此ノ場合ニ於テ両議院ハ各々其ノ総員3分ノ2以上出席スルニ非サレハ議事ヲ開クコトヲ得ス出席議員3分ノ2以上ノ多数ヲ得ルニ非サレハ改正ノ議決ヲ為スコトヲ得ス

第74条　①皇室典範ノ改正ハ帝国議会ノ議ヲ経ルヲ要セス

②皇室典範ヲ以テ此ノ憲法ノ条規ヲ変更スルコトヲ得ス

第75条　憲法及皇室典範ハ摂政ヲ置クノ間之ヲ変更スルコトヲ得ス

第76条　①法律規則命令又ハ何等ノ名称ヲ用ヰタルニ拘ラス此ノ憲法ニ矛盾セサル現行ノ法令ハ総テ遵由ノ効力ヲ有ス

②歳出上政府ノ義務ニ係ル現在ノ契約又ハ命令ハ総テ第67条ノ例ニ依ル

9　行政裁判所　行政にかんする事件についてだけ、裁判をする裁判所。
10　司法裁判所　民事・刑事にかんする事件について、裁判をする裁判所。明治憲法のもとで、行政裁判所と区別して、このようにいった。
11　受理　書類や届けなどをうけつけること。

第6章　注

1　租税　国や地方公共団体に人々がおさめるお金。税金。
2　税率　税金をかける割合。
3　報償　あたえた損害のつぐないをすること。
4　収納金　国や地方公共団体がうけとる税金などのお金。
5　国債　国がお金をかりるために発行する証券。
6　予算　国や地方公共団体の1年間の収入と支出の見つもり。
7　国庫　国のお金を保管するところ。
8　現行　いまおこなわれていること。
9　徴収　国や地方公共団体が税金などをとりたてること。
10　歳出歳入　国や地方公共団体の1年間の収入と支出。
11　款項　予算・決算のまとめの単位。
12　超過　きまった時間、量、数などをこえること。
13　支出　ある目的のためにお金をしはらうこと。
14　経費　あることをおこなうのにかかるお金。
15　定額　きまった額。
16　増額　額をふやすこと。
17　既定　すでにきまっていること。
18　廃除　いままでおこなってきたことをやめること。
19　削減　けずって、へらすこと。
20　須要　ぜひとも必要なこと。
21　継続費　国や地方公共団体の予算のかたちの一つ。議会などで、ある経費について額をきめておき、数年にわたって支出されるもの。
22　予備費　国や地方公共団体の予算で、いざというときのためにとっておくお金。
23　需用　入り用。
24　内外　国内と国外。
25　情形　ようす。ありさま。
26　議定　話しあいにより、ものごとをきめること。
27　決算　国や地方公共団体で、1年間の収入と支出をまとめて計算すること。
28　会計検査院　国の決算を検査する機関。
29　職権　仕事のうえでもっている権限。

第7章　注

1　議案　話しあいのもとになる案。
2　総員　すべての人。
3　矛盾　つじつまがあわないこと。
4　遵由　したがい、それによること。

年表 日本国憲法のあゆみ

◇この年表ではつぎのような略語をもちいています。　米＝アメリカ　英＝イギリス　ソ＝旧ソ連　中＝中国　韓＝韓国　最高裁＝最高裁判所　高裁＝高等裁判所　地裁＝地方裁判所

年	月・日	事項
1945（昭和20）	7・26	米・英・中、ポツダム宣言を発表
	8・14	御前会議、ポツダム宣言の最終的受諾を決定
	9・27	昭和天皇、連合国軍最高司令官マッカーサーと会談
	10・4	連合国軍最高司令官総司令部（GHQ）、「自由の指令」を発表
		マッカーサー、近衛国務大臣と会見、憲法改正の必要を示唆
	10・11	マッカーサー、幣原首相に憲法改正を示唆、民主化にかんする五大改革を指令
	10・25	政府、憲法問題調査委員会を設置（委員長・松本烝治）
	12・8	松本国務大臣、衆議院で「天皇が統治権を総攬する原則不変」等の憲法改正四原則を言明
	12・15	GHQ、「神道指令」で神道と国家の分離を指令
	12・17	衆議院議員選挙法一部改正法公布（婦人参政権の実現）
	12・26	鈴木安蔵らの憲法研究会、天皇を儀礼的な位置におく「憲法草案要綱」を発表
	12・28	高野岩三郎、大統領制を柱とする「改正憲法私案要綱」を発表
1946	1・1	昭和天皇、神格を否定した「人間宣言」を発表
	1・21	自由党、国体の護持を強調した「憲法改正要綱」を発表
	1・24	幣原首相、マッカーサーと会談、戦争放棄を示唆
	2・1	毎日新聞、「憲法問題調査委員会試案」と題する憲法改正案をスクープ
	2・3	マッカーサー、GHQ民政局長ホイットニーにマッカーサー三原則（マッカーサー・ノート）をしめし、憲法草案の起草を指示
	2・8	政府、「憲法改正要綱」（松本案）をGHQに正式に提出
	2・10	GHQ草案（マッカーサー草案）が完成
	2・13	GHQ、「憲法改正要綱」を拒否し、GHQ草案を政府に手わたす
	2・14	進歩党、国体の護持を強調した「憲法改正案要綱」を決定
	2・22	閣議、GHQ草案のうけいれを決定
	2・23	社会党、主権は国家にあるとする「憲法改正案要綱」を決定
	3・2	政府、GHQ草案にそって3月2日案を作成
	3・4	政府、3月2日案をGHQに提出（翌日まで両者間で審議）
	3・5	閣議、GHQ修正草案の採択を決定（日本政府の確定草案成立）
	3・6	政府、「帝国憲法改正草案要綱」（3月6日案）を発表。マッカーサー、全面的支持を声明
	3・26	国民の国語運動連盟（代表・安藤正次）、憲法の口語体化を政府に建議
	4・10	新選挙法による第22回衆議院議員総選挙（女性議員39人誕生）
	4・17	政府、「憲法改正草案要綱」を口語体で条文化した「憲法改正草案」（内閣草案）を発表
	6・8	枢密院、「憲法改正草案」を可決（憲法改正案が確定）
	6・19	金森徳次郎、憲法問題専任の国務大臣に就任
	6・20	第90回帝国議会開会。政府、憲法改正案を衆議院に提出
	6・26	吉田首相、衆議院で「9条は自衛のための戦争も交戦権も放棄した」と答弁
	6・28	共産党、「人民共和国憲法草案」を決定
	7・2	極東委員会、「日本の新憲法についての諸原則」を採択
	8・24	衆議院、憲法改正案を修正可決

年	月日	事項
	10・6	貴族院、修正をへた憲法改正案を修正可決し、衆議院へ回付
	10・7	衆議院、貴族院から回付された憲法改正案を再可決
	10・17	極東委員会、日本国憲法の再検討についての政策を決定
	10・29	枢密院、憲法改正案を可決
	11・3	日本国憲法公布。日本国憲法公布記念祝賀都民大会開催
	12・1	帝国議会内に憲法普及会発足（会長・芦田均）
1947	1・3	マッカーサー、新憲法の再検討について吉田首相あてに書簡
	1・16	皇室典範公布
	3・31	教育基本法、学校教育法公布
	4・7	労働基準法公布
	4・17	地方自治法公布
	5・3	日本国憲法施行
	8・2	文部省、中学校1年生向け社会科用教科書として『あたらしい憲法のはなし』を発行
	10・26	刑法一部改正法公布
	10・27	国家賠償法公布
	12・17	警察法公布（国家公安委員会の設置等）
	12・22	民法一部改正法公布
1948	7・7	福井市公安条例施行（初の公安条例）
	11・30	国家公務員法改正法公布（公務員の争議行為の禁止等）
1949	4・1	丸山真男ら公法研究会、「憲法改正意見」を発表
	4・20	吉田首相、衆議院外務委員会で「改憲の意思なし」と答弁
	4・28	極東委員会、「憲法改正に関する新指令を出さず」と決定
	6・1	東大憲法研究会、「憲法改正の諸問題」を発表
1950	1・1	マッカーサー、年頭のメッセージで「日本国憲法は自己防衛の権利を否定せず」と声明
	1・23	吉田首相、施政方針演説で「戦争放棄は自衛権の放棄を意味せず」と言明
	4・15	公職選挙法公布
	6・6	マッカーサー、共産党中央委員全員の公職追放を指令
	6・25	朝鮮戦争はじまる
	7・8	マッカーサー、吉田首相あて書簡で警察予備隊の創設・海上保安庁の拡充を指令
	8・10	警察予備隊令公布
	10・11	最高裁、尊属殺事件で尊属傷害致死罪重罰規定は合憲の判決
1951	9・8	サンフランシスコ平和条約・日米安全保障条約に調印
1952	3・6	吉田首相、参議院で「自衛のための戦力は合憲」と発言（3月10日、訂正）
	7・21	破壊活動防止法公布。公安調査庁発足
	7・31	保安庁法公布
	8・28	吉田首相、憲法第7条により衆議院を抜き打ち解散
	10・8	最高裁、警察予備隊違憲確認訴訟で請求を却下
	10・15	警察予備隊を保安隊に改組
	11・25	閣議、「憲法第9条の戦力とは近代戦に役立つ程度の装備、編成をそなえるものをいう」とする内

年	月 日	事 項
		閣法制局の見解を了承
1953	11・19	来日中のニクソン米副大統領、日米協会での演説で「日本は再軍備すべきである」と言明
1954	1・15	憲法擁護国民連合発足（議長・片山哲）
	3・8	日米相互防衛援助協定（MSA協定）に調印
	6・2	参議院本会議、「自衛隊の海外出動を為さざることに関する決議」案を可決
	6・9	防衛庁設置法・自衛隊法公布
	7・1	防衛庁設置。陸・海・空自衛隊発足
	9・13	改進党憲法調査会、「現行憲法の問題点の概要」を発表
	11・5	自由党憲法調査会、「日本国憲法改正案要綱」を発表
	12・21	政府、憲法第9条について自衛権保有と自衛隊合憲の統一見解を発表
	12・22	大村防衛庁長官、衆議院予算委員会で「自衛隊は一種の軍隊であるが違憲にあらず」と答弁
1955	1・10	鳩山首相、憲法改正と中ソとの国交回復に積極的意思を表明
	3・26	鳩山首相、衆議院予算委員会で「憲法改正の主眼は第9条および前文」と発言
	5・21	自主憲法期成同盟結成
	7・11	自主憲法期成議員同盟結成
	10・13	社会党統一大会開催、「憲法擁護」を共通目標に
	11・15	民主党・自由党合同し、自民党結成（「現行憲法の自主的改正」を内容とする政綱を満場一致で可決）
1956	1・31	鳩山首相、参議院で「軍備をみとめない現行憲法には反対」と答弁（2月2日、取り消し）
	2・29	鳩山首相、衆議院予算委員会で「自衛のため敵基地を攻撃することも可能」と答弁
	4・28	自民党憲法調査会、「憲法改正の問題点」を発表
	6・11	憲法調査会法公布、内閣に憲法調査会設置
1957	4・25	政府、参議院内閣委員会で「攻撃的核兵器の保有は違憲」との統一見解を発表
	5・7	岸首相、参議院内閣委員会で「自衛権の範囲内での攻撃的核兵器の保有は可能」と答弁
	6・21	訪米中の岸首相、アイゼンハワー米大統領と日米共同声明を発表（日米新時代を強調）
	8・13	憲法調査会第1回総会、社会党への参加よびかけを決定
1958	3・28	岸首相、衆議院内閣委員会で「在日米軍基地への攻撃は日本への侵略」と答弁
	6・8	学者による憲法問題研究会発足（代表・大内兵衛）
	10・14	岸首相、米NBC記者に「憲法9条廃止の時がきた」と言明
1959	3・12	岸首相、衆議院予算委員会で「防御用小型核兵器は合憲」と答弁
	3・19	政府、「自衛のための敵基地攻撃は合憲だが、平生から攻撃的兵器をもつことは憲法の趣旨ではない」との統一見解を発表
	3・30	東京地裁、砂川事件で、日米安保条約による米軍駐留は違憲とし、原告無罪との判決
	12・16	最高裁、砂川事件で、駐留米軍は憲法第9条にいう戦力ではないとして原判決を破棄、東京地裁に差し戻し
1960	1・19	日米相互協力及び安全保障条約（新安保条約）に調印
	2・26	岸首相、衆議院安保特別委員会で新安保条約の「極東の範囲」について「フィリピン以北および日

年	月日	事項
		本周辺」をさすと答弁
	5・20	政府・自民党、衆議院本会議で新安保条約を強行採決
	10・19	東京地裁、朝日訴訟で現行の生活保護基準は違憲とし、原告の全面勝訴の判決
1961	3・27	東京地裁、砂川事件差し戻し審判決で有罪の判断
	12・13	憲法調査会、基本的問題点の審議開始
1962	2・1	池田首相、衆議院予算委員会で「憲法改正の発議権は内閣にもある」と答弁
	5・16	行政事件訴訟法公布
	11・28	最高裁、第三者所有物没収事件で、告知弁解の機会をあたえずに第三者の所有物を没収することは違憲と判決
1963	5・22	最高裁、東大ポポロ事件上告審で、原判決を破棄、差し戻し
	9・4	憲法調査会、明文改憲をもとめる18人の共同意見書「憲法改正の方向」を発表
1964	7・3	憲法調査会、最終報告書を首相に提出（各意見を併記）
	9・28	東京地裁、『宴のあと』事件で、プライバシーの権利を承認
1965	2・10	社会党・岡田春夫、衆議院予算委員会で防衛庁極秘文書にもとづき「三矢研究」を追及
	3・6	憲法改悪阻止各界連絡会議（憲法会議）結成
	6・12	家永三郎東京教育大学教授、教科書検定をめぐる第一次家永訴訟（教科書裁判）を東京地裁に提起
1966	3・4	政府、いかなる海外派兵も拒否等の自衛隊の海外派兵にかんする統一見解を発表
1967	3・29	札幌地裁、恵庭事件で自衛隊の憲法適合性判断を回避し、被告に無罪の判決
	5・24	最高裁、朝日訴訟判決で、第25条解釈をしめす（原告の死亡により訴訟は終了）
	6・23	家永三郎東京教育大学教授、第二次家永訴訟を東京地裁に提起
	12・11	佐藤首相、衆議院予算委員会で、核兵器を「もたず、つくらず、もちこませず」の非核三原則をはじめて表明
1968	1・7	共産党、日本の自衛権をみとめる「安全保障政策」を発表
	2・6	倉石農林大臣、記者会見で「現行憲法は他力本願、軍艦や大砲は必要」と発言（2月23日、辞任）
1969	5・3	自主憲法制定国民会議結成（議長・岸信介）
	11・21	佐藤首相・ニクソン米大統領、共同声明発表。1972年の沖縄施政権返還決定
1970	2・17	佐藤首相、衆議院本会議で沖縄への非核三原則適用・堅持を表明
	6・23	日米安保条約、固定期限終了・自動延長
	7・17	東京地裁、第二次家永訴訟で、違憲の判決
1971	5・14	名古屋高裁、津地鎮祭事件で地鎮祭は宗教的活動であるとして公金支出は違憲と判断
1972	5・15	沖縄の施政権返還・本土復帰
	6・16	自民党憲法調査会、憲法改正大綱草案を発表
	6・27	最高裁、日照・通風の妨害にかかわる損害賠償請求訴訟で日照権をはじめてみとめる判決

年	月・日	事　項
	9・20	神戸地裁、堀木訴訟で児童扶養手当と障害者福祉年金併給禁止は違憲と判断
1973	4・4	最高裁、尊属殺事件で尊属殺人重罰規定を違憲と判断
	4・25	最高裁、全農林警職法事件で、公務員の争議行為の一律禁止を合憲と判断
	9・7	札幌地裁、長沼事件で自衛隊をはじめて違憲と判決
	12・6	政府、元職業軍人の閣僚起用で「文民」の意味にかんする統一見解
	12・12	最高裁、三菱樹脂事件で、私企業が思想・信条を理由に採用を拒否することは違憲ではないと判決
1974	11・6	最高裁、猿払事件などで、公務員の政治的行為の禁止を合憲と判断
1975	2・22	新潟地裁、小西・反戦自衛官事件で自衛隊の憲法問題にふれず、無罪判決
	4・30	最高裁、薬事法事件で薬局の距離制限を定めた薬事法の規定を違憲と判決
	5・7	稲葉法務大臣、参議院決算委員会で「現行憲法は欠点が多い」と発言（5月21日、取り消し）
	5・21	三木首相、衆議院本会議で「改憲のリーダーシップはとらず」との基本姿勢を表明
1976	4・14	最高裁、衆議院議員定数不均衡訴訟で初の違憲判決（選挙は有効）
	5・21	最高裁、旭川・岩手学力テスト事件で、学力テストは適法等の判断
	11・5	国防会議と閣議、防衛費の上限を国民総生産（GNP）比1パーセント以内と決定
1977	2・17	水戸地裁、百里基地訴訟で国側全面勝訴、必要最小限の武力保持は合憲と判決
	7・13	最高裁、津地鎮祭事件で、合憲の判決
1978	1・11	公明党、自衛隊認知・安保条約許容等への路線転換を決定
	7・19	栗栖防衛庁統幕議長、「緊急時の自衛隊の超法規行動もありうる」と発言（7月28日、更迭）
	11・27	日米安全保障協議委員会、「日米防衛協力のための指針」（ガイドライン）を決定
1979	3・22	山口地裁、自衛官合祀拒否訴訟で原告勝訴の判決
1980	8・15	閣議、「徴兵制は違憲、有事の際もゆるされない」と決定
	8・27	奥野法務大臣、衆議院法務委員会で「自主憲法はのぞましい」と発言
	11・17	宮沢官房長官、「閣僚の靖国神社公式参拝は違憲との疑いは否定できない」との政府統一見解を提示
1981	1・29	佐々木民社党委員長、自衛隊を合憲とする国会決議を提唱
	2・1	竹田防衛庁統幕議長、徴兵制を違憲とする政府統一見解を批判（2月16日、更迭）
	3・24	最高裁、日産自動車定年制事件で女性差別定年制は不合理で違法と判断
	5・4	鈴木首相・レーガン米大統領、日米共同声明を発表（はじめて同盟関係を明記）
	5・17	ライシャワー米元駐日大使、日本への核もちこみを証言
1982	7・7	最高裁、堀木訴訟で、児童扶養手当併給禁止を合憲と判断
	9・9	最高裁、長沼事件で憲法判断を回避し、上告を棄却
	12・13	中曽根首相、国会で改憲論者を自認
1983	1・18	中曽根首相、日米首脳会議で「日米は運命共同体」と表明
	1・19	中曽根首相、米紙に「日本列島は不沈空母」と発言

年	月・日	事　項
	12・20	石橋社会党委員長、「自衛隊は違憲だが、作られた過程は合法」との見解を表明
1985	6・1	男女雇用機会均等法公布
	7・17	最高裁、衆議院議員定数不均衡訴訟でふたたび違憲の判決（選挙は有効）
	8・15	中曽根首相、戦後はじめて内閣総理大臣の資格で靖国神社を公式参拝
	9・5	文部省、小中学校の卒業・入学式での「日の丸」掲揚と「君が代」斉唱を徹底させるむねを通知
1986	10・27	北海道で初の日米共同統合実働演習を実施
	12・30	1987年度予算案での防衛費、GNP比1パーセント枠を突破
1987	4・22	最高裁、森林分割請求訴訟で、共有林の分割の制限は違憲と判断
	7・17	非核宣言自治体、全自治体の3分の1を突破
1988	6・1	最高裁、自衛官合祀拒否訴訟の上告審で一・二審の違憲判決を破棄
	12・9	個人情報保護法が成立
1989（平成元）	1・9	新天皇、朝見の儀で「憲法をまもる」と発言
	9・19	最高裁、岐阜県青少年保護育成条例事件で有害図書にかんする規制は合憲と判断
1990	8・30	政府、ペルシア湾に展開する多国籍軍に10億ドル支出を決定
	10・16	政府、国際連合平和協力法案を国会に提出（審議未了）
1991	1・17	湾岸戦争はじまる
	4・24	臨時閣議、ペルシア湾への海上自衛隊掃海艇派遣を正式決定
1992	6・15	衆議院、PKO協力法と国際緊急援助隊派遣法改正を可決
	7・30	大阪高裁、内閣総理大臣公式参拝違憲訴訟で違憲の疑いが強いと判断
	9・17	カンボジアでのPKOに参加する自衛隊の派遣部隊第1陣出発
1993	1・26	宮沢首相、衆議院本会議で「集団的自衛権の行使は憲法上ゆるされない」との見解を表明
	2・16	宮沢首相、ガリ国連事務総長との会談で憲法の枠内で国連の諸活動に協力する方針を表明
	2・25	最高裁、厚木・横田基地騒音訴訟で過去分の損害賠償命令
	10・4	山花国務大臣、「社会党の見解としては自衛隊は違憲」と表明
	11・12	環境基本法が成立
	12・2	中西防衛庁長官、衆議院予算委員会で改憲発言（翌日、辞任）
1994	5・7	永野法務大臣、「南京大虐殺はでっちあげ」と発言したことで辞任。
	7・1	村山首相、クリントン米大統領に「安保堅持」を電話で表明
	7・20	村山首相、所信表明演説で自衛隊合憲を表明
	9・3	社会党、自衛隊合憲・安保条約堅持等への基本政策転換を決定
	11・3	読売新聞、憲法改正試案を発表
	11・11	自衛隊法改正、自衛隊機による緊急時の在外邦人の救出が可能に
1995	5・19	地方分権推進法公布
	8・15	村山首相、「戦後50年」の首相談話でアジア諸国民に謝罪

年	月・日	事　項
1996	1・30	最高裁、宗教法人オウム真理教解散事件で解散命令を合憲として特別抗告を棄却
	3・8	最高裁、剣道実技拒否事件で退学は違法と判断
	4・17	橋本首相・クリントン米大統領、日米安保体制をアジア・太平洋、さらに世界的規模に拡大する日米安全保障共同宣言に署名
	8・4	新潟県巻町、原子力発電所建設の是非をとう全国初の住民投票（反対が60％をこす）
	9・8	沖縄県で、米軍基地縮小・日米地位協定見直しをめぐる住民投票（賛成が89％）
	9・11	最高裁、参議院議員定数不均衡訴訟で、定数格差を「違憲状態」と判断（結論は合憲）
1997	4・2	最高裁、愛媛玉串料訴訟で違憲判決
	5・14	アイヌ文化振興法公布
	5・23	憲法調査委員会設置推進議員連盟が発足
	8・29	最高裁、第三次家永訴訟で文部省の検定結果は一部違法と認定
	9・23	日米安全保障協議委員会、「日米防衛協力のための指針」（新ガイドライン）で合意
1999	3・8	中村法務大臣、憲法批判発言で辞任
	5・7	情報公開法が成立
	5・24	周辺事態法などガイドライン関連法が成立
	6・23	男女共同参画社会基本法公布
	7・10	小沢自民党幹事長、日本国憲法改正私案を発表
	8・9	国旗及び国歌に関する法律が成立
	8・12	犯罪捜査のための通信傍受に関する法律、改正住民基本台帳法が成立
2000	1・20	衆参両議院に憲法調査会設置
2001	8・13	小泉首相、終戦記念日をさけて靖国神社を公式参拝
	9・11	米同時多発テロ発生
	10・29	テロ対策特別措置法が成立
	11・28	「新世紀の安全保障体制を確立する若手議員の会」設立
2002	9・11	最高裁、郵便法事件で、郵便法の責任免除・制限規定を違憲と判断
	11・1	衆議院憲法調査会、中間報告書を提出（改憲・護憲の両論併記）
2003	3・20	イラク戦争はじまる
	5・23	個人情報保護関連五法が成立
	6・6	有事法制関連三法（武力攻撃事態対処法・自衛隊法改正・安全保障会議設置法改正）が成立
	7・24	自民党憲法調査会、「安全保障についての要綱案」発表
	7・26	イラク復興支援特別措置法が成立
2004	2・27	イラクへ陸上自衛隊本隊派遣
	5・3	読売新聞、憲法改正2004年試案を発表
	6・14	国民保護法、特定公共施設利用法、米軍行動円滑化法（米軍支援法）成立
	12・21	自民党新憲法制定推進本部が発足
2005	1・26	最高裁、東京都の在日韓国人二世にたいする管理職試験受験拒否を合憲と判断

憲法を学ぶための参考図書

■ 小中学生・高校生むきの図書

池澤夏樹著『憲法なんて知らないよ―というキミのための「日本の憲法」』（集英社、2003年）
池田香代子訳『やさしいことばで日本国憲法』（マガジンハウス、2002年）
杉原泰雄著『憲法読本（第3版）』（岩波ジュニア新書、2004年）
童話屋編集部編『あたらしい憲法のはなし』（童話屋、2001年）
戸波江二監修『今、考えよう！ 日本国憲法』第1～7巻（あかね書房、2001年）
中野光・小笠毅編著『ハンドブック 子どもの権利条約』（岩波ジュニア新書、1996年）
日本弁護士連合会編『ところで、人権です』（岩波ブックレット、1999年）
宮原哲朗他著『たのしくわかる日本国憲法』第1～7巻（岩崎書店、1996年）
森英樹著『新版 主権者はきみだ』（岩波ジュニア新書、1997年）
森英樹・倉持孝司編『新あたらしい憲法のはなし』（日本評論社、1997年）

■ 入門書・一般書

市川正人編『プリメール憲法』（法律文化社、2004年）
伊藤正己著『憲法入門（第4版）』（有斐閣、1998年）
井上薫著『法廷傍聴へ行こう（第3版）』（法学書院、2002年）
奥平康弘著『憲法の想像力』（日本評論社、2003年）
奥平康弘・杉原泰雄著『憲法を学ぶ（第4版）』（有斐閣、2001年）
奥平康弘・宮台真司著『憲法対論』（平凡社新書、2002年）
古関彰一著『新憲法の誕生』（中公文庫、1995年）
小森陽一・辻村みよ子著『有事法制と憲法』（岩波ブックレット、2002年）
初宿正典他編著『いちばんやさしい憲法入門（第2版）』（有斐閣、2000年）
初宿正典他編著『目で見る憲法（第2版）』（有斐閣、2003年）
渋谷秀樹著『憲法への招待』（岩波新書、2001年）
竹前栄治監修『日本国憲法・検証』第1～7巻（小学館文庫、2000～2001年）
田中伸尚著『憲法を獲得する人びと』（岩波書店、2002年）
田中伸尚著『憲法を奪回する人びと』（岩波書店、2004年）
戸松秀典著『プレップ憲法（第2版）』（弘文堂、1994年）
中村睦男編『はじめての憲法学』（三省堂、2004年）
長谷部恭男著『憲法と平和を問いなおす』（ちくま新書、2004年）
樋口陽一著『憲法と国家』（岩波新書、1999年）
樋口陽一著『憲法入門（3訂版）』（勁草書房、2002年）
松井茂記・松宮孝明著『はじめての法律学（補訂版）』（有斐閣、2004年）
水島朝穂編著『ヒロシマと憲法（第4版）』（法律文化社、2003年）
棟居快行他編著『基本的人権の事件簿（第2版）』（有斐閣、2002年）

■ 本格的な教科書

芦部信喜著・高橋和之補訂『憲法（第3版）』（岩波書店、2002年）
芦部信喜著『憲法学Ⅰ・Ⅱ・Ⅲ』（有斐閣、1992年・94年・98年）
伊藤正己著『憲法（第3版）』（弘文堂、1995年）
浦部法穂著『全訂憲法学教室』（日本評論社、2000年）
大石眞著『憲法講義Ⅰ』（有斐閣、2004年）
奥平康弘著『憲法Ⅲ』（有斐閣、1993年）

川岸令和他編著『憲法』(青林書院、2002年)
阪本昌成著『憲法理論Ⅰ(補訂第3版)・Ⅱ・Ⅲ』(成文堂、2000・1993・95年)
佐藤幸治著『憲法 (第3版)』(青林書院、1995年)
初宿正典著『憲法2 基本権 (第2版)』(成文堂、2001年)
渋谷秀樹著『日本国憲法の論じ方』(有斐閣、2002年)
渋谷秀樹・赤坂正浩著『憲法1・2 (第2版)』(有斐閣、2004年)
杉原泰雄著『憲法Ⅰ・Ⅱ』(有斐閣、1987・89年)
辻村みよ子著『憲法 (第2版)』(日本評論社、2004年)
戸波江二著『憲法』(ぎょうせい、1998年)
野中俊彦他編著『憲法Ⅰ・Ⅱ (第3版)』(有斐閣、2001年)
長谷川晃・角田猛之著『ブリッジブック法哲学』(信山社、2004年)
長谷部恭男著『憲法 (第2版)』(新世社、2001年)
樋口陽一著『憲法 (改訂版)』(創文社、1998年)
樋口陽一著『国法学』(有斐閣、2004年)
樋口陽一著『ホーンブック憲法 (改訂版)』(北樹出版、2000年)
松井茂記著『日本国憲法 (第2版)』(有斐閣、2002年)
横田耕一・高見勝利編著『ブリッジブック憲法』(信山社、2002年)

樋口陽一・大須賀明編『日本国憲法資料集』(三省堂、2000年)
樋口陽一・吉田善明編『解説 世界憲法集 (第4版)』(三省堂、2001年)
芦部信喜他編『憲法判例百選Ⅰ・Ⅱ (第4版)』(有斐閣、2000年)
長谷部恭男他編著『ケースブック憲法』(弘文堂、2004年)
杉原泰雄他編『日本国憲法史年表』(勁草書房、1998年)

国のおもな機関のホームページ

● 国　会
衆議院　　　　　　http://www.shugiin.go.jp/
参議院　　　　　　http://www.sangiin.go.jp/
国立国会図書館　　http://www.ndl.go.jp/

● 内　閣
首相官邸　　　　　http://www.kantei.go.jp/
人事院　　　　　　http://www.jinji.go.jp/
内閣府　　　　　　http://www.cao.go.jp/
　宮内庁　　　　　http://www.kunaicho.go.jp/
　警察庁　　　　　http://www.npa.go.jp/
　金融庁　　　　　http://www.fsa.go.jp/
　消費者庁　　　　http://www.caa.go.jp/
総務省　　　　　　http://www.soumu.go.jp/
　消防庁　　　　　http://www.fdma.go.jp/
防衛省　　　　　　http://www.mod.go.jp/

法務省　　　　　　http://www.moj.go.jp/
外務省　　　　　　http://www.mofa.go.jp/
財務省　　　　　　http://www.mof.go.jp/
　国税庁　　　　　http://www.nta.go.jp/
文部科学省　　　　http://www.mext.go.jp/
　文化庁　　　　　http://www.bunka.go.jp/
厚生労働省　　　　http://www.mhlw.go.jp/
農林水産省　　　　http://www.maff.go.jp/
経済産業省　　　　http://www.meti.go.jp/
国土交通省　　　　http://www.mlit.go.jp/
　気象庁　　　　　http://www.jma.go.jp/
環境省　　　　　　http://www.env.go.jp/

● 裁判所
最高裁判所　　　　http://www.courts.go.jp/

＊ここに紹介したホームページは、2016年11月現在のものです。

さくいん INDEX

あ
- アイヌ文化振興法・・・・・・・・・・90
- 朝日訴訟・・・・・・・・・・・・・・・97
- アジア・太平洋戦争・・・・・・28, 42
- 新しい人権・・・・・・・・29, 62, 118
- アパルトヘイト・・・・・・・・・・・90
- アメリカ合衆国憲法・・・・・・12, 83
- アメリカ同時多発テロ・・・・・・・162
- アメリカ独立革命・・・・・・・12, 144
- アメリカ独立宣言・・・・・・・・12, 89

い
- 委員会・・・・・・・・・・・・133, 134
- 家永三郎・・・・・・・・・・・・71, 99
- イェリネック・・・・・・・・・・・・11
- 違憲・・・・・・・・・・・・・・75, 162
- 違憲審査権・・60, 112, 133, 148, 150
- 違憲判決・・・・・・・・・・・・45, 164
- 板垣退助・・・・・・・・・・・・・・14
- イタリア共和国憲法・・・・・・・・・52
- 伊藤博文・・・・・・・・・・・・14, 20
- 井上毅・・・・・・・・・・・・・・・15
- イラク戦争・・・・・・・・・・65, 162
- イラク復興支援特別措置法・・・・162

う
- 植木枝盛・・・・・・・・・・・・・・15
- 『宴のあと』事件・・・・・・・・60, 63

え
- 営業の自由・・・・・・・・・・・・・78
- 恵庭事件・・・・・・・・・・・・・・45
- 愛媛玉串料訴訟・・・・・・・・・・151

お
- オーバービー・・・・・・・・・・・166
- オンブズマン制度・・・・・・・・・157

か
- 海外旅行の自由・・・・・・・・・・・77
- 会計検査院・・・・・・・・・・・・145
- 改憲・・・・・・・・・・・・・164, 169
- 外国移住の自由・・・・・・・・・・・77
- 外国人登録法・・・・・・・・・・・・57
- 外国人の人権・・・・・・・・・56, 109
- 解釈改憲・・・・・・・・・・・・・164
- ガイドライン関連法・・・・・・・・163
- 下級裁判所・・・・・・・・・146, 148
- 核拡散防止条約・・・・・・・・51, 162
- 閣議・・・・・・・・・・・・・・・137
- 学習権・・・・・・・・・・・・・・・98
- 学習指導要領・・・・・・・・・・68, 99
- 学問の自由・・・・・・・・・・・・・68
- 閣僚・・・・・・・・・・・・・・・137
- 学校教育法・・・・・・・・・・・・116
- 家庭裁判所・・・・・・・・・146, 148
- 簡易裁判所・・・・・・・・・146, 148
- 環境権・・・・・・・・・・・・62, 168
- 間接民主制⇒代表民主制
- 感染症予防法・・・・・・・・・・・・77
- カント・・・・・・・・・・・・・・・28

き
- 議院内閣制・・・・・・・・・・・・140
- 議会制民主主義・・108, 126, 132, 141
- 起訴・・・・・・・・・・・・・・・148
- 規則・・・・・・・・・・・・・・・・10
- 基本的人権（人権）・・・22, 54, 65, 118
- ──の尊重・・・・・・・・・16, 26, 55
- ──の保障・・・・・・・・・10, 19, 23
- 君が代・・・・・・・・・・・・・・・40
- 九条の会・・・・・・・・・・・・・168
- 教育基本法・・・・・・・・・・・99, 116
- 教育をうけさせる義務・・・・・・99, 116
- 教育をうける権利・・・・・・・・98, 116
- 教科書検定・・・・・・・・・・68, 71, 99
- 教科書裁判・・・・・・・・・・・71, 99
- 行政・・・・・・・・・・・・・・・136
- 行政改革・・・・・・・・・・・・・139
- 行政権・・・・・・・・122, 125, 127, 136
- 行政裁判・・・・・・・・・・・112, 148
- 行政事件訴訟法・・・・・・・・・・148
- 行政手続法・・・・・・・・・・・・136
- 強制労働・・・・・・・・・・・・82, 100
- 京大事件⇒滝川事件
- 許可制・・・・・・・・・・・・・・・79
- 極東の範囲・・・・・・・・・・・・165
- 居住・移転の自由・・・・・・・・・・76
- 緊急集会・・・・・・・・・・・・・132
- 近代憲法・・・・・・・・・12, 14, 27, 54
- 欽定憲法・・・・・・・・・・・・・・19

く
- クエスチョン・タイム⇒党首討論
- 国の最高法規・・・・10, 150, 160, 169
- 軍縮・・・・・・・・・・・・・・・162
- 軍隊・・・・・・・・・・・・44, 48, 52

け
- 経済活動の自由（経済的自由）・・・74, 118
- 警察予備隊・・・・・・・・・・・・・45
- 刑事裁判・・・・・・・・・・112, 148, 152
- 刑事訴訟法・・・・・・・・・85, 87, 148
- 刑事補償請求権・・・・・・・・110, 114
- 刑事補償法・・・・・・・・・・・・115
- 刑罰・・・・83, 84, 87, 113, 120, 148
- 刑法・・・・・・・・・・・・・・・122
- 決算・・・・・・・・・・・・・・・145
- 検閲・・・・・・・・・・・・・・・・71
- 原告・・・・・・・・・・・・・・・148
- 検察官・・・・・・・・・・・・・・148
- 憲法・・・・・・・・・・10, 12, 20, 150
- ──の番人・・・・・・・・・・・・150
- ──をつくる力・・・・・・・・・・・25
- 憲法違反・・45, 77, 89, 107, 154, 168
- 憲法改正・・・・・・25, 27, 34, 160, 164
- ──の公布・・・・・・・・・・38, 160
- ──の発議・・・・・・・127, 133, 160
- 憲法改正草案・・・・・・・・17, 25, 32
- 憲法記念日・・・・・・・・・・・・・17
- 憲法調査会・・・・・・・・・・・・164
- 憲法問題調査委員会・・・・・・16, 36
- 権力・・・・・・・・・・・・・・・・11
- ──の分立・・・・・12, 18, 122, 154
- 権利をまもる権利・・・・・・・110, 119
- 言論・出版の自由・・・・・・・・・・70

こ
- 公開裁判・・・・・・・・・・・・・113
- 公共の福祉・・・60, 66, 75, 77, 78, 80
- 拘禁・・・・・・・・・・・・・・・・85
- 合憲・・・・・・・・・・・・・・75, 162
- 抗告・・・・・・・・・・・・・・・148
- 公債・・・・・・・・・・・・・・・145

195

さくいん INDEX

公職選挙法 ········ 59, 131, 158
硬性憲法 ············ 150, 161
交戦権 ········ 43, 44, 46, 165
控訴 ··················· 148
公訴棄却 ················ 115
校則 ················ 63, 106
高等裁判所 ············ 146, 148
幸福追求権 ············· 62, 118
公務員 ······ 90, 103, 114, 116, 139, 170
　──の罷免権 ············ 108
　──の労働基本権 ········· 103
国債 ··················· 145
国際人権規約 ············· 105
国際法 ················ 43, 44
国際連合（国連） ···· 28, 48, 51, 90, 105, 162
国際連合憲章（国連憲章） ·· 43, 48, 51
国際連盟 ··············· 28, 50
国政調査権 ··············· 127
国籍法 ················ 56, 77
国籍を離脱する自由 ·········· 77
国選弁護人 ················ 86
国民 ······ 56, 58, 106, 109, 117, 130, 140
　──の義務 ·············· 116
国民主権 ···· 16, 18, 24, 26, 34, 40, 73, 160
国民審査 ················· 147
国民投票 ············· 25, 34, 160
国務請求権（受益権） ····· 110, 119
国務大臣 ··········· 137, 139, 170
　──の任免権 ············ 136
国務の総理 ··············· 138
国連⇒国際連合
国連憲章⇒国際連合憲章
国際連合平和維持活動等に対する協力に関する法律⇒ＰＫＯ協力法
護憲 ················ 164, 169
個人主義 ··············· 54, 118
個人情報保護法 ·········· 63, 136
個人の尊重 ·········· 26, 54, 62
コスタリカ憲法 ············· 52
五大改革指令 ··············· 92
国家 ··················· 11, 72
　──からの自由 ··· 11, 55, 105, 118
　──による自由 ······ 55, 105, 118
　──への自由 ······· 55, 105, 118
国歌 ··················· 40
国会 ······· 25, 122, 125, 126, 144
　──の活動 ·············· 132

　──のしくみ ············ 128
国会議員 ······ 25, 126, 130, 139, 142, 154, 170
　──の特権 ·············· 131
国会議事堂 ············ 123, 124
国会法 ················· 133
国家行政組織法 ············ 139
国家権力 ············ 11, 35, 71
国家公務員 ··············· 139
国家神道 ················· 66
国家賠償請求権 ········· 110, 114
国家賠償法 ··············· 114
国家無答責 ··············· 114
国旗及び国歌に関する法律 ··· 40
子どもの権利条約 ········ 59, 105
個別的自衛権 ············· 165
雇用保険法 ··············· 100

さ

最高裁判所 ····· 123, 124, 146, 150
　──による違憲判決 ········ 151
　──の裁判官の国民審査 ···· 146
最高裁判所長官の指名 ···· 138, 146
財産権 ··················· 80
財政 ················ 117, 144
財政民主主義 ············· 144
最低賃金法 ··············· 101
在日韓国・朝鮮人 ·········· 56, 90
裁判員制度 ············ 113, 149
裁判員の参加する刑事事件に関する法律 ············ 149
裁判官 ·············· 139, 170
　──の任命 ············· 138
裁判所 ·········· 122, 125, 146
裁判の公開 ··············· 149
裁判の傍聴 ············ 149, 152
裁判をうける権利 ······· 110, 112
差別 ············ 89, 106, 111, 119
参議院 ··················· 128
参議院議員 ··············· 128
参議院特別体験プログラム ···· 134
参議院本会議場 ············ 126
三権分立 ········ 18, 122, 124, 141
三審制 ················ 113, 149
参審制 ··················· 149
参政権 ······ 34, 55, 56, 105, 108, 111, 118

し

ＧＨＱ⇒連合国軍最高司令官総司令部
ＧＨＱ草案 ······ 16, 30, 111, 128

自衛 ··················· 44
自衛権 ·················· 165
自衛戦争 ·············· 43, 46
自衛隊 ·········· 45, 48, 162, 168
自衛隊法 ················· 45
資格制 ··················· 79
私擬憲法 ················· 15
死刑 ················ 87, 120
死刑廃止条約 ············· 120
自己決定権 ··············· 63
自然権 ··········· 13, 19, 54, 104
思想・良心の自由 ··········· 64
市町村 ·················· 154
幣原喜重郎 ················ 16
児童買春、児童ポルノに係る行為等の処罰及び児童の保護等に関する法律 ··················· 101
児童の酷使の禁止 ·········· 101
自白 ··················· 87
シビリアン・コントロール⇒文民統制
司法 ················ 112, 146
司法権 ········ 122, 125, 136, 146
　──の独立 ············· 147
司法裁判所 ············ 112, 150
資本主義 ··········· 74, 80, 105
市民革命 ········ 12, 94, 104, 122
指紋押捺制度 ··············· 57
社会契約説 ············ 13, 104
社会権 ······ 55, 56, 75, 94, 105, 118
社会国家（福祉国家） ·· 75, 79, 80, 94
社会保障制度 ··············· 96
自由 ··················· 26
　──と平等 ············ 12, 104
　──の基礎法 ············ 150
集会・結社の自由 ············ 70
衆議院 ·················· 128
　──の解散 ·········· 129, 141
　──の優越 ············· 129
衆議院議員 ··············· 128
衆議院議員定数不均衡訴訟 ···· 151
衆議院本会議場 ········ 129, 133
住居の不可侵 ··············· 85
自由権 ······ 55, 64, 94, 105, 118
私有財産制 ··············· 80
十七条の憲法 ··············· 20
終審 ················ 147, 149
集団的自衛権 ············· 165
周辺事態法 ············ 163, 164
自由民権運動 ··············· 14
住民自治 ················· 154
住民税 ·················· 156

さくいん INDEX

し

住民投票 ……………………157, 158
受益権⇒国務請求権
主権 ………………18, 24, 30, 35
主権在民 ……………………34
主権者 ……24, 108, 129, 130, 141
首相⇒内閣総理大臣
首相官邸 …………………123, 124
常会⇒通常国会
上告 …………………………148
証拠能力 ……………………87
小選挙区制 …………………131
小選挙区比例代表並立制 ……131
象徴天皇 ……………………36
省庁の再編 …………………139
証人 …………………………86
常任委員会 …………………133
証人尋問 ……………………113
少年の保護事件に係る補償に関する法律
……………………………………115
情報公開条例 ………………73
情報公開制度 ……………73, 155
情報公開法 ………………73, 136
条約の承認 …………………127
上諭 …………………………23
条例 ……………………10, 156
職業安定法 …………………100
職業選択の自由 ……………78
職業能力開発促進法 ………100
女子差別撤廃条約 …………92
知る権利 …………………72, 149
信教の自由 …………………66
人権⇒基本的人権
人権宣言 ……………………10
新憲法 ……………………16, 24
信仰の自由 ………………64, 66
人種差別撤廃条約 ………90, 105
信条による差別 ……………90
人身の自由 …………………82
人身保護法 …………………85
迅速な裁判をうける権利 ……86
身体の自由 ……………76, 82, 118
神道指令 ……………………67
侵略戦争 ………………43, 46, 52
森林分割請求訴訟 …………151

す

推定無罪 ……………………85
ストライキ …………………103
砂川事件 ……………………164

せ

生活保護 ……………………117
生活保護法 ………………96, 100
税関 …………………………71
請願権 ………………………111
請願法 ………………………111
政教分離 …………………66, 144
税金 ……………117, 142, 144, 156
精神の自由 ………64, 75, 76, 118
生存権 ……………………96, 105
政党 ……………………131, 142
政党助成法 …………………142
政府 ………………143, 145, 154
征服戦争 ……………………52
成文憲法 ……………………19
性別による差別の禁止 ………92
政令 …………………………10, 138
世界人権宣言 ………………105
積極的差別是正措置 …………89
選挙 ………………25, 130, 142
選挙区 ………………………131
選挙権 …58, 89, 106, 108, 130, 158
全国水平社 …………………91
戦争 ………27, 28, 43, 50, 52, 162
――の放棄 ……………42, 46, 52
前文 …22, 24, 26, 28, 30, 34, 42, 48
戦力 …………………44, 46, 162, 164

そ

争議権⇒団体行動権
捜査 …………………………84
総選挙 ………………………147
遡及処罰 ……………………87
租税法律主義 ……………117, 144
損害賠償 ……………………114
損失補償 …………………81, 115
尊属殺事件 …………………151

た

第一次世界大戦 ……………50
第一審裁判所 ………………148
大学の自治 …………………69
大韓民国憲法 ………………52
第9条の会 …………………166
第三者所有物没収事件 ………151
大選挙区制 …………………131
大統領制 …………………141, 154
第二次世界大戦 …………49, 50
大日本帝国憲法（明治憲法）……14, 18, 36, 48
代表民主制（間接民主制）……25, 34, 108, 126, 160
逮捕 …………………………84
高田事件 ……………………86
滝川事件（京大事件）………68
滝川幸辰 ……………………68
多数決 ……………………133, 150
弾劾裁判権 …………………127
団結権 ………………………103
単純多数決 …………………133
男女共同参画社会基本法 …89, 93
男女雇用機会均等法 ………89, 92
男女差別定年制 ……………92
男女平等 …………………92, 118
団体交渉権 …………………103
団体行動権（争議権）………103
団体自治 ……………………154

ち

治安維持法 …………………84
チェック・アンド・バランス⇒抑制と均衡
地方公共団体（地方自治体）……154
地方交付税交付金 …………156
地方公務員 …………………139
地方債 ……………………145, 156
地方裁判所 ………146, 148, 152
地方参政権 …………………57
地方自治 ……………………154
地方自治体⇒地方公共団体
地方自治法 ………………108, 156
地方分権 ……………………156
地方分権一括法 ……………156
朝鮮戦争 ……………………45
直接請求権 …………………156
直接選挙 …………………130, 154
直接民主主義 ………………157
直接民主制 ………………25, 34, 160
沈黙の自由 …………………65

つ

通常国会（常会）……………132

て

定足数 ………………………133
適正な手続き ………………83
デモ行進 …………………65, 70
テロ対策特別措置法 ………162
天皇 …………………14, 34, 169, 170
――の国事行為 ……37, 38, 138, 141
――の人権 …………………57

さくいん INDEX

——の人間宣言 ・・・・・・・・・・・・ 37
天皇機関説 ・・・・・・・・・・・・・・・・ 68
天皇主権 ・・・・・・・・・ 18, 24, 36, 40
天皇制 ・・・・・・・・・・・・・・・・ 36, 67

と
ドイツ連邦共和国基本法 ・・・・・・・ 52
党議拘束 ・・・・・・・・・・・・・・・・・ 142
党首討論（クエスチョン・タイム）・・・ 143
東大ポポロ事件 ・・・・・・・・・・・・・ 69
道路交通法 ・・・・・・・・・・・・・・・・ 59
特別委員会 ・・・・・・・・・・・・・・・ 133
特別国会（特別会） ・・・・・・・・・・ 132
特別裁判所 ・・・・・・・・・・・・・・・ 147
特別多数決 ・・・・・・・・・・・・・・・ 133
特別法 ・・・・・・・・・・・・・・・・・・ 157
特許制 ・・・・・・・・・・・・・・・・・・・ 79
トックビル ・・・・・・・・・・・・・・・ 154
都道府県 ・・・・・・・・・・・・・・・・ 154
届出制 ・・・・・・・・・・・・・・・・・・・ 79
奴隷的拘束からの自由 ・・・・・・・・ 82

な
内閣 ・・・・・・・・・・・・ 122, 125, 136
　　——の仕事 ・・・・・・・・・・・・ 138
　　——の組織 ・・・・・・・・・・・・ 136
　　——の連帯責任 ・・・・・・ 138, 140
内閣総理大臣（首相）・・ 136, 139, 169
　　——の指名 ・・・・・・・・・ 127, 140
　　——の任命 ・・・・・・・・・・・・・ 38
内閣府 ・・・・・・・・・・・・・・・・・・ 139
内閣不信任決議権 ・・・・・・・・・・ 129
内閣法 ・・・・・・・・・・・・・・・・・・ 137
内心の自由 ・・・・・・・・・・・・・・・ 64
長沼事件 ・・・・・・・・・・・・・・・・・ 45
軟性憲法 ・・・・・・・・・・・・・・・・ 161

に
二院制（両院制）・・・・・・・・・・・・ 128
二重の基準 ・・・・・・・・・・・・・・・ 75
日米安全保障条約 ・・・・ 48, 163, 165
日本国憲法 ・・・・・・・・・・ 16, 18, 48
　　——の原本 ・・・・・・・・・ 23, 171
　　——の公布 ・・・・・・・・・・・・・ 17
　　——の三大基本原理 ・・・・ 22, 161
　　——のしくみ ・・・・・・・・・・・・ 22
　　——の施行 ・・・・・・・・・・・・・ 17

の
納税の義務 ・・・・・・・・・・・・・・・ 116
ノブレス・オブリージュ ・・・・・・・ 131

は
ハーグ・アジェンダ ・・・・・・・・・ 166
ハーグ平和アピール市民会議 ・・・ 166
ハーグ平和会議 ・・・・・・・・・・・・・ 50
陪審制 ・・・・・・・・・・・・・・・・・・ 149
破産法 ・・・・・・・・・・・・・・・・・・・ 77
パターナリズム ・・・・・・・・・・・・・ 59
パナマ憲法 ・・・・・・・・・・・・・・・・ 52
犯罪捜査のための通信傍受に関する法律
　　 ・・・・・・・・・・・・・・・・・・・・ 85

ひ
ＰＫＯ（国際連合平和維持活動）
　　 ・・・・・・・・・・・・・・・・ 162, 168
ＰＫＯ協力法 ・・・・・・・・・・・・・ 162
非核三原則 ・・・・・・・・・・・・・・・ 162
被疑者 ・・・・・・・・・・・・・・・ 84, 86
　　——の人権 ・・・・・・・・・・・・・ 84
被告 ・・・・・・・・・・・・・・・・・・・ 148
被告人 ・・・・・・・・・ 85, 86, 114, 148
　　——の人権 ・・・・・・・・・・・・・ 86
被差別部落問題 ・・・・・・・・・・・・・ 91
被選挙権 ・・・・・・・・・・・・・・・・ 108
一人一票 ・・・・・・・・・・・・・・・・ 130
秘密選挙 ・・・・・・・・・・・・・・・・ 130
百里基地事件 ・・・・・・・・・・・・・・ 45
表現の自由 ・・・・・・・・・・ 60, 70, 72
平等⇒法のもとの平等
平等選挙 ・・・・・・・・・・・・・・・・ 130
比例代表制 ・・・・・・・・・・・ 131, 142
広島平和記念都市建設法 ・・・・・・ 157

ふ
フィリピン共和国憲法 ・・・・・・・・ 52
夫婦別姓制 ・・・・・・・・・・・・・・・ 93
福沢諭吉 ・・・・・・・・・・・・・・ 15, 20
福祉国家⇒社会国家
不戦条約 ・・・・・・・・・・・ 43, 44, 50
不逮捕特権 ・・・・・・・・・・・・・・・ 131
普通教育 ・・・・・・・・・・・・・ 99, 116
普通選挙 ・・・・・・・・・・・・・ 108, 130
不文憲法 ・・・・・・・・・・・・・・・・・ 19
部分的核実験停止条約 ・・・・・・・・ 51
プライバシーの権利 ・・・・ 60, 62, 73,
　　106, 169
フランス革命 ・・・・・・・・・・・ 12, 104
フランス人権宣言 ・・・・・ 12, 80, 104
文化の日 ・・・・・・・・・・・・・・・・・ 17
文民統制（シビリアン・コントロール）
　　 ・・・・・・・・・・・・・・・・・・・ 137

へ
米軍基地 ・・・・・・・・・・・・・・・・ 163
平和憲法 ・・・・・・・・・・・・ 23, 48, 162
平和主義 ・・・・・・・・ 27, 28, 42, 48, 168
平和的生存権 ・・・・・・・・・・・ 29, 62
別件逮捕 ・・・・・・・・・・・・・・・・・ 85
弁護人 ・・・・・・・・・・・ 85, 86, 113

ほ
包括的基本権 ・・・・・・・・・・ 55, 118
報道の自由 ・・・・・・・・・・・・・・・ 73
法の支配 ・・・・・・・・・・ 10, 112, 147
法のもとの平等 ・・・・・・・・・ 88, 118
法律 ・・・・・・・・・・・ 10, 32, 83, 150
　　——の執行 ・・・・・・・・・・・・ 138
　　——の制定 ・・・・・・・・・・・・ 126
　　——の留保 ・・・・・・・・・・・・・ 61
補完性の原則 ・・・・・・・・・・・・・ 157
補助金 ・・・・・・・・・・・・・・・・・ 156
北海道旧土人保護法 ・・・・・・・・・ 90
ポツダム宣言 ・・・・・・・・・・・ 16, 35
本会議 ・・・・・・・・・・・・・・ 133, 134

ま
マグナ・カルタ ・・・・・・・・・ 83, 105
マスメディア ・・・・・・・・・・・・・・ 72
マッカーサー ・・・・・・・・ 16, 45, 92
マッカーサー三原則 ・・・・・・ 16, 36
マッカーサー草案⇒ＧＨＱ草案

み
三島由紀夫 ・・・・・・・・・・・・・ 60, 63
箕作麟祥 ・・・・・・・・・・・・・・・・・ 20
美濃部達吉 ・・・・・・・・・・・・・・・ 68
身分解放令 ・・・・・・・・・・・・・・・ 91
民事裁判 ・・・・・・・・・・・・・ 112, 148
民事訴訟法 ・・・・・・・・・・・・・・ 148
民主主義 ・・・・・ 27, 128, 130, 150, 154
民族差別 ・・・・・・・・・・・・・・・・・ 90
民定憲法 ・・・・・・・・・・・・・・・・・ 19
民法 ・・・・・・・・・・・・ 59, 77, 93, 158

め
明治憲法⇒大日本帝国憲法
明治天皇 ・・・・・・・・・・・・・ 15, 17, 20
明文憲法 ・・・・・・・・・・・・・・・・ 164
命令 ・・・・・・・・・・・・・・・・ 10, 150
免責特権 ・・・・・・・・・・・・・・・・ 131
免訴 ・・・・・・・・・・・・・・・・・・・ 115
免田事件 ・・・・・・・・・・・・・・・・ 115

さくいん INDEX

も
黙秘権　87
モンテスキュー　13, 122

や
薬事法事件　151
靖国神社　67
野党　143
八幡製鉄事件　142
山本有三　32

ゆ
有権者　108
有事法制関連三法　162
郵便法事件　151

よ
抑制と均衡（チェック・アンド・バランス）　122, 128
抑留　85
横浜地方裁判所　152
予算　145
　――の審議　127
予算委員会　145
予算先議権　129
与党　143

り
立憲主義　13, 104, 122, 150
立法機関　126
立法権　122, 125, 126, 136
両院制　128
臨時国会（臨時会）　132

る
ルソー　13, 104

れ
令状主義　84
連合国軍最高司令官総司令部（ＧＨＱ）　16, 30, 36
連立政権　143

ろ
労働基準法　88, 101
労働基本権（労働三権）　102
労働協約　103
労働組合法　103
ロールズ　105
ロック　13, 104

わ
ワイマール憲法　80, 95, 105
湾岸戦争　162, 166

条数さくいん

第1条　18, 25, 34, 36
第3条　38
第4条　38
第6条　38, 136, 138, 146
第7条　38, 138, 141
第9条　23, 42, 44, 46, 48, 162, 165, 166, 168
第10条　56
第11条　19, 26, 54, 56, 58
第12条　60, 116
第13条　54, 60, 62, 118, 168
第14条　88, 90, 92, 99, 118, 151
第15条　34, 58, 108, 119, 130, 139, 158
第16条　111, 118
第17条　110, 114
第18条　82, 100
第19条　64
第20条　66, 144, 151
第21条　60, 70, 72, 85, 142
第22条　74, 76, 78, 151
第23条　68
第24条　89, 92, 118
第25条　95, 96
第26条　58, 89, 95, 98, 116
第27条　58, 95, 100, 116
第28条　95, 102
第29条　74, 80, 151
第30条　116
第31条　82, 120, 151
第32条　86, 110, 112
第33条　84
第34条　85
第35条　85
第36条　85, 87, 120
第37条　86, 112
第38条　86
第39条　87
第40条　110, 114
第41条　122, 126, 157
第42条　128
第43条　109, 130
第44条　89, 118, 130, 151
第47条　131
第50条　131
第51条　131
第52条　132
第53条　132
第54条　132
第56条　132
第57条　133
第59条　129
第60条　127, 129
第61条　127, 129
第62条　127
第64条　127
第65条　122, 136
第66条　136, 138, 140
第67条　127, 129, 136, 140
第68条　136, 140
第69条　129, 140
第72条　137
第73条　138
第76条　122, 146
第78条　147
第79条　138, 146
第80条　138, 147
第81条　148, 150
第82条　86, 148
第83条　144
第84条　117, 144
第86条　145
第89条　67, 144, 151
第90条　145
第92条　154
第93条　108, 119, 154
第94条　156
第95条　157
第96条　25, 34, 127, 133, 150, 160
第97条　26, 54, 116, 150
第98条　56, 150
第99条　116, 139, 170

ポプラディア情報館　日本国憲法

監　修	角替　晃（つのがえ　こう） 1947年、東京都生まれ。1981年早稲田大学大学院政治学研究科博士課程単位取得退学。東京学芸大学教育学部教授、東京学芸大学附属大泉中学校校長など。おもな著書に『教材・憲法参照法令集』（共著、木鐸社）、『清水望先生古希記念論集　憲法における欧米的視点の展開』（分担執筆、成文堂）、芦部信喜編『アメリカ憲法判例』（分担執筆、有斐閣）などがある。
執　筆	五十嵐清治（Ⅰ・Ⅱ・Ⅲ・Ⅴ章）　遠藤美奈（Ⅴ章）　笠原　秀（Ⅵ章コラム） 金井光生（Ⅴ・Ⅵ章）　浜　憲治（Ⅳ・Ⅶ章）
イラスト	今井雅巳　高村忠範　山口みねやす
装　丁	細野綾子
本文デザイン	渡辺　叡　細野綾子
図版制作	青江隆一郎
編集協力	ブックマンズ・ユニオン　神林京子　熊谷昭三
取材協力	参議院事務局　横浜地方裁判所
写真・資料提供	朝日新聞社　エール大学　カルナバレ美術館　共同通信社　憲政記念館 国立国会図書館　参議院事務局　世界文化フォト　東京大学明治新聞雑誌文庫 東京都議会　パナ通信社　ベルサイユ宮殿美術館　ボドレアン図書館 毎日新聞社　悠工房　有斐閣

ポプラディア情報館
日本国憲法

発行　2005年3月　第1刷 ©
　　　2016年12月　第7刷

監　修　角替　晃
発行者　長谷川　均
編　集　髙林淳一
発行所　株式会社ポプラ社　〒160-8565　東京都新宿区大京町 22-1
電　話　03-3357-2212（営業）　03-3357-2635（編集）
振　替　00140-3-149271
ホームページ　http://www.poplar.co.jp（ポプラ社）
　　　　　　　http://www.poplar.co.jp/poplardia/（ポプラディアワールド）
印刷・製本　図書印刷株式会社

ISBN 978-4-591-08449-6　N.D.C. 323/199P/29cm x 22cm　　Printed in Japan

落丁・乱丁本は、送料小社負担でお取り替えいたします。小社製作部宛にご連絡ください。
電話0120-666-553　受付時間は月～金曜日、9：00～17：00（祝祭日は除く）
読者の皆さまからのお便りをお待ちしております。いただいたお便りは編集部から監修・執筆・制作者にお渡しいたします。
本書のコピー、スキャン、デジタル化等の無断複製は著作権法上での例外を除き禁じられています。
本書を代行業者等の第三者に依頼してスキャンやデジタル化することは、
たとえ個人や家庭内での利用であっても著作権法上認められておりません。